歴史としての戦後史学

ある歴史家の証言

網野善彦

角川文庫
21187

歴史としての戦後史学

ある歴史家の証言

目次

序にかえて

I　戦後歴史学の五十年

Ⅲ　史料を読む

Ⅳ　日本常民文化研究所

V　渋沢敬三の学問と生き方

序にかえて

戦後の〝戦争犯罪〟

敗戦の年、私は十七歳であり、徴兵検査を受けることもなかった。旧制高校一年だった前年の前半は脚気《かっけ》を理由に教練をサボりつづけ、後半から敗戦まで、動員された工場での仕事と連日の空襲に無我夢中で明け暮れていたのである。それ故、多少とも自分自身を意識しはじめるのは戦後のことであった。

大塚久雄、丸山真男、そして石母田《いしもだ》正《しょう》、松本新八郎、藤間《とうま》生大《せいた》などの諸氏の論文を、永原慶二氏によって教えられ、その魅力にひかれて歴史学、日本中世史を学ぶ道に進んだのが一九四七年。その年の後半には左翼の学生運動の渦中に入っていった。そのころはなにもかもが新鮮で生気に満ちており、私は全身をその中に投入し、一九四八年のほとんどを、民主主義学生同盟の組織のため、新宿にあった朝鮮学生同盟の建物の中の同盟本部に通って過したのである。

いま思えば、そうした初心にかげりの見えてきたのは、翌年、そこから身をひいて、卒業論文のためと称して大学に帰ってからのことであった。〝学問〟の名の下に特権的な道に身をよせつつ、卒業後、歴史学研究会の委員になってからは、勤務していた日本常民文化研究所での文書整理の仕事をサボりつづけ、人々を歴史学の中での運動、やがて国民的歴史学といわれた運動に駆り立てる役割をするようになった。もとよりこの運動自体の中から、苦闘を通じて生み出されたものが、いまなお生命を保ちつづけうるだけの積極的な意味を持っていたことを否定する気持は全くない。

しかし自らは真に危険な場所に身を置くことなく、会議会議で日々を過し、口先だけは〝革命的〟に語り、〝封建革命〟〝封建制度とはなにか〟などについて、愚劣な恥ずべき文章を得意然と書いていた、そのころの私自身は、自らの功名のために、人を病や死に追いやった〝戦争犯罪人〟そのものであったといってよい。

そして、当然の重い心の疲労の中で、そうした許し難い自らの姿をはっきりと自覚したのは一九五三年夏のことであった。これが現在にいたる私の歩みの出発点であり、このような〝戦犯〟が当然負って償わなくてはならない〝重労働〟のはじまりであった。

それから現在までの四十余年間の私の人生は、自己を全く見失っていた約四年間をきびしい〝反面教師〟としつつ、二度とそうした誤りはくり返すまいという一念に支えられてきたといってよい。当初はなにが将来に生れてくるのか、全くわからなかったし、また、積極的に声高な発言をする意志も皆無であったが、一つ一つの仕事、一通一通の文書を大切にするような姿勢だけは崩すまいという決心は固く持ちつづけていたつもりである。しかしこのような努力をほそぼそとしているうちに、もしも自分にできることならば、さきの四年間に私の名前で世の人の目にふれてしまった文章にかわる、新しい自分の勉強の結果をまとめ、これも可能であれば人に読んでもらいたいという気持もまた、ときとともに大きくなってきた。そのようなものはすぐに忘れ去られてしまうであろうけれども、やはり自分が生きている以上、そのままにしておくわけにはいかなかったのである。

こうしてまず、史学会の大会で行った霞ヶ浦《かすみがうら》についての全く実証性のない報告を根底から考え直すために、常民文化研究所の仕事の中で一通一通の文書を丹念に読んでみた結果を、霞ヶ浦四十八津《しじゅうはっつ》に関するノートとしてまとめ、『歴史学研究』に投稿してみた。このノートは当時の歴研の動向にはまったくそぐわないもので、恐らく何年か歴研の委員をしてきた私に対する〝同情的な配慮〟もあったのではないかと思うが、『歴史学研究』誌上では空前であり、いまのところ絶後である「地方史研究」という欄に掲載された。

しかしこれに多少とも勇気づけられた私は、高校に勤めながら東京大学史料編纂《へんさん》所に通って、東寺百合文書《とうじひゃくごうもんじょ》を改めて筆写し直しつつ、東寺領荘園《しょうえん》の勉強をつづけ、「問題の所在不明」などの理由でたびたび原稿を返却されながら、執拗《しつよう》に投稿をつづけ、いくつかのノートを学会誌に発表していった。すべてこれは「若狭《わかさ》における封建革命」という無内容で観念的な文章に代るものをつくり上げたいという一念からでたことで、ようやくそれを一書にまとめることのできたのは、一九六六年のことであった。また、やはりさきの四年間のあいだに、「元寇《げんこう》」についてあちこちで発言し、全く中身のない文章を書いたいやな記憶を消すために、モンゴル襲来前後の政治史、社会経済史などに関心を持って勉強していたが、幸いに機会を与えられ、それを思い切って『蒙古襲来《もうこしゅうらい》』という書物に書き下すことができた。

ここにいたるまで、尊敬する先輩、友人たちからどれほど多くの学恩をうけたか、言い尽しがたいものがあるが、ようやくその間に、それなりに新しい問題を見出《みいだ》すことができたと考え、非農業民、天皇、都市などについて、自分なりの主張を発表するようになっていた。とはいえ、そうした研究上の問題だけでなく、私の犯した〝罪〟の中でさらに社会的に重い意味を持っていたのは、一九五六年まで日本常民文化研究所に勤務していたころ、私自身を含む研究員たちが全国の海村から借用した古文書《こもんじょ》のある部分が、未返却のままに残ってしまったことであった。もとよりそれは私個人の責任ではなかったし、かつての同僚たちの努力で相当の程度は返却されていたのであるが、同所で仕事をした六年間のうち、ほぼ半分の期間、まともに勤務せず、さきの運動にかけまわっていた私にとって、この事態を招いたことに対する罪意識は大きかったのである。

それだけではない。全国の「漁村」の文書を借用・整理し、筆写・出版するという、敗戦直後でなければ考えられないような壮大な計画が挫折《ざせつ》した結果、その成果が生かされないだけでなく、古文書の借用し放しにより、研究所の社会的信用が著しく低落していることは間違いなかった。私自身、それに関与していることがたえられなかったので、種々の経緯はあったが、常民研が神奈川大学に招致されるに当って、同学短期大学部に勤務しながら文書返却の仕事を行うことにしたのである。

このような、大学とは全く関わりのなかった負債を負ったものを受け入れることは、大学、とくに短大部にとって、さぞかし御迷惑のことだったと思うが、それから今年まで十五年、同部の寛容に甘えつつ、ここでも多くのすぐれた友人たちの多大な協力を得て、借用し放した文書のおもなものについては返却を完了することができた。

このように当然の償いをしただけであるが、この仕事をはじめてからいままで、私は叱責《しっせき》されたことも、不愉快な思いをしたことも全くなかった。一例をあげれば、能登《のと》の上時国家《かみときくに》はすべてのお蔵の調査を許され、伊予《いよ》の二神家《ふたがみ》からは家伝の文書を研究所にお譲りいただくことができたのである。研究所の社会的信用はこれで多少とも回復できたであろうし、なにより文書返却を契機に始められた調査・研究を通して、自分のそれまでの日本社会に対する見方を根底から変えたほどの、はかり知れない新たな知見を私は得ることができた。そしてまた、この作業を通じて資料学の研究に対する理解が高まり、常民研を基盤に全国的にも例のない歴史民俗資料学研究科が神奈川大学に設置されたのも大きな収穫であった。その意味でこれは私にとってまことに有意義かつ楽しい〝重労働〟であったということができる。

ただ、もはやこれ以上の御迷惑はかけられないので、今年（一九九五年）三月までで短大部を辞職することは認められたが、多少の残った仕事をせよとの大学側の意向で、これからは特任教授として、なおしばらく神奈川大学で〝軽労働〟に従事するつもりでいる。*

そうした仕事の一つに、かつて常民研が蒐集《しゅうしゅう》し水産庁に寄贈された文書の完璧《かんぺき》な整理と公開の作業がある。この文書群は水産庁資料館が管理してきたが、昨年、中央水産研究所にそのすべてが移管されたのを契機に、同所と神大常民研の共同事業として、今年（一九九五年）四月から整理を開始するという覚書が交された。この事業を本当に軌道にのせることができれば、この問題について私のなすべき償いの仕事はほぼ終ったといってよかろう。

そして四十五年前に書いた「封建制度とはなにか」という愚劣きわまる文章にかわる仕事を、本腰をいれて推進しうる条件も整ってきたように思われる。なぜなら「百姓＝農民」という常識の誤りが明白になり、前近代の日本社会が人口の八―九割を農民の占める農業社会であったという通説も、全く根拠のない「神話」だったことが判明した以上、封建領主による農民の支配関係を基本に置いて展開されてきた封建社会論は、いまや根底から再検討されなくてはならないからである。

ただ、このやり甲斐《がい》のある仕事を、私自身がどこまでできるかどうかは、まことに心許《こころもと》ない。この課題は遡《さかのぼ》れば古代社会論、降《くだ》れば資本主義社会論、社会主義社会論の根本的再検討まで展望しつつ解決される必要のあることは当然であるが、それを達成するには私の力量はまことに小さく、それを大きな仕事にするためには残された生命があまりにも少なすぎる。しかしたとえ、途中で倒れようとも、戦後の〝戦争犯罪〟を私はやはり最後まで負って歩きつづけなくてはなるまい。

そしてこの道が、否応《いやおう》なしに戦後の歴史学の築いてきた日本社会像の枠組を徹底的に再吟味する課題につながっていたことを、いまようやく私は自覚しつつある。それは恐らく戦争そのものをこえて、近代歴史学の再検討にまで進まざるをえないことになろう。

できるかどうかは別として、この課題に正面から取組むことが、〝罪〟を犯して〝戦後〟から落ちこぼれた私の宿命と思い、目をそむけることなく最後までそのために力を注ぎたいと思っている。

＊一九九八年三月末、私は神奈川大学を退職したが、この古文書の返却の経緯については、『古文書返却の旅』（中公新書、一九九九年）としてまとめたので、参照していただければ幸いである。

I

戦後歴史学の五十年

戦後歴史学の五十年　歴史観の問題を中心に

一　見直される歴史像

今年（一九九五年）は戦後五十年を記念して、いろいろな分野でさまざまな議論が行われました。私個人の心中にも、確かにある種の感慨があります。実際、この時点に立ってふりかえってみると、「戦後五十年」を経過した今、歴史学が非常に大きな転換期を迎えつつあることがよくわかります。周知のように、戦前から戦中にかけて、特に一九三〇年代ごろから、いわゆる「皇国史観」の跳梁《ちょうりょう》が顕著になる時期があったわけです。敗戦後は、それを徹底的に批判することを通じて、戦前の歴史学の良き伝統を新しく継承した歴史家たちの努力の中で、新しい日本史像が描かれてゆき、それは一種のしっかりとした枠組にまでなっていったのです。

しかし、敗戦から五十年を経た今となってみると、その枠組みを根本的に見直す必要が出てきているといわざるをえません。現代はそういう状況になっていると私は思います。

私は、一九五六年から十一年間ほど高校で教えていたのですが、そのときに使っていた高校教科書の日本史像の枠組みは、今でも基本的にはほとんど変わっていません。大学に勤めてからも、入学試験の試験問題をつくるときに、高校教科書を見直すのですが、最近では部分的には修正され、コラムの部分などには、ずいぶんと工夫が凝らされて新しい研究成果がとりいれられているのですが、教科書の全体としての歴史像の枠組は依然として変わっていません。

しかしそれは、私の目から見れば、もはやはっきりいって間違いだらけであり、特に基本的なところで大きな欠陥を持っているといわざるをえないと私は考えています。そういう教科書が現在でも使われていることは大問題です。これを、いつかは根本的に直さなくてはならなくなることは十分に予測がつきます。そういう点をふくめて、これまでの通説的な歴史像が否応《いやおう》なしに崩れつつあるのが現に進行中の事態だと私は思います。

さらに重大なことは、この歴史学の直面している問題は、ただ敗戦後、五十年の年月がたったから起こってきたということだけで到底済まないものがあるという点です。

敗戦後、一挙に表に出てきて支配的になった戦後の歴史学は、もちろん戦後に突如として生まれたものではありません。それは、おおよそ、明治・大正、特に大正から昭和にかけて形成されてきたアカデミズム、いわゆる実証主義的な歴史学と、同じころに確立していったマルクス主義史学との二つの潮流の流れを汲《く》むものであるということができます。

ただ、この二つの潮流が形成されてくる過程で、明治期には大きな力を持っており、それ以後も生き続けてきた、いわゆる「民間史学」が切り落とされていったことには注意を向けておく必要がありますが、それでも近代歴史学の最良な部分を継承しつつ、戦後歴史学が表に現れてきたといってよいと思います。その根本には、「歴史は進歩する」という、西欧をふくむ近代歴史学の、揺るぎのない確信があったといってよいと思います。敗戦後に描き出された日本史像もその見方に支えられていることは間違いありません。ところが、その歴史の「進歩」に対する確信自体が、根元の部分から揺るがされ始めているところに、現代の歴史学の直面している転換期の重大さがあるわけです。

これは人類社会自体の直面している大問題で、原子爆弾が投下されてからの五十年の経緯の中で、人間が自然から開発した自らの力によって、人類自体を滅ぼしうるという事態が現実になってきたということが、この歴史学の転換の背景にあるといわざるをえないと思います。つまり、私自身もそう思っていた時期が長くあったのですが、自然を開発し、生産力を発展させることが、社会を「進歩」させることになるという、我々自身が最初から疑うことのなかった歴史学の「自明な前提」、人間が努力をすれば世の中は進歩をするという「単純な確信」、これはダーウィニズム以来の、近代の学問の根本にある前提ではないかと思いますが、それ自体が基本的に揺るぎ始め、現在にいたっては、こうした見方が根本から崩れつつある、といってよいと思います。

人類の青年時代はもはや確実に終わりを告げたといわなくてはなりません。これは否応のないことで、人類は自分のおかれている立場を十分に思慮深く考えながら、自らを滅ぼしうる大きな力を制御しつつ進まないと、うっかりすると急速な頓死《とんし》を迎えてしまう危険を絶えず孕《はら》んでいる状況の中におかれている、いわばそうした壮年時代に入ったことを自覚しつつ、現代社会の現実を認識し把握することが必要だと思うのです。そして歴史学もまたこの人類の壮年時代に相応《ふさわ》しいあり方を要求されるようになってきたといわざるをえないのです。

現在、各方面で近代史・現代史を高校教育においては重視しなくてはならないと強調されています。そのため、近現代史をもっときちんと教えなければいけないといわれており、特にアジアに対する日本の太平洋戦争中の侵略に伴う許され難い行動、あるいはそれ以前に遡《さかのぼ》って、明治以後の日本国家の帝国主義的な侵略についての認識不足、特に政治家の著しい認識不足の根底には、歴史教育の欠陥があるということが、広く指摘され始めています。そこで近現代史をしっかりと教えなくてはならないということを、文部省自体が強調し始めています。確か、今年あたりから高校教育で、近現代史だけの日本史の授業がなされているはずで、現状は大きく変わりつつあります。これは確かに大変大事なことだとは思うのですけれども、やはり、近現代史だけではなくて、人類社会全体、あるいは日本列島の人類社会の歩みの全体を十分に見通した上で、現在の我々の生きている時代の位置づけを正しく見定めていく必要があります。

いずれゆっくり考えてみたいと思いますが、時代の区分もこれまでの常識では通らなくなっているわけで、そういう点から考えても広く歴史全体を見直す必要が、否応なしに出てきていると思います。これからそういう点について、歴史学自体の歩みに則して考えてみたいと思います。ただ、近代の史学史の全体を見通すのは私の力に余るので、当面、敗戦後から現在までの歴史学の歩みを、私自身の体験をふくめて、私の能力の及ぶ範囲で、日本中世史の分野に焦点を合わせながら、お話してみます。

二　戦後の「新しい歴史学」

戦争に負けたとき、私は十七歳でした。旧制高校の二年生の夏に戦争が終わったのです。私はなぜか、中学四年ごろから、歴史がなんとなく好きになったというか、面白くなり始めました。旧制高校生の一種の流行で、大変観念的だったと思うのですが、戦争中は、ニーチェやヘーゲル、あるいはランケ、マイネッケなどの古典をドイツ語や翻訳で一生懸命読んだりしていたのです。そうした私に、戦後の歴史学の新風がどういう形で届いたかといいますと、敗戦後まもなく、もう亡くなられた生松《いきまつ》敬三さんなど、何人かの同級生が集って、歴史研究会を早速始めたのです。まだ戦犯教授の追放なども動き出していない、一九四五年の十月ころだったと思います。

当時私の在学していたのは東京高等学校の高等科で、中野の校舎（現在の東大付属高校のあるところ）が空襲で焼けてしまいましたので、今の東大の駒場、当時の第一高等学校の寮に間借りをしていました。寮を教室に変えて授業をしていたのです。ところがしばらくすると、どこで耳に入ったのか、我々が歴史研究会をしているということを先輩たちが聞きつけて、研究会に出てこられたのです。新しい時代の空気と学問を後輩に知らせたいというお気持ちからだと思いますが、永原慶二さん、今は帝京大学におられる潮見《うしおみ》俊隆さん（最近亡くなられました）、それから柴田三千雄《みちお》さん、また吉谷泉さんという、最近まで共産党の都委員会の文化部においでになったと聞いている方、その四人が研究会においでになり、我々に何をやっているのかと聞かれて、ヘーゲルやマイネッケを読んでいるというと、それも結構だけれども、もっと読むべきものがあるではないかと言われて、話をいろいろして下さいました。少したって、もう亡くなられましたが、倉橋文雄さんもおいでになったと思います。

それがきっかけになって私は、永原さんの下宿しておられた吉谷家へしばしば伺うようになりました。伺うたびに永原さんはいろいろな本を貸して下さいました。たとえば石母田正《いしもだしょう》さんや藤間生大《とうませいた》さんの戦前・戦中の論文、丸山真男さんの『国家学会雑誌』に載せられた有名な論文「近世日本思想における「自然」と「作為」」、あるいは大塚久雄さんの『欧州経済史序説』などを教えて下さったのです。こういう本を読んでみると大変に面白いので、私はどんどんその世界にひきこまれていきました。

最近、自宅で古い本をひっくり返して見ていましたら、佐藤進一さんの『鎌倉幕府訴訟制度の研究』を、私は一九四六年に買っていました。旧制高校の三年で買ったのですが、もちろん読んでもわからないので、実際に読んだのは一年くらい経ってからのことでした。この本は戦前、一九四三年に畝傍《うねび》書房から出ていたのを戦後に目黒書店が再刊したのですが、その発行元の目黒書店が倒産した結果、ゾッキ本になっていて、それを安く買った覚えがあります。

このようにして私は、永原さんを通じて、戦争中までの歴史学のすぐれた成果に接する機会を得たわけです。それは大変に強烈な経験でした。

私は最初は東洋史に行こうと何となく考えていたのですが、東洋史も面白いけれど日本史も面白いぞと永原さんに言われて、日本史にしようということにしたのです。実は内心、文学部だから無試験で入れると思っていたのですが、残念ながら文学部でも、私の受けた年の前年から試験が始まっていました。結構、倍率も高く、旧制高校生だけでなく、専門学校の卒業生や、戦争から帰った方や、陸軍士官学校や海軍兵学校など軍の学校に入っていた人たちが一斉にお受けになったのです。それで、私は泥縄の勉強をして、初めて入学試験を受けて、ともかく入学したわけです。

そして、すぐに歴史学研究会（略称「歴研」）の事務局（岩波書店の小売部の二階にありました）のアルバイトの仕事をするようになり、いろいろな歴史家に接する機会に恵まれたのです。

三　戦後第一期の歴史学

マルクス主義史学の二つの潮流

その経過の中でいろいろ体験したことをふくめて考えてみますと、戦前から戦争中にかけてのきびしい弾圧の下では息を潜めながら、非常にしっかりと生き抜いてきた学問的な歴史学が、敗戦と同時に一斉に表に現れてきたわけです。その中の最も大きな潮流がマルクス主義史学であったことはいうまでもありません。ただ、歴史学の分野に則して見ますと、同じくマルクス主義といっても、敗戦後に表に出てきたマルクス主義の流れの中には、私の感じでは、大きな二つの潮流があったように思います。

その一つは、羽仁《はに》五郎さん（日本近代史）の強い影響を受けた井上清さん（日本近・現代史）、鈴木正四《まさし》さん（ヨーロッパ現代史）、小此木《おこのぎ》真三郎《しんざぶろう》さん（ヨーロッパ現代史）などの流れです。その方々が、あとでも触れるように『歴史家は天皇制をどう見るか』という本を、敗戦後すぐに出しておられます（歴史学研究会編、一九四八年）。この本の背景には一つの潮流、羽仁五郎さんと井上清さんのお二人の強力なリーダーシップがあり、その後長い間、特に近代史の研究に強い影響を与えたといってよいと思います。近代の経済史・政治史には講座派・労農派の潮流のあったことはよく知られていますが、前近代までふくむ歴史学の流れとしては、講座派の中の一つの流れということもできると思いますが、羽仁、井上両氏の影響下に一つの潮流ができていたことは間違いないと思います。

それに対して、敗戦前に、『日本歴史教程』というマルクス主義の立場から日本歴史の概説書を書こうという試みが、かなり前から行われており、二冊ほど出ていると思います。これには伊豆《いず》公夫《きみお》さん（日本古代史）とか和島誠一さんなども加わっておられます。伊豆さんは歌人で、赤木謙介という名前も持っておられる方です。和島さんは、戦後の考古学の基礎を築かれた、すぐれた考古学者です。そういう方々によって二冊だけ、確か白揚社《はくようしゃ》から出て、中絶していたのです（第一・二冊、一九三六年）。その後、この仕事をうけつごうとしたのが、渡辺義通さんという古代史家で、戦後には共産党の衆議院議員にまでなった人ですが、この方を中心に、戦争中、石母田正さん（日本古代・中世史）、藤間生大さん（日本古代史）、松本新八郎さん（日本中世史）、林基《はやしもとい》さん（日本近世史）などの前近代史のグループが集まって研究会を続けておられました。このなかで敗戦後に最も影響力が強かったのが、石母田さんであることはいうまでもありません。

石母田さんの『中世的世界の形成』と、藤間さんの『日本古代国家』が、敗戦後直ちに（一九四六年）発刊されています。これが、古代・中世史の分野はもちろんのこと、敗戦後の歴史学全体に、強烈な影響を与えたと申し上げて差し支えないと思います。これに加えて松本さんも林さんもそれぞれに、中世史、近世史に強い影響を与え、それ自体、一つの潮流になっていきました。その他に鈴木良一さん（日本中世史）は、むしろ羽仁さんの影響を強く受けられた方で、石母田さんにも多少批判をお持ちになりながら、敗戦後の歴史学のこの潮流の中で活躍なさいました。こうした人々が主導しつつ、のちにのべる西洋史や東洋史の分野での新しい動きとも結びついて、日本評論社から『社会構成史体系』（未完）が出版されますが、これがその流れの成果だったと思います。

このマルクス主義史学の二つのグループは、最初から若干の対立を孕んでおり、後でも少し触れますが、それがその後の歴史学の動きに大きな影響を及ぼすことになっていきます。

京都の学風・大塚史学など

これに対して、京都には独特の学風がありました。戦争中も『世界文化』という雑誌を出した中井正一、新村猛《しんむらたけし》、真下信一などの人々がおり、これはいわばヨーロッパの人民戦線を意識した運動だったと思いますが、この伝統は、歴史学の分野にも生きており、シベリアで亡くなられた清水三男さん（日本中世史）はその一人です。田井啓吾さん（日本中世史）も亡くなられたのですが、そうした流れを汲んだ、奈良本辰也《ならもとたつや》さん（日本近世史）、林屋辰三郎さん（日本中世史）、北山茂夫さん（日本古代史）、藤谷俊雄さん（日本近代史）などの方たちが中心となって、京都という地域に根ざした新しい動きが早くから始まっていたようです。

この京都の方々の動きのすべてをマルクス主義とはいえないと思いますが、やはりマルクス主義の影響が強かったことは間違いないと思います。

これに対して、戦後の学問のもう一つの大きな流れは、マルクスには深い理解を持ちつつも、マックス・ウェーバーなど非マルクス主義に依拠するところが強い多方面な研究者たちの動きです。大塚久雄さん（ヨーロッパ近代史—イギリス）、高橋幸八郎さん（ヨーロッパ近代史—フランス）、松田智雄さん（ヨーロッパ近代史—ドイツ）などの西洋史の、いわゆる大塚史学といわれる方々、あるいは法社会学の分野での川島武宜《たけよし》さん、あるいは政治思想史の丸山真男さん、地理学の飯塚浩二さんなど、ときにマルクス主義者の側から「近代主義者」などといわれることもありましたが、こういう方々が敗戦後の歴史学に与えた影響は甚大でした。マルクス主義歴史学と共に、間違いなく、戦後の新風であったといってよいと思います。若い研究者は、これらのいくつかの流れに多かれ少なかれ影響されて、歴史を勉強するようになっていきました。私も全く同様でした。

津田左右吉とマルクス主義史学

まもなく、この新しい歴史学の潮流は、敗戦前の状況をも継承しながら、学会として結集し始めることになります。マルクス主義史学の二潮流は、対立を孕みながら、実はどちらがその主導権を握るかをめぐって、早くから競合していたように見えます。羽仁五郎さんと井上清さんのグループは、敗戦後間もなく、一九四六年一月、歴史学研究会で「各国君主制の歴史」というテーマの研究報告会を開き、その一部は先ほど触れました『歴史家は天皇制をどう見るか』という本になりましたが、この会がそのまま、羽仁五郎さんの動議によって歴史学研究会の臨時総会に切り替えられたのです。そこで、津田左右吉《そうきち》さんを新会長にして、歴史学研究会を再発足させるということが決定されたのです。

ところが、その総会は手続きを経ていないという主張がありました。歴研という学会は戦前からあった団体で、一九三二年に当時の皇国史観の支配する学界への反発と抵抗の中で、マルクス主義者をはじめ、実証主義的な方法をとるアカデミズムの良心的な研究者をふくめて成立した学会です。戦争中についに紙の配給がなくなり、会誌の『歴史学研究』は刊行できなくなっていましたけれども、日本史、西洋史、東洋史をふくめて非常に広範な歴史家を結集した団体でした。しかも委員会に当たる幹事会は実際に存在しており、それなりに規定もあったのですが、そうした手続きを経ないで羽仁さんと井上さんが主としてリードされた総会が開かれたのです。後に、これは「羽仁クーデター」といわれており、一挙に歴史学研究会のリーダーシップを羽仁さんたちが取ろうとなさったことは間違いありません。

これは一日も早く新しい戦後の歴史学の活動を開始しようとする意図から出たことだったと思いますが、このように急ぎすぎたために裏目に出たことがありました。その一つは、この決定をもって、井上さんと松島栄一さん（日本近世史）のお二人が津田さんの疎開先の平泉《ひらいずみ》に行かれたのです。この会見で何があったのか、もちろん私にはわかりませんが、この訪問を間において津田さんの『世界』に連続して発表された論文の論調が、一ヵ月の間に大きく変わるということが起こっています。それについては拙著『日本中世の非農業民と天皇』の序章に多少触れておきましたので、ご参照いただければ幸いですが、津田さんが最初に発表なさった論文（「日本歴史の研究に於ける科学的態度」『世界』一九四六年三月号）は、敗戦後すぐの、率直な津田さんの気持ちを書かれたものではなかったかと思うのです。

津田さんは、「科学」という言葉をほとんど使われないのです。戦前から戦後にかけての津田さんの著作の全体の中に、「科学」という言葉がいくつ使われているか、確かめてみたいと思っているくらいなのですが、この最初に発表された論文では、題名に「科学的態度」という言葉が出てきます。そして、この論文の矛先は、疑いもなく皇国史観に向けられており、新しく再生しつつある社会経済史についても、同情と共感に満ちた発言をしておられます。そして、雑誌『歴史学研究』の再刊第一号の巻頭の論文は、津田左右吉さんの論文なのです。一二二号ということを今でもよく覚えていますが、ひらがなの署名で「シナの史といふもの」という題の非常に興味深い論文でした。『歴史学研究』と津田さんとのそうした友好的な関係が敗戦後の一時期には明らかにあったのです。

ところが、この「羽仁クーデター」の後、井上さんたちが平泉に行かれて、津田さんに会長就任を要請なさいました。そのことについて、井上さんは、私の『日本中世の非農業民と天皇』の序章を読まれて、ごく最近、『津田左右吉全集』（岩波書店）の

「月報」（一九八九年一月）に平泉に行かれたときの状況をわざわざ細かく書いて下さったのです。津田さんははっきり断られたけれども、自分たちには大変好意的だったし、話し合いは友好的だったと井上さんは受け取っておられます。そうなのだと思います。

しかし津田さんは、その一ヵ月後、はっきりとマルクス主義者に矛先を向けた論文を書かれたわけではありませんが、これが著名な、天皇制についての津田さんの戦後初めての発言になるのですが、そこで「建国の事情と万世一系の思想」（『世界』一九四六年四月号）を発表されています。こ津田さんは、天皇制を熱烈に擁護されたのです。左翼は皆びっくりしたのですが、この論文を受け取った『世界』編集長の吉野源三郎氏が、平泉に津田さんをたずねて論文の手直しをお願いした話を「津田先生と天皇制の問題」という題の『世界』（一九七三年十二月）にのった文章で書いていますが、津田さんはそこで、自分はマルクス主義史学に対して「手套《しゅとう》を投げた」のだと語ったと吉野さんは書いています。これは、「決闘を申し込んだ」という意味です。

ここにはいろいろなことが考えられますが、私は井上さんたちの訪問がこの津田さんの態度の変化になんらかの作用をしていると今でも推測しています。吉野氏の文章にも、そのことはかなりはっきりと指摘されています（拙稿「津田左右吉氏の学問における「生活」と「科学」」『津田左右吉全集』補巻1、月報、一九八九年、本書所収）。

この羽仁さんの「クーデター」は、戦後の歴史学の動きに、早くも一つの歪《ゆが》みを生んだともいえるかもしれませんし、非常に興味深い動きの一つといえるかもしれません。私には今これを評価するだけの力はありませんが、さしあたりこの羽仁さんと井上さんの動きに対して、たちまちもう一方のマルクス主義者の潮流と非マルクス主義の歴史家たちから反発が出てきます。

その動きの中で、改めて総会が開かれることになって、三月に歴史学研究会は本格的に再発足します。この動きを主としてリードされていたのは、石母田さんや西洋史の倉橋文雄さんという方で、倉橋さんは法政大学に長くおいでになった東京高等学校の私の先輩ですが、戦前からの歴研を本当に支えて来た方の一人です。こういう人たちが、羽仁さんの動きはおかしいのではないかということで、大会の開き直しをしたのです。その結果、羽仁さんは委員になってはおられましたが、歴研を離れていかれることになります。

さまざまな動き

そういう動きに並行して、もう一つ、歴史家だけではなく、マルクス主義者を中心に広く研究者を結集するということをめざした「民主主義科学者協会」(略称「民科」)が四六年一月に発足します。この組織は依然としてあちこちで今も精力的に生きており、京都では民主主義科学者協会歴史部会が残っていますし、法律の分野でも、民科の法律部会はまだ生きています。科学者協会という全国組織は解体していて、消えているのですが、いくつかの部会だけは生き延びており、京都の民科歴史部会では、今でも『新しい歴史学のために』という機関誌をずっと発行し続けております。

そして戦後の歴史学が新しく第二期に入ってから、歴史科学協議会（略称「歴科協」）という団体ができて、京都民科は現在ではその中の一部になっています。それはともかく民主主義科学者協会の歴史部会の活動も非常に活発でした。これは最初からマルクス主義者の団体という性格が強かったのですが、それでも最初のころの歴史部会には、大塚久雄さんや川島武宜さんが出席されているなど、一九四〇年代の後半の段階では、非常に幅の広い活動が展開されていました。そして『歴史評論』という機関誌が創刊され、紆余曲折《うよきょくせつ》はありますが、今も歴科協の機関誌として生き続けています。

また京都では、先程名前をあげた方々が、「日本史研究会」を独自に結成して、これも一九四六年に本格的に軌道に乗り始めます。どうしても東京中心になりがちな歴史学研究会に対して、『世界文化』のような伝統を持ち、東大と異なる京都大学などの独自な学風を持つ京都で、それを生かした歴史家たちの雑誌『日本史研究』が、独自な歴史学の旗を掲げて発足したことは大変興味深いことです。これも現在に至るまで、全国的に強い影響を持っている雑誌といってよいと思います。

一九五〇年ころまで、これらの学会はそれぞれ精力的に、また新鮮な感覚で非常に活発に動いていたと思います。特に歴史学研究会は、一九四九年に、それまでの日本史部会、東洋史部会、西洋史部会を改めて、原始古代部会、封建部会、近代部会という部会組織を発足させます。さらに一九四九年の大会は「各社会構成における基本的矛盾について」を統一テーマとしてひらかれ、『世界史の基本法則』という題名で報告書を出しました。この題名を見ても、このころの歴研が何を目指していたかがよくおわかりいただけると思います。しかも、この大会は内容も非常に充実した大会であり、新鮮さにあふれていて、影響力もきわめて強かったのです。そしてその次の一九五〇年の大会の統一テーマは「国家権力の諸段階」で、この二つの大会が、戦後歴史学の枠組みがつくりあげられる上で大変大きな意味を持ったことは間違いないのではないかと思います。

実証主義史家と教科書

そのころ、実証主義史家は、マルクス主義者の側からは「無思想の歴史家」の代名詞になっていました。実証主義は本来決してマイナスの意味ではないと思いますが、「無思想な……」と言うかわりに、「実証主義的な……」という言い方をマルクス主義者たちがしていたのを、当時、私はよく聞いていました。私もこれに便乗して、恐らくどなたもご存じない無署名の「実証主義批判」を、『歴史学研究』に書いたことがあります。

このころつくられつつあった文部省の教科書に、森末義彰さん（日本中世史）、岡田章雄さん（日本近世史）や大久保利謙《としあき》さん（日本近代史）、家永三郎さん（日本古代・近代史）などが関係しておられました。それが『くにのあゆみ』ですが、それについて歴研と民科が批判を展開します。この批判がいわば「実証主義」批判の形をとっていたわけです。家永さんはもちろん歴研のメンバーでいらっしゃったと思いますが、このころのマルクス主義者たちからは批判の対象にされていたような印象を私は持っております。

ただこうした教科書に対して、歴研や民科のマルクス主義者たちの主張も強い影響を及ぼすようになっており、日本史の教科書の中には、やがて「原始・古代・封建・近代・現代」という時期区分を採用するものも増え始め、戦後の教科書の基本的な枠組みに実際なっていきます。それだけ強い影響をマルクス主義史学は教科書に対しても及ぼしていた、といえると思います。

中世史に則していいますと、石母田さんの影響は圧倒的であり、伊賀《いが》国黒田荘《くろだのしょう》をテーマとした『中世的世界の形成』にならって個別荘園《しょうえん》の研究が盛んに行われました。

私ももちろんその完全な影響下にあって、若狭《わかさ》国太良荘《たらのしょう》を勉強することになります。

被差別部落との出会い

私は一九五〇年に大学を出ていますが、大学に入った四七年には講義に出ていました。しかし、その後半から四八年一杯は、学生運動に明け暮れておりました。ただ歴史学研究会の事務局に週一度のアルバイトに通っていました。神田神保町の、今の信《しん》山社《ざんしゃ》ビルの場所にあった岩波書店の小売部、その二階に歴史学研究会の事務所がありましたので、そこに通っていたのですが、当時の事務局長は藤原彰さん（日本近代史）でした。しかし私は実際には学生運動に没頭しており、特に一九四八年には、民主主義学生同盟（略称「民学同」）という組織ができて、その組織部長兼副委員長をやらされていました。それで、今は影も形もありませんが、新宿西口にあった朝鮮学生同盟のビルに毎日通って、あちこちの学校に行って、組織の拡大につとめていたという状況なので、勉強はほとんどやっていません。

しかし、この年の夏に行われた荘園の現地調査には参加しています。寶月圭吾《ほうげつけいご》先生が、山城《やましろ》国上久世荘《かみくぜのしょう》という荘園の調査を計画され、永原慶二さん、稲垣泰彦さん（日本中世史）、杉山博さん（日本中世史）など当時の中世史の若手の中心メンバーと、最近お亡くなりになった小沢圭介さんという、歴史教育者協議会（略称「歴教協」）をずっと長くおやりになっていた方と私の六人で京都の南郊に調査に行ったのです。その往きの車中で、寶月さんのお知り合いの宇野脩平《しゅうへい》さんが加わられました（私は、この宇野さんのご縁で、大学を卒業して日本常民文化研究所に就職することになります）。

このときに寶月さんが、上久世荘域の被差別部落に古文書《こもんじょ》があるということを宇野さんからお聞きになって、我々全員を連れて、被差別部落の調査をしたわけです。私は東日本出身で、被差別部落が何なのかを、その歳になるまでほとんど知らなかったのです。島崎藤村の『破戒』を読んで、よくわからないので山梨の祖母にちらっと聞いたぐらいでした。そのときの寶月さんは被差別部落の文書をお持ちの、多分庄屋さんのお家だと思いますが、どしどし家に上って、お茶を飲んだりお菓子をいただいたりしたのです。私はおなかが減っていたものですから、出たもの全部喜んでいただいた覚えがあるのですが、宇野さんはこの状況をよくご覧になっていて、宿に帰ってから私に「今日のことは大変なことなのですよ」と説教されたのです。

そのとき初めて、被差別部落に対する差別の深刻さを思い知りました。当時の「常識」では、東大の先生が家に上ってお菓子を食べ、お茶を飲んだりなどすることは起こりえないことだったのだと、宇野さんは私に話して下さいました。実際、だいぶ後になっても、この調査の話は、一種の伝説として語り伝えられていったのだそうです。これが被差別部落についての私の事実上の初経験で、宇野さんにはその面でも教えを受けたのです。

四　「民族」をめぐる論争

政治の波に洗われる

そんなこともありましたが、一九四八年度一杯は、私はほとんど勉強をしていませんでした。ところが四九年の四月ごろに、この民学同が解散され、そのころ民主青年団といった民青に合同することになり、私は解任されました。そして、お前は卒業論文を書くのだろうと、なぜか多少優遇されて、論文を書くために大学に帰ることを許されたわけです。大学でもいろいろな運動をやってはいましたが、この年、関係文書が非常にたくさんある若狭国太良荘という荘園について一生懸命勉強をし始めました。しかし、このときに勉強をしてもいいという条件を与えられた私は、すでに多少とも特権的な立場に身を置くことになっておりました。私の人間的な堕落はここから始まります。

それはともかく、一九五〇年から五二年にかけては、ご承知のように大変な政治情勢の急激な展開がありました。朝鮮戦争からサンフランシスコ講和条約、安保条約、さらに破防法制定という状況があって、当時の日本共産党は、アメリカ帝国主義の植民地的支配に対して、民族の独立という旗印を掲げ、非合法闘争をふくむ政治運動を開始していました。その影響は歴史学界に強烈に及び、殊に歴史学研究会や民主主義科学者協会、日本史研究会は、まともにこの影響を受けることになりました。

その結果、一九五一年には、「歴史における民族の問題」が、歴史学研究会大会の統一テーマになり、さらに五二年には、「民族の文化について」が、大会テーマになりました。興味深いことに、尾藤《びとう》正英さん（日本近世史）が「封建倫理の問題を中心にして」という題で儒教道徳について、杉山博さんが「室町小唄について」、吉沢和夫さんが「民話に関する若干の問題」と題して、報告をされています。これが封建部会の報告で、私はこのころは歴史学研究会の委員をやっており、この大会を準備するために飛び回っていたのです。

また一九五二年はちょうど歴研の二十周年の大会で、このときのアトラクションに、京大の学生さんたちに祇園《ぎおん》祭りの紙芝居をやってもらい、東大の駒場の学生も山城国《やましろのくに》一揆《いっき》の紙芝居をやっています。この紙芝居は山村工作隊といわれて、日本共産党が山村に武装闘争の基地を設けるべく派遣した学生たちの、工作に使うのにつくられたものので、これを持って山村に行った人もあったと聞いています。またこのとき、一方では、人形劇「あのさま」、民話劇「彦市ばなし」が行われたように、歴史学研究会の大会としては、まことに異例きわまる催しが行われたわけです。私はその裏部隊の仕事を主としてやっておりました。いわゆるメーデー事件はこの大会の直前に起こっています。

学界はこの政治の波に洗われたのですが、一方では「歴史研究の自由について」という破防法に対する批判の講演会が行われ、大きな成功を収めるというようなこともありました。しかし、歴研や民科は今のべたような民族の独立をめざす日本共産党の動きに大きく身を寄せる形で動いていました。その中で、先程のマルクス主義者の二つの潮流が、明瞭《めいりょう》な対立となって表面化することになります。マルクス主義者の中で井上清さんや鈴木正四さんたちの流れは、「国際派」といわれました。そして石母田さん、松本さん、藤間さんたちのもう一方の流れは、当時「国際派」からは「所感派」といわれていましたが、客観的には「民族派」というべきだろうと思います。この両者の間に、民族の問題をめぐって激烈な議論が交わされることになったのです。

「民族の文化を守れ」

この民族についての議論は、現段階に立って見ましても、学問的に全く無価値であったわけではないと思います。真の意味での民族は、近代になって初めて形成されるのだと井上・鈴木両氏が強調したのに対して、石母田・藤間・松本氏らは、民族は非常に長い歴史の過程の中で次第に形成されてくるのだと主張しました。ただそこにスターリンの民族の定義、あるいは言語学に関連した論文が絡んで、この議論もそういう教条的な方向に引きずられた向きもありました。

しかし、現段階でも「民族」の問題が未解決な問題として我々の前にあることを考えると、この議論は決して無視しえない意味を持っていると思うのです。そして実際、この論争の中で民族の問題について本気で考え、すぐれた成果をあげられた研究者も現実にいたのです。たとえば西洋古代史家の太田秀通さん、あるいは日本古代史の川崎庸之《つねゆき》さん、現代史の江口朴郎《ぼくろう》さんなどはこの議論の中で、まともに民族の問題を追究されていたと私には見えました。ただ、そういう動きが必ずしも表には出ない形で、華々しく大会などでの議論が進んでいったところに問題があったわけです。

それとともにもう一つ注意すべきは、この時期に歴史学―文献史学と、民俗学や文化人類学、あるいは美術史学、考古学、さらに文学史学などの分野との協力が幅ひろく行われた、それはマルクス主義史家によって積極的に推し進められたという点です。たとえば「地方史研究協議会」を組織したのは、当時の歴史学研究会、民科歴史部会の委員会のメンバーでした。私は、まだ学生の時代でしたが、一九四九年か五〇年の初め、松本新八郎さんがこの協議会の組織のために活発に動いておられたからだと思うのですが、松本さんと永原慶二さんとご一緒に柳田国男《やなぎたくにお》さんのお宅に伺ったことがあります。私が柳田さんにお会いしたのはこれが最初にして最後ですが、しかしその印象はとても強烈でした。柳田さんはきわめて快くこの地方史研究協議会の発起人になることを引き受けられたのですが、そのときの様子はよく覚えています。松本さんはこのような他分野の人々との協力に非常に積極的で、その動きを主導しておられたのです。

ですから、民俗学を頭から嫌ったり、批判したりする動きが歴史家の中に出てくるのは、戦後歴史学の第二期、一九五五年以後のことで、この時期にはそのようなことはおよそ想像ができない状況でした。

また同じように松本さんが推進されて「民話の会」がこのころにできました。この会は現在でも多少形を変えながら生き続けておりますが、吉沢和夫さんは最初から中心になって会を運営しておられました。吉沢さんは現在まで一貫してこの会を支えておられるのですが、この会は、木下順二さんと山本安英《やすえ》さんの『夕鶴』を取り上げ、劇作家、演劇関係者と歴史家が協力—共同研究する場をつくり出しました。いろいろな経緯はあるようですが、宮本常一《つねいち》さん（民俗学）も早くからしばしば出席され、民話の会で民俗学者と歴史家との間で、かなり多彩な議論が行われたわけです。

これも民族の問題に絡んで、歴研、あるいは民科が中心になってつくり出した会ですが、はっきりいえば、当時の日本共産党の歴史家のグループが背景にいて組織した会だと申し上げて、差し支えないと思います。もちろんそれが生まれる必然性はあったわけですし、この会自体もその後はさまざまな形で変化して現在にいたっているのです。

それから、これもかなり続いた会で、今は消滅しているのですが、「文化史懇談会」という会がありました。美術史家と歴史家との共同研究の場で、学問的な成果を非常にたくさん上げたと思います。川崎庸之さん、あるいは宮川寅雄さんが歴史家の中心になり、美術史家の田中一松さん、吉沢忠《ちゅう》さん、藤田経世《つねよ》さん、あるいは米沢嘉圃《よしほ》さん、蓮實《はすみ》重康《しげやす》さんなどが常連で、当時の若い研究者もたくさん加わっていたのです。美術史学界は保守的な体質を持っていたのですが、それに対する当時の反逆者たちが集まった会で、東京大学出版会から文化史懇談会の名前でやがて何冊かの本が出版されることになります。その会が発足したのもこのころのことです。

それから「伝統芸術の会」もこの動向の中で生まれました。これも現在まで続いており、藤波隆之さんという、のちに歌舞伎の小道具の長く続いたお家を継承された方が会の運営の中心になられて、芸能関係者と歴史家との共同研究の場がつくられました。これにも松本新八郎さんが顔を出しておられますが、狂言の野村万作《まんさく》さん・万之丞《まんのじょう》さんの兄弟、能の観世《かんぜ》寿夫《ひさお》さん・栄夫《ひでお》さん・静夫《しずお》さんの観世三兄弟もこの会の常連でした。南博《みなみひろし》さんが中心的な役割を果たしておられて、実際に芸能に携わっておられる方の直面されている問題をはじめ、内容的に充実した議論がここで展開されたと思います。この会の京都の支部は林屋辰三郎さんが中心になってつくられ、かなり長く続いて現在の芸能史研究会に発展していきますし、こうした動きは、日本共産党のその後の動きにもかかわらず、多くはなんらかの形で独自に生き続け、歴史学の中にもそれなりの大きな意味を持つ活動をしていくことになります。

それから、江田豊さんをはじめ若い方たちがつくった、「民族芸術を作る会」という会もあり、この会には、人形劇のプークとか、蕨座《わらびざ》のような大衆的な芸術活動をするいろいろな方たちが出入りしていたと思います。こういう多彩な会が一九五〇年代の歴研・民科・日本史研究会で、民族の問題が議論されている一方で、誕生し、つくられていったわけです。

この事実を考えていただければわかりますように、この時期には、歴史学と他分野の学問との積極的な協力には全く抵抗がなかったのです。むしろ左翼、マルクス主義者たちが、積極的にその必要を訴え、滅びる危険の迫っている民族の文化をまもり、擁護し、新たな文化を創造するという運動を推進していきました。

実際この時期には、美術品をはじめいろいろな文化財が海外に大量に流出しており、文化財の破壊をふくめて強い危機感を多くの人々が持っていたことは確かで、その意味で「民族の文化を守れ」というスローガンが強く人々に訴えるものを持っていたことは確かです。そして、その中で、それなりの学問的な営為がなされ、それぞれの分野での良心的な方々の仕事は、のちのちまで残っていくことになります。

これがやがて国民的歴史学の運動になっていくのですが、松本新八郎さんはそこで、歴史家は学界に向ってものをいうのではなく、広く国民に対して語りかけるべきだと強調していたのです。ここには観念的な臭いもありますが、この原則は今も正しいと私は考えています。

日本常民文化研究所

考えてみますと、こうしたマルクス主義者の動きとは別に、同じころに渋沢敬三さんが九学会連合（当初は六学会）をつくられて、動き始めておられたことになります。九つの分野の異なる学会が連合して特定の地域の調査をするという試みが始められます。大学卒業後の私が所属しておりました日本常民文化研究所の月島分室は、この九学会連合の地域調査の歴史の分野を引き受けることになり、対馬《つしま》や能登《のと》については、常民文化研究所のメンバーが漁村の史料を集めています。当時の歴史学界の主流だったマルクス主義者は、この動きに対してこの段階では決して否定的ではありませんでしたが、積極的にこれに参加するような体制でもなかったと思います。

しかし、これはやはり敗戦後という、特異な時期だからできたのだと思いますが、戦前から漁業史研究を推進された渋沢さんの影響もあって、漁村の史料、古文書の収集のために、水産庁が現在でいえば何億という規模になる予算を、日本常民文化研究所に委託しているのです。この予算で若い研究者十人程が常勤で雇われ、公務員なみの給料をもらっておりました。それだけでも相当の予算だったと想像がつくわけですが、漁村史にそれだけの予算を国家が出したのは、やはりこの時期ならではのことだと思うのです。

こうした動きをふくむこの時期、一九五〇年代前半までの問題については、まだまだ細かく現在の立場に立ってプラス・マイナスを十分に再検討してみる必要があると思います。たとえば京都の林屋辰三郎さんが、これは名言だと思いますが、一九五〇年ごろに、「女性史と部落史と地方史、この三つが本当にできなければ、歴史学は決して民衆の歴史にはならない」と発言しておられるわけです。こういうことを歴史家が自由に言い、それが多くの人々の関心を引くような自由さのあった時代だったと思います。

ところが、一九五二年のころから、共産党が武装闘争の方針をとるようになり、それに基づいて国民的歴史学の運動が展開されていったのですが、五二年から五三年にかけて、活気にみちていたこの運動は、やがて次第に一種の退廃の様相を呈し始めます。もともと現実から遊離した観念的な運動で無理をしているわけですから、おのずとこのころ、運動はあらゆる面で疲労と退廃の兆候を示し始め、それが歴史学界にも及んできます。

私自身は、一九五二年の前後までは運動の中心部にいましたけれども、職場であった研究所の中のいろいろな問題も絡みまして、一九五三年の夏ごろに、自分自身の空虚さを思い知らされる経験をし、目がさめたような気がして、この運動のリーダーのような立場を自ら下りました。このとき、私は戦後歴史学の流れからは完全に落ちこぼれたのです。

このように、私の変化が急だったこともあって、渋沢敬三さんの関係する研究所に勤めているということだけで、私を「アメリカ帝国主義のスパイ」であると一部で言っているという話も耳にしました。そういう常識外れの事態がアッという間に起こるような疑心暗鬼の状況が、五三年、五四年ごろにはあったと思います。

実際にこの退廃は歴史学界の中にも影響を及ぼしており、かく言う私自身が自分がそういわれる前に、著名な歴史家たちについて、あの人はスパイではないかという発言を耳にし、自分もまたそれを踏襲した発言をした覚えがあります。そういう考えられないような混乱した状況がありました。

五　戦後第二期の歴史学

安良城論文の衝撃

一九五五年に共産党の六全協が開かれ、武装闘争の方針の転換が起こり、歴史学界の動向はガラリと変わり国民的歴史学の運動は退潮していきます。先程申しましたマルクス主義の二つの潮流の中で、歴史家の場合には「民族派」の潮流のほうがはるかに強く、「国際派」の流れはほとんど力を持っていなかったといってもよいと思いますので、先程の武装闘争の動きまでふくめて、大体当時の主流の動向の中で動いていたといってよいと思います。それだけに、この転換の歴史学への影響も大きかったのです。

しかし、もう一つこのころの私にとって衝撃的だったのは、安良城盛昭《あらきもりあき》さん（日本中世・近世史）の出現です。それが、ちょうど私が運動のなかで決定的に気持ちが変わっていく時期と並行していたことで、私が「落ちこぼれる」一つの原因にもなっているのですが、一九五三年に安良城盛昭さんは論文「太閤検地《たいこうけんち》の歴史的前提」を書いて学界に登場するのです。彼はたまたま日本常民文化研究所に仕事に来ており、しばらくは一種のアルバイトのような形で、私たちと一緒に仕事をしていました。安良城さんは非常にさわやかな青年であったと思いますが、研究所での研究会で、太閤検地について、後に「安良城旋風」といわれるような強烈な反響をよび起こす先程の論文の一部を報告してくれました。多分、この常民文化研究所で報告したのは歴研などでの報告より前のことだと思いますが、その報告を聞いたとき、私は強烈な衝撃を受けました。

もちろんこの論文は、その後の太閤検地の研究もふくめて、学界に甚大な影響を及ぼしたと思いますが、私は彼自身の意見そのものに完全に賛成したわけではありませんけれども、その透徹した論理、つまり石母田さん、松本さん、藤間さんという、私がそれまで信奉していました方々の理論、そのころ私自身も若干疑問を持ち始めていた理論を、痛快なほど見事に批判されたわけです。これは石母田、松本、藤間諸氏をはじめ、マルクス主義者の考えるべき方向を、論理的に徹底させたという方向での批判で、史料に基づいた実証という点から言いますと、大きな問題を最初から孕んでいたと思いますが、その論理の透明さに私自身は衝撃を受け、自分の無内容さを思い知らされたのです。この安良城論文の出現は、第二期の歴史学の動向にかなり大きな意味を持ってくると私は思います。

一九五五年の歴史学研究会の大会は、日本共産党の六全協以前の最後の歴研の大会でした。私は五四年は歴研の委員に一度正式に選ばれましたが、「お前は下りろ」という話が、あるところから出たようです。しかし、すでに大会で決まった委員を辞めるわけにはいかないといって、委員は続けていました。しかしほとんど委員会では発言をせず、与えられた仕事だけはしていたのです。そういう一年間の中で用意された五五年の歴研大会の統一テーマは「歴史と民衆——変革の主体的条件」でした。実はこのときの封建部会の報告は、安良城論文の批判を行うべく用意されたといってもよいと思います。ところが稲垣泰彦さん、島田次郎《しまだじろう》さんの「南北朝内乱をめぐって」というテーマでの報告の中には、安良城さんのお名前はどこにも出てこないのです。実際は安良城批判をやっているのですが、その当の本人の名前は出てこない。大会に出席した京都の学生さんが、安良城批判を聞けるのかと思って出席したのに、誰も「安良城」という名前を言わない、これはどういうことだという質問をしていますが、そういう陰湿な空気の中で行われた大会だったことをよく覚えています。批判者の側も自信がなかったのだと思います。

その大会の後に六全協があり、一九五五年の後半ころから、歴史学研究会、民科歴史部会は大きな転換をいたします。国民的歴史学の運動は「自己批判」の中で終息し、翌五六年の歴研大会は、「時代区分上の理論的諸問題」を統一テーマにしており、前近代については、安良城さんが報告をしていて、この報告一本だけで全体の議論が展開されております。やがて五七年にはまさしく「戦後歴史学の方法的反省」というテーマで大会が開かれますが、これ以後統一テーマは歴研大会からなくなり、部会別にテーマが選ばれるような形に変わっていきます。その中で石母田正さんが、実証主義史家に対する、それまでのマルクス主義史家たちの批判を、自己批判され、両者の共同戦線を提唱した文章を書かれたのが、私には大変に印象的でした。

第二期の集大成

この時期、私は歴研の部会にはほとんど出席しませんでしたし、大会に出席しても遠くの方で報告を聞いているだけでした。そのころ私は一年間の失業状態をこえて、どうやら高校の教師になることができたので、若狭国太良荘の勉強をもう一度全部やり直そうと思って、職場の都立北園《きたぞの》高校から東京大学の史料編纂《へんさん》所に通い、史料を写している状態だったので、いろいろ難しい議論がされているのを遠くから見ていたというのが実情でした。ですから一九五三年以前の歴史学界については、いろいろな生々しいことを多少は知っているのですが、この時点以降の私は歴研の部会や大会に出てもさっさと帰ってしまうようにして、全く自分流儀な生き方しかしていませんでしたので、細かく正確な事実を知っていません。ですから全く私流の見方になりますが、この時期に、私にとって非常に印象的だったのは、先程触れました石母田さんの自己批判でした。これは恐らく佐藤進一《さとうしんいち》さんを意識された自己批判だと思うのです。

石母田さんと佐藤さんは、これ以後、親交を結ばれるようになりますが、石井進《いしいすすむ》さん、笠松宏至《ひろし》さん、羽下《はが》徳彦《のりひこ》さんのような佐藤さんを尊敬していた若い歴史家たちに対する、石母田さんの評価も非常に高かったと思います。そうした場面に私は一度も居合わせたことはありませんけれども、横から見ていて、それはよくわかりました。石母田さんの実証史家との共同戦線の提唱は、こういうご自分の具体的な認識の上に立っておられたのだと思います。

こうした一九五五年以降の第二期に入りますと、「理論的反省」などをふくめて戦後歴史学の集大成が始まり、戦後最初の岩波講座が編集されます。実は第一期の民族の文化の問題の議論が活発だったころに『民族文化講座』という講座を岩波書店につくらせようとして松本新八郎さんは活発に動いていました。その同じころ小学館が『日本文化史大系』を編集しようとしたのですが、この動きを松本さんは強引に潰《つぶ》そうとして、編集委員や執筆者に圧力をかけたと思います。ところがこれは潰れないで、『民族文化講座』の方が結局流れてしまいます。『日本文化史大系』は六〇年代に刊行されますが、これは非常に充実した内容で、多くの高校の教師がこの『日本文化史大系』を参考にしていると思います。また、平凡社の『世界歴史事典』もこのころに完成しています。私はこの大系や事典で講義の用意をしているのです。それから間もなく読売新聞社の『日本の歴史』、中央公論社の『日本の歴史』、戦後最初の『岩波講座日本歴史』が刊行されます。

高校の教師になったばかりだったこともあって、私はこの叢書《そうしょ》や講座も原始から現代まで全部読んでいます。戦後歴史学の新鮮で良質な成果が、ここで集大成されました。いま岩波講座の『日本通史』が出ていますが、私自身、編集委員でありながら、これほど一生懸命には読んでいないことを反省しています。二回目の岩波講座も一回目ほどのもり上がりはなかったと思います。刊行された部数も数倍は違うのではないでしょうか。これは第二期の歴史学を考える上で重要な意味を持っていると思います。

中世史と近世史の区分

この時期の議論については、私にとって、先程言いましたように、雲の上の議論のように見えていました。そうした下から見ていたものの感想として、非常にはっきりいえることは、安良城さんの「太閤検地論」についてはいろいろな論争がありましたけれども、この議論が賛否をとわず多くの学者に強い影響を与えたことは間違いないことで、中世史と近世史が、これによってはっきり分けられました。それまでのように、封建社会として一括するとらえ方ではなく、中世社会と近世社会が截然《せつぜん》と区分されたわけで、このことは学問的には大変、大事な意味を持っていたと思います。最近、八〇年代に入ってから朝尾直弘さんが、『日本近世史の自立』（校倉書房）という書物をまとめられ、それと前後して、石井進さんが『中世史を考える』という本を同じ出版社から出されています。これは象徴的でありまして、近世史と中世史は、ここではっきり区分されるようになったといってよいと思います。

それまでは、戦前にもこの時代は武家の時代として一括されており、戦後も中世・近世全体を「封建社会」としてとらえようとしてきたと思います。一時期、南北朝から後が中世だという議論を松本新八郎さんが展開され、南北朝動乱を「封建革命」と規定されました。私もこれにのっかって愚劣なものを書いたのですが、いずれにせよ中世と近世とをはっきりと区別しないで連続してとらえようという見方が、一時期は支配的だったと思います。これに対して、安良城さんは中世は封建制ではない、家父長的家内奴隷制を基礎とする「奴隷制社会」であると主張したわけで、古代といわれる時期をアジア的な総体的奴隷制の段階だと規定し、近世になって初めて、小農民が自立することによって封建制が確立、展開したというとらえ方をしたわけです。

その議論自体については大きな問題があり、そのまま成立するとは思えませんが、安良城さんが中世と近世の違いを明確にしたことにこそ、重要な意味があると思います。社会構成の議論に則して見ると、むしろいろいろな問題があると思いますが、少なくとも制度的に中世と近世が明確に区分できることは疑いありません。安良城さんは頭のよい方で、社会構成のことを言っているような言い方をしながら、「政策基調」

が変わったのだと言っているわけです。確かにその通りで、明らかに政策基調が変わっています。この点は彼は断固として譲らなかったのですが、その通りで良いと思います。明らかに制度的には大きな転換があったので、それを無理やり連続させようとするだけでは不自然な面の出てくることは確かです。

それ以後、中世史家と近世史家は、それぞれ別個に研究をやるようになっていきます。むしろ区分だけではなく、中世史と近世史の断絶が問題になるようになってくるので、中世史の場合、文書の史料集をつくるときにはせいぜい寛永くらいまでであとはやめてしまいます。一方、近世の研究者たちは、太閤検地から史料を集め始める、というやり方をするわけで、県史なども大体そのようなやり方を取ってきたと思います。もちろんこのことはいろいろな意味で新しい問題を残したとは思うのですが、しかし、それは明らかにプラスの面で大きな意味があったと思います。

近世史について私には論争史を辿《たど》る力がありませんが、中世史に則して見ますと、第二期の流れをまとめてみたことが何回かあり、『中世東寺《とうじ》と東寺領荘園』の序章や、最近出しました『悪党と海賊』の序章、前の岩波講座に収録された「中世都市論」（『日本中世都市の世界』に収録）の序章などで、触れたことがあります。

ほぼ二十年の間、五五年から七五年の間にいろいろな経緯がありましたけれども、七〇年代に入るころになりますと、中世史に則して見ると、主としてマルクス主義的な史家たちの議論・論争はほぼ行き着くところまで行き着いて、煮詰まっていったということができます。

領主制論と非領主制論の論争

大きな流れをまとめていうと、中世社会を「領主制論」の立場からとらえるか、「非領主制論」あるいは「反領主制論」の観点からとらえるかということになります。この整理自体が西欧的な学説整理の仕方になっているので、適当かどうか議論があるかもしれませんが、しかし、全体としてこういう方向で議論が煮詰まっていったことは確かです。

その中で特に大きな役割を果たしたのは、京都の日本史研究会を中心とする、中世史研究者たちだったと思います。戦前から戦後にかけての石母田さんの著書の中でも、しばしばお名前があがる、シベリアに抑留されて亡くなられた清水三男さんというすぐれた中世史家が京都におられました。戦争で亡くなられたすぐれた歴史家がたくさんおられますが、近世史の分野では日本常民文化研究所の所員で私の先輩になります戸谷《とや》敏之さんという近世史家もその一人で、一時期、左翼の運動をしておられました。清水さんも同様で、やはり左翼運動に身を投じて「転向」した方です。

戦後、清水さんなどの学風を継承するとともに、先程の林屋さんの、「被差別部落史」に関わる学風をうけつぐ形で、戦後第二期の日本史研究会の中世史研究者は活動しています。ただ、やがて林屋さんは大学紛争前後のころに日本史研究会から身を引かれることになります。もちろん完全に離れられてはおりませんが、表には出てこられなくなりました。しかし陰に陽に大きな影響を与えておられたことは間違いありません。

ただ林屋さんよりも、清水さんの中世社会像に依拠しながら、石母田さんの領主制論に対して批判を加えるという形で、京都の中世史家たちの議論は、最初、展開し始めたのです。一番早く表面に出てきたのは永原慶二さんと京都の黒田俊雄さんの論争です。これが第二期の歴史学の中での領主制論と非領主制論の論争のはじまりといってよいと思います。しかしやがて、黒田さんに対してもやや批判的でありながら、永原さんにも批判の矛先を向ける、という方向で、戸田芳実さん、大山喬平さん、河音《かわね》能平《よしやす》さん、工藤敬一さんなどが活発な発言を始めます。この方々は安良城さんに対する批判を展開し、論戦が行われますが、この辺の問題を詳しく解き明かすのは、現にまだ進行中の問題もありますので、時期尚早《しょうそう》です。しかし、一応、二つの議論の主張をまとめてみると、こういうことになります。

領主制論は在地領主と下人・所従の関係、さらに領主とその支配下にある隷属的な農民との関係を社会の基本と考え、そうした在地領主は、草深い農村から身を起こした人々で、武士たちはまさしくこうした在地領主であり、そうした人々によって、王朝に対抗して新しい武家の政権が打ち立てられたと考えます。石母田さんの『中世的世界の形成』は、まさしくそういう構想で展開されているのです。そしてこの在地領主の間に結ばれる主従関係に封建制の基盤を見出す、これが領主制論といってよいと思います。

このモデルは東国の領主の実態に求められ、また興味深いことにヨーロッパの封建制との比較、両者の類似に理論的な根拠をおいています。この見方に立つ中世都市論の特徴は、鎌倉については東国の中心として意識されているにせよ、中世後期に出現する自治都市と、それに対応する自治的な新しい村落の形成の中に、発展した封建社会の展開を考えていくのです。

一方、非領主制論は、荘園の支配者で「権門」といわれる、貴族・寺社・武家と百姓との関係に社会の基本的な支配関係を考えます。この見方からすれば在地領主は副次的な役割、あるいはこの関係に破壊的な作用を及ぼすとされています。「安穏」を求める百姓の生活に対して、暴力的に干渉する、ときによっては「殺し屋」といってもよいような存在として武士はとらえられます。王朝と戦う英雄的な武士像とはおよそ違う、暴力的な殺し屋、「屠殺」を専業とし、武を「芸能」とするような集団としての武士像がそこでは描かれることになります。

少し極端にいっていますが、非領主制論はそういう見方で中世社会をとらえようとしており、モデルは西国の社会のあり方です。そしてアジア、あるいは中国大陸の社会を比較の対象とし、類似した点を追究する。そして中世都市については権門都市として、京都・奈良・鎌倉、あるいは各地域の国衙《こくが》に着目するわけです。

ここではこのように強引に、領主制論と非領主制論とをまとめてみましたが、ほぼ二〇年間のさまざまな論争の中でこうした見方が煮詰まってきたのです。ただ、この時期の私は、皆さん方の論文を読んではメモやノートを取ったりしていただけで、私自身はこの議論にはほとんど参加しておりません。雲の上の議論という印象が強かったのですが、百姓や下人・所従の問題については、自分流に理解できそうになり、いろいろ発言をするようになりましたので、安良城さんや大山さんなど、いろいろな方々からのお叱りを受けることにもなったのですが、この二つの見方は、七〇年代の終わりのころには、もはやこれ以上、議論のしようがないところまで進んで頭打ちになってしまったという感じを私は持っています。

新しい学風の展開『中世の窓』

このような京都の方々、日本史研究会の中世史研究者のグループは、落ちこぼれた六〇年代の私の目から見ると、若々しく華やかで、精気に満ちているという感じでしたが、同じころ東京大学を中心に佐藤進一さんを師として集まった石井進さん、笠松宏至さん、羽下徳彦さん、お若かったので当時はあまり知りませんでしたけれども勝《かつ》俣鎮夫《またしずお》さんなど、『中世の窓』という同人雑誌をつくられたグループもきわめて印象的でした。この方々はマルクス主義の歴史学からは、一歩はっきり距離を置いておられましたが、歴史学研究会にも積極的に加わっておられたと思いますし、独自な学風の下でそれぞれに非常にすぐれた研究成果を挙げておられました。これも本当にキラキラした世界で、私は、ああいう秀才たちの足もとにも及ばないなという感じを持っていたのが当時の現実でした。

私がこう言うと、石井さんも笠松さんも嫌な顔をされますけれども、北園高校の勤務を終え、東大に行きますと、史料編纂所は午後四時になると本を返さなければなりませんでしたが、国史の研究室は五時半ごろまでは開いているので、そちらに行って勉強しました。あのころは複写機がありませんので、研究室の片隅で刊本から文書を一生懸命に筆写していたのですが、そこでは、こういう若い方々がいろいろ活発に議論をされており、それを机の隅の端のほうで聞きながら、私はあのような議論などには到底参加する力はないなという印象を強く持っていたのです。そういう意味で畏敬《いけい》の念を持っていました。

実際この時期で面白いのは、京都と東京だけではなくて、東北あるいは広島、九州などに明らかに地域を背景にした個性的な学風が育ちつつありました。それぞれに俊秀が誕生した時期だと思います。東北では大石直正さんや少しおくれて入間田《いるまだ》宣夫《のぶお》さん、広島の松岡久人さん、坂本賞三《しょうぞう》さん、九州では川添昭二さんを始めとして九州史学会がまとまっていく動きも出てくるわけです。

しかし学問的には、やはり先程の領主制論、非領主制論の問題が活発に議論されましたが、面白いことに東北の方はどちらかというと非領主制論、九州はどちらかというと領主制論に近いという、大変興味深い地域的傾向が出てくるように思われます。これは中世にも同じ結びつきがあるなどといって叱られるのですが、私にはそのように見えます。

六　戦後第三期の歴史学へ

佐藤進一さんの業績

しかしこうした議論とは独自に佐藤進一さんのお仕事が、この時期にしっかりとした体系をなしたことが、中世史研究に則して見ると特筆すべき動きだと思います。「室町幕府の官制体系」という論文を、戦後最初の『岩波講座　日本歴史』にお書きになっていますが、これは文書の様式論に基礎をおきつつ、足利尊氏《あしかがたかうじ》と直義《ただよし》の二人の権力の分有の実態を明らかにされ、主従制的支配権と統治権的支配権という、ときには相矛盾する、武家王権の二つの支配原理をそこから抽出された画期的な論文です。中世王権の二元性をこれによって明らかにされたのですが、これは全く佐藤さんの独自な理論で、日本の中世史学が生み出した世界に誇るべき成果といってもよいと思います。カントロヴィチの『王の二つの身体』（小林公訳、平凡社）の問題にも重なるところを持っており、広く王権論としてもきわめて本質的な問題が指摘されていると思います。

そもそも中世史に則して「王権」という言葉を最初に使っておられるのは、佐藤さんだと思うので、これはこの時期の中世史学の中で先駆的な意義を持っていると思いますが、それを具体的な歴史叙述として展開されたのが、中央公論社の『日本の歴史』の中の一冊である『南北朝の動乱』です。現在でも、これを越える南北朝の動乱史、十四世紀史の概説はないといってよい名著だと思います。

もう一つの佐藤さんのキーワードは、「合議と専制」です。中世史に則していいますと、北条氏の得宗《とくそう》専制、後醍醐《ごだいご》天皇の専制、足利義満《よしみつ》、義教《よしのり》の将軍専制、これに対して執権政治の評定衆の合議、あるいは後醍醐の破壊した太政官《だじょうかん》の公卿《くぎょう》会議の合議、さらに室町時代の有力守護の合議、この両者の対立、緊張関係を通して中世国家のみならず、古代に遡り近世にいたる国家権力、王権のあり方を先程の二つの支配原理と合わせて追究しておられます。これが佐藤さんの歴史学のもう一つの重要な視角だと思います。

さらにもう一つ、すでに戦争中に佐藤さんが提起されていることですが、鎌倉幕府が東国の統治権を掌握していること、つまり鎌倉幕府は「東国国家」だということを、戦争中に出された『鎌倉幕府訴訟制度の研究』の中ではっきりと提示しておられるのです。この本は最近五十年ぶりに復刊（岩波書店）されましたが、敗戦後も、慎重な言葉づかいですけれども一貫して佐藤さんは主張されており、『日本の中世国家』（岩波書店）という、一九八三年に刊行された本の中では、中世国家の二つの型として、王朝国家に対し、もう一つの型の中世国家として、鎌倉幕府を挙げておられます。これは、本州・四国・九州についても古代以来、単一国家であったとするとらえ方を批判する、重要な拠《よ》り所で、それがすでに戦前に基礎づけられていたことは非常に重要なことです。

第二期の歴史学の主流は、この佐藤さんの学問的な仕事を尊重していたとは思いますが、決して正当に評価はしていなかったと申し上げてよろしいと思います。しかし、それは戦後の第三期に入って、さまざまな形で、佐藤さんのこれらの仕事が新しい形で生かされ、継承されていくことになっているかと思います。

そして第二期と第三期に入る境目くらいの時期に、戦後、第二回目の『岩波講座日本歴史』と小学館の『日本の歴史』が出版されるわけです。これらは第一期ほどではないとしても、結構売れた概説書ではないかと思いますし、ちょうど第二期と第三期の過渡期に出されたという点で、いろいろな意味で面白い位置を占めています。小学館の場合も、十数万は売れたと思いますが、これ以後もさかんに出版された各社の『日本の歴史』は、いずれもそれほどは売れなかったと思います。

そして、一九七〇年代後半のころから、歴史学界は第三期に入り、それまでの停滞を破って新たに動き出したといえますし、今でも、まだそれが続いていると思います。私もそのころから、議論の渦中に入るようになり、いろいろなことを言うようになりましたが、私の場合は、決して最初から見通しを持って勉強していたわけではないので、勉強して新しいことがわかると、お調子者なので、あちらへ行って喋《しゃべ》り、こちらへ行って喋り、あちこちで書いたりしているうちに、だんだんこういうことになってしまったというのが本当のところなのです。

【参考文献】

遠山茂樹『戦後の歴史学と歴史意識』岩波書店、一九六八年。
石井進『中世史を考える』校倉書房、一九九一年。

朝尾直弘『日本近世史の自立』校倉書房、一九八八年。
鹿野政直『鳥島は入っているか』岩波書店、一九八八年。
網野善彦『中世東寺と東寺領荘園』東京大学出版会、一九七八年（その「序章」）。
『岩波講座　日本通史　別巻1　歴史意識の現在』岩波書店、一九九五年。
歴史学研究会編『歴研半世紀のあゆみ』青木書店、一九八二年。

津田左右吉氏の学問における「生活」と「科学」

津田左右吉氏の厖大《ぼうだい》な著作のごく一部しか読んだにすぎない怠惰な私に、津田氏の学問を正面から論ずる資格はもとよりないのであるが、機会を与えられたのを幸として、日ごろ感じてきた印象の一端をのべて、責をふさいでおきたいと思う。

津田氏の著作、学問の最も重要なキー・ワードの一つは、恐らく「生活」であろう。「生活気分」「生活感情」「生活意欲」等々、特に歴史学の方法、本質を論じた文章を中心に、津田氏は多くの論文で「生活」の語を多用している。

一瞬も静止することなく、不断に動いてやまず、そこからなにごとかを創造しつづける「生活」。歴史家はあらゆる心的機能を働かせ、全人格をもって、それをとらえなくてはならないので、歴史家が「正しい思惟《しい》の方法」を身につけるだけでなく、「詩人のそれと同じ」資質を要求される理由はそこにある、と津田氏は強調してやまない。

津田氏の思想史に関わる著作に一貫してみられる、生きた「実生活」からはなれた「文字の上の知識」としての儒学、仏教という評価が、こうした津田氏の史学の本質に関わることはもとより いうまでもなく、思想はもとより、文学から言葉にまで及ぶきわめて多彩な津田氏の研究はこのような姿勢から生まれたのである。そして、とくに敗戦後に顕著になった「唯物史観」―マルクス主義に対する批判も、「自己の生活を深く反省し、日本の現実をありのまゝに観察することをせず、他から与へられた狭い知識に眼界を遮られて、偏つた一つの方向のみ見るところ」から「ほんとうの生活とその歴史とが」理解できなくなるのだ（『必然・偶然・自由』）といわれているように、全く同じ立場に立脚するものであった。

これに対し、津田氏は「科学」について、十分の理解を示しつつも、この語を用いることに慎重であり、多少とも消極的であった。それはやはり、「歴史科学」「科学的歴史学」を標榜《ひょうぼう》するマルクス主義史学に対する批判に力を注いだ敗戦後に、著しくなったように見える。「史学は科学か」と題した論文において、「史料の取扱ひかた、またそれによる構成のしかたに、科学的論理的な方法があるべきはずである」とし、「現在に身を置いて過去に経過して来た歴史のすぢ道を明かにするのは、主として思惟のはたらきであるが、その思惟にはもとより論理があり、従つてそれに科学性がある」としながらも、津田氏がここで強調するのは、さきのような「生活」そのものを深く「理会」する史学の学問としての性格であり、「史学を成り立たせるものは」科学、科学性「だけにとどまらぬ」という点であった。

しかし、津田氏は「科学」に対してつねに消極的であったわけでは決してない。別の機会に若干言及したように（拙著『日本中世の非農業民と天皇』岩波書店、序章I）、津田氏が敗戦後、最も早く発表した論文の一つが「日本歴史の研究に於ける科学的態度」（一九四六年三月）と題されていたことに、われわれは注目する必要がある。もとよりここで、津田氏がさきにのべたような史学に対する基本的姿勢と異なる論旨をのべているわけでは全くない。ただこの論文において、津田氏が一々事例をあげて批判したのは、例えば神武《じんむ》紀年二千六百余年は事実でないこと、「神ながらの道」に根拠がないこと、「神社の崇敬に国家的意義がある」という「宣伝」は誤りで「民俗としての神社の崇敬には昔から、事実として、さういふことは無かつた」ことなど、明らかに戦前・戦争中の「皇国史観」などの強調していた非学問的な主張であった。

そして、「上代史の研究」には「日本及びその周囲の民族に関する考古学・民俗学・言語学などの研究の結果が重要なるやくわりをもつてゐること」、たしかに「現在に於いてはなほ甚だ不完全のものであり偏するところの多いもの」であるとはいえ、「人類一般を通じての考古学なり経済学なり民俗学なり宗教学なり神話学なりの成立を疑ふので」はない、と津田氏はここで明言し、「それだけで歴史の全体もしくは真相が明らかになるのではない」といいつつも、「過去の史学者の深く注意しなかつた社会史・経済史の研究が行はれるやうになつたのは、もとより喜ぶべきこと」としているのである。

とくにここで津田氏が「生活の進展に人類一般の普遍的な径路があることを必ずしも否認しようとするのではな」い、とのべていることに注意しなくてはならない。少なくともこの論文における津田氏は、マルクス主義史学に批判の鉾先《ほこさき》を向けようとしていないので、むしろ多少の懸念を表明しつつも、敗戦後の新たな学問に期待を抱いていたといってよかろう。

ところがその翌月、同じ『世界』に発表した「建国の事情と万世一系の思想」において、津田氏の論調は劇的といってもよいほどの転換をとげ、以後、鉾先を専らマルクス主義に向けたきびしい批判を展開していくのである。

この間の事情について、さきの拙著において、いわゆる「羽仁クーデター」、及びその後の井上清・松島栄一両氏の津田氏宅訪問が、この転換に関わりがある、という考えを一言したところ、井上氏はこれに関連して、本全集別巻第一の月報に＊「「歴研」会長をお願いしたときのこと」という一文を寄せられ、このときの訪問の状況を詳しく公表、紹介された。

これは戦後史学史の重要な一齣《ひとこま》を考える上で、まことに貴重な史料となるべき記録であり、私の臆断《おくだん》がその公表の契機になったことを光栄に思うが、ただそれは私ではなく、吉野源三郎氏に帰さるべきであろう。

すでに一九六七年、吉野氏は『みすず』（四月号—六月号）に「終戦直後の津田先生」という文章を掲載しており（のち前文をつけて「津田先生と天皇制の問題——臼井吉見氏の誤解を糺す——」と題し『世界』一九七三年十二月号に再掲載され、最近、同氏著の岩波新書『職業としての編集者』に収録された）、そこですでに、この井上・松島両氏の平泉訪問、それに対する津田氏の感想についてふれている。とくにそこで津田氏が吉野氏に対し「私はすでにあの立場に対して手套を投げたのです」と言ったということを、吉野氏がのべていることに注目すべきであろう。津田氏は間違いなく、このころ、吉野氏のいうように「マルクス主義史学——もしくはマルクス主義史学者——に対する」決闘を挑むが如き「強い態度と決意とを」固めていたのである。

井上氏はさきの文章で、津田氏がきわめてきげんよく両氏をもてなされ、種々、学問的な談話に終始したといわれており、吉野氏もまた津田氏はそのときの話しの限りでは「マルクス主義そのものや、マルクスの歴史観そのものに反感をもってはいなかった」とのべている。このことは、井上氏の訪問が津田氏の転換の直接の契機となったのではないことをよく示しているが、しかし、そのことをもふくむこの時期の世の中の動きを鋭く感じつつ、津田氏がさきの決意を固めたことはやはり間違いない、と私は考える。

そしてこの決意の結果として書かれた後者の論文を、さきにもふれたように、津田氏の戦前以来の史学に対する一貫した基本的姿勢の中でとらえることは十分にできるとはいえ、私はそこに一つの転換があったと見るべきだと思う。それは津田氏が前者の論文——「科学」の語を題名にあげたこの論文について、生前、廃棄の指示を与えていたという事実によってみても明らかなのではあるまいか。

今後、十分の調査をする必要があるが、これ以後の津田氏の論文には、最初にのべたような意味での「生活」の語が著しく多くなり、「科学」に対する消極的評価が目立つようになってくる。そして、さきに「否認」するのではない、といった人類一般の普遍的な生活の進展の径路についての言及はほとんど影をひそめ、諸民族の「生活」の差異、特殊性が強調され、すでに前者の論文で指摘されている「歴史の研究の任務は生活の進展の一般的な、人類に普遍な、法則を見出さうとするところにあるのではなくして、国民の具体的な生活のすがたとその進展の情勢とを具体的なまゝに把握し、歴史としてそれを構成するところにある」という側面が、くり返しのべられるようになるのである。

例えば「訳語から起る誤解」（全集第二十一巻）において、われわれが今後、十分に考えなくてはならない重要な問題を指摘しながら、そこでは「生活を異にし生活気分を異にしてゐる異民族または異なれる文明の世界に発生して、特異の意義と情趣とをもつてゐる言語を翻訳する」ことの著しい困難さが指摘され、そのための適当な語彙《ごい》がほとんどないとしているなど、「生活」の微妙な多様さを究めたはてに、津田氏は諸民族相互の理解をほとんど不可能とみるまでにいたった、とすらいえるのではないかという印象が強くなっていくのである（前掲拙著）。

もとより、津田氏は「科学」を捨て去っているわけではないとはいえ、この方向の強調の中で、すでに周知の津田氏の「皇室」に対する理解と、それに基づく熱烈な「皇室」擁護の主張がでてくることはいうまでもない。そしてしばしば指摘される帝国主義的な他民族抑圧に対する沈黙、さらにはときに他民族蔑視《べっし》とまでみられるほどの発言をふくむ、津田氏の史学の弱点も、ここに根を持っていることも間違いない、と私は思う。

しかし現在、われわれはまさしくこの津田氏の主張してきたあり方がほぼ「定着」したともいえる天皇の問題と正面から立ち向い、それを克服すべき地点に達しているのであり、その課題は津田氏のこのような史学に対するとらえ方の根底的な理解を通して、それを乗り越えることなしには解決しえないといってよかろう。たしかに津田氏のいう通り、「生活」は「科学」のみによってはとらえ切れないものである。われわれ自身が自らの生活において、現実との緊張関係をきびしく保ち、とらわれぬ目と鋭敏な感覚でそれを見つめつづける姿勢を持つことなしに、過去の「生活」そのものに所在する問題を発見することは決してできないであろう。歴史学が現代の学問であるといわれる理由もそこにあるが、しかしそのようにしてとらえた問題を解決するためには、当然、科学的な方法が駆使されなくてはならず、さらにまたそうして見出された個性的な「生活」そのものの奥底に、われわれは世界の諸民族の「生活」に通ずるもの、人類に普遍的な生活の進展の径路を探りあてていかなくてはならない。それは津田氏自身もいう通り、困難ではあるとはいえ、十分に可能であり、見通しも明るいと私は考える。

ただそれは、考古学、民俗学、人類学、言語学等の、なお未発達な状況と、われわれの想像を絶する困難な現実の中にあって「生活」と「科学」との間の張りつめた緊張を保ちつづけ、巨大な仕事を生み出した津田氏以上の力をわれわれが身につけることなしに決して果しえないことを、十分、腹にすえておく必要がある。津田氏が生きた時代より、比較にならないほどの好条件―諸学の著しい発達、諸民族間の緊密な交流等々の好条件にめぐまれたわれわれは、こうした課題を解決することによって、このすぐれた史家の苦闘に応《こた》える義務を負っているのである。本全集の刊行は、それを実現するための基礎的条件を提供してくれるものであり、私もあらためて津田氏の学問に学びつつ、さらに努力をつづけたいと思う。

＊『津田左右吉全集』全三五巻（岩波書店、第二次／一九八六―八九年）。

五十年間の導きの書　佐藤進一『鎌倉幕府訴訟制度の研究』

いまも私は、黄色く表紙が変色し、すでに背表紙も半分はすり切れた、全く粗末な薄い紙の装丁の古い書物を大切に保存している。佐藤進一氏の著書『鎌倉幕府訴訟制度の研究』、一九四六年一月十五日、目黒書店から初版三千部、発行されたもので、定価は「拾四円」。まだ「配給元　日本出版配給統制株式会社」と奥付にあるように、敗戦後、半年もたたない戦時中の統制がつづいていたころにこの書物は刊行されている。

ただこの書は本当は初版ではなく重版であり、戦時中、一九四三年四月、畝傍書房から畝傍史学叢書の一冊として、一九四一年の辻善之助《つじぜんのすけ》氏の序と「昭和十七年九月十九日　醜の御楯と出立つべき日を明日に迎へて　佐藤進一しるす」という最末の署名を持つ自序を付して刊行されていた。この「出立つべき」の「べき」に万感の思いをこめていたことを、佐藤氏はそれからまさしく五十年後の一九九三年二月に、近年の労作「鎌倉幕府職員表復元の試み」を付して岩波書店から再刊された本書の*「あとがき」に記している。

さて、私の手元にあるさきの書の扉の奥に「昭和二十一年六月二十六日」という、なんとも下手くそな私の字が記されている。当時、私は旧制高校の三年に在学中で、前年―敗戦の年の末ごろから、本郷《ほんごう》の西片町《にしかた》に下宿しておられた先輩の永原慶二氏をしばしばお訪ねして、石母田正、丸山真男、大塚久雄などの諸氏の論文をのせた雑誌を拝借し、新しい歴史学の魅力にひきこまれていた。この佐藤氏の著書も永原氏のおすすめで買ったことは間違いない。

ただぼんやりした記憶を辿ると、私が入手したときか、それ以後まもなくか、鮮明ではないが、この名著は「ぞっき本」の扱いをうけ、本郷通りの古本屋の入口左側の最上段に、何十冊もずらっと並んでいたと思う。目黒書店はまもなく倒産したのであろう。

しかし買ってはみたものの、そのころの私にはこの書は歯がたたなかった。そして私はむしろ、ほぼ同じころ、一九四六年六月十日に伊藤書店から発刊された石母田氏の著書『中世的世界の形成』の強烈な情熱と理論とに圧倒され、その世界にたちまち魅《ひ》きこまれていった。

そうした影響を受けつつ、大学に入った一九四七年以降、もっぱら学生運動の渦中で過す日々がつづいたが、手元の佐藤氏の著書の末尾にアラビア数字で一九四九・二・一四と書いてあり、そのすぐ下にも一九四九・七・二と記している。そして同じころのきたない字で、頁の頭に内容の要約を記し、太い万年筆で乱暴に傍線や傍点を記入しており、このころ、私ははじめてこの書を通読したのだと思う。

当時の私は運動の中で自分を見失い、観念的な泥沼に引きこまれつつあったが、そうした精神状態の中でも佐藤氏のこの著書は、直ちに再読したことから見て、私に強い感銘を与えたことは間違いない。遠い記憶の底に、いまもそれは残っている。

そしてそれから四年ほど経ち、あらためて勉強をやり直しはじめてから、何度、私はこの書を読み返したことか。鉛筆や別の万年筆などで新たに加えられた傍線にその跡は残っている。

本書が卒業論文を活字化したものであるという事実に対する驚嘆と畏敬とを読み返すたびに新たにし、自らの怠惰を省みるよすがとしつつ、『蒙古襲来《もうこしゅうらい》』を書き下したときをはじめ、つねに座右に置いて参照しているうちに、表紙はとれそうになり、本全体が黄ばみ頁もすりきれてくるようになってしまった。

古本屋でも本書は見かけることが少なく、目録でも高い値がつくようになり、結局そのままこの本に私は頼りつづけた。さきの石母田氏の著書は何度も増補、再刊されたので、かえって私は初版の本をどこかにしまいこんでしまい、ついに見つけることができないでいる。しかし佐藤氏のこの書は敗戦後の版から見ても五十年近く再刊されなかったため、古び切ったこの書物は私にとってかけがえのない貴重な宝物のような書として、いまもなつかしく手にとることができるのである。

　そして、活字も全く変った再刊本を、新たな思いであちこち読み直しているこのごろであるが、敗戦後五十年を迎えた現在も、本書は私にとって導きの書でありつづけている。

＊佐藤進一著『鎌倉幕府訴訟制度の研究』（岩波書店、一九九三年）。

私にとっての「古典」　川崎庸之氏の著作

一九五三年の夏、それまでの自分の生き方の決定的な誤りに気付くとともに、勉強を積み重ねてきたと思っていたことのすべてが、なにも内実のない空虚なものに見えた私は、どのように進んでよいのか、全くわからなくなっていた。

そうした状況の中で、ともあれマルクス・エンゲルス選集を最初から少しずつ、毎日、読み進めることをはじめたが、そのとき出合ったのが川崎庸之《つねゆき》氏の論稿、著作だったのである。なかでも「いわゆる鎌倉時代の宗教改革について」(『歴史評論』一五号、一九四八年。『川崎庸之歴史著作選集』第二巻、東京大学出版会、一九八二年〈以下、『選集』と略称する〉)を読み「親鸞自身、いわば一個の偉大な被抑圧者であったともいえるであろう」「被抑圧者の苦悩を通じての歓喜、をもたらしたところに教行信証そのものの偉大な古典性の一面があるといえるであろう」という文章に接したときの感動はいまも忘れることができない。

それから私は手元にある限りの川崎氏の著作、岩波新書の『天武天皇』(一九五二年)、『記紀万葉の世界』(御茶の水書房、一九五二年。『選集』第一巻)などを少しずつ読み進めていった。社会の大きな波動の中で、ときには深い苦悩を抱きつつ、ときには喜びにみちて生きる人々の心の動きを、細かく描こうとする川崎氏の文章は、心を静かに落ちつかせ、前進の勇気を私に与えてくれた。

それはやはり少しずつ読みつづけていたマルクスやエンゲルスの文章を通して、そのころの私が感じとっていたものと、全く同じだったといってよい。わからないことがどんなに多く、未知の世界がいかに広いかを、この読書を通じて私は痛感せざるをえなかった。そしてそのときまで、わかったつもりでいた〝概念〟や〝理論〟は、全く理解し難いものに一変していった。

マルクスの引用する数多くの古典、川崎氏の論稿の背景にある〝記紀〟〝万葉〟など、なに一つ自らの目で読んだことのない自分の無知を知り、たとえ牛の如き歩みでも、そうした原典を少しずつ学ぼうという決心をしたのもそのころである。そして、当時の勤務先であった日本常民文化研究所月島分室の仕事として整理していた霞ケ浦《かすみがうら》・北浦《きたうら》関係の近世文書の一通一通を丹念に読みながら、湖に生きた人々の歩みを辿り、また手元にあった「東寺百合文書《とうじひゃくごうもんじょ》」の筆写本をあらためて読み直し、人物の動きをできるだけ追いかける仕事をはじめたのも、川崎氏のような姿勢で、史料に立ち向ってみようと決心したからにほかならない。

ここでもまた、未知のことがいかに多いかを痛感しつつ、やがてどうやら小さなノートを「霞ヶ浦四十八津《しじゅうはっつ》と御留川《おとめがわ》」（一九五六年。拙著『日本中世の非農業民と天皇』岩波書店、一九八四年、第二部第五章二）、「大和《やまと》国平野殿荘《ひらのどののしょう》の所謂《いわゆる》「強剛名主《きょうごうみょうしゅ》」について」（一九五七年。拙著『中世東寺と東寺領荘園』東京大学出版会、一九七八年）としてまとめ、発表することができたが、その文章の文体までが川崎氏のそれに似てしまったほど、私はそのころ氏の強い影響の下にあったのである。注もつけないノートを学会誌に投稿したのも、川崎氏の〝真似〟であり、もとよりそれは認められず度々返却されることになったが、そうした論文の形については、その後も私は固執しつづけてきた。

　またさきのノートをまとめたころ、私は都立北園高校の教壇に立っていたが、教育実習のないころの学生だった私にとって、これは全くの新しい経験であり、毎時間、授業の準備に追われる苦しい日々がつづいていた。しかしそのときも、私の頼ったのは川崎氏の論文と、氏の執筆された『世界歴史事典』（平凡社）の大項目、中項目であった。とくにこの事典の時代概説はすばらしく、古代はもとよりのこと、鎌倉時代まで、当初は全くそれに依存してどうやら授業をこなしていた。

　やがて読売新聞社刊の『日本の歴史』、中央公論社刊の『日本の歴史』、さらに『岩波講座日本歴史』などがつぎつぎと刊行され、近現代にいたるまで授業の準備は容易になっていたが、そのころ川崎氏は北島正元《まさもと》・菅野二郎両氏とともに『標準日本史』

（教育出版）を編纂された。私自身も川崎氏のお誘いで、その下書の作業に加わっていたが、北園高校でも私はこれを何年か教科書として使用し、さらに同じころこの三氏による参考書として刊行された『新制日本史研究』（教育出版、一九五八年）を座右に置いて、授業を進めたのである。

さらに、高校に勤めていた十一年間の後半に、川崎氏を編者として山田書院から刊行される日本史の受験問題集の編纂の仕事に私も加えていただき、黛弘道《まゆずみひろみち》・鳥海靖《とりうみやすし》両氏などとともに、何回か合宿して過去に出題された厖大な問題を整理、分類する仕事を行ったが、川崎氏も自ら、何回かこの合宿に参加された。

こうした形で川崎氏と御一緒に仕事をしたのはこのときだけだったが、私にとって忘れられない懐しい思い出である。

そして一九六六年の歴史学研究会大会の席上、全く突然、弥永貞三《いやながていぞう》氏から名古屋大学への就職のお誘いをうけ、幼児のときに山梨から上京して以来、一度も東京を離れたことのない私がかなり躊躇《ちゅうちょ》したのに対し、ほとんど叱責に近い形で名古屋に行くことを強く勧めて下さったのも川崎氏であった。

このお勧めに従うことによって、私の運命は大きく変ることになるが、ここにいるまでの私の歩みは学問もふくめて、川崎氏なしには考えられないのである。恐らく川崎氏御自身にとって、こうした私の存在は大変に御迷惑だったに相違ないが、もとより一度も講義を聞いたこともなく、また御指導いただける立場には全くないにも拘《かかわ》らず、一九五三年夏以来、私にとって川崎氏はまぎれもなく、かけがえのない「先生」であった。

一九九六年十一月三日、川崎氏は逝去された。

川崎氏に心から傾倒した和光大学の田中章男氏がその論稿のすべてのコピーを、東京大学出版会の渡辺勲《いさお》氏のところに持ちこまれたのが契機となり、大隅《おおすみ》和雄、笠松宏至、笹山晴生の三氏と私が編集した『川崎庸之歴史著作選集』*第一巻─第三巻を、書棚から取り出し、あらためて必要な論稿を読み直すことがある。そのとき、懐しさもあって他の論稿にまで目が及び、つい引きこまれて読んでみて、戦前の重苦しい時代の最中にあって、断乎《だんこ》として「自由な学問」を追究してやまなかった若き日の川崎氏の姿勢に感銘を新たにし、戦後の一九四〇年代後半から一九六〇年代前半にいたる多産な時代の氏の論稿を読み直して、これまで見落していた川崎氏の洞察の深さに気づくことがいまもしばしばある。

このような意味で、川崎氏の著作はいまや私にとって、間違いなく「古典」であり、これからも生きている限り、そうでありつづけるであろう。

＊『川崎庸之歴史著作選集』全三巻（東京大学出版会、一九八二年）。

Ⅱ 歴史学と研究者

歴史家の姿勢　『川崎庸之歴史著作選集3　平安の文化と歴史』解説

本巻には、川崎氏の平安時代の歴史と文化に関わる諸論稿を中心に、時評・書評、それに近代思想史に関する論文を集成した。平安時代関係の論稿は、さらにこれを三つに分け、Iとして、弘仁《こうにん》・貞観《じょうがん》期の思想・文化に関するものを集め、IIには、平安後期、国風文化の時期から鎌倉初期にいたる文学・思想を論じた稿をまとめて配列し、IIIは、ほぼ同じ時期の問題についての戦前の論文によって編成してある。

そして、IVには、動向・時評・書評の類《たぐい》を中心に、マルクス、レーニンの著作に関する論説を加えて集め、Vとして、近代思想史関係の論文二篇と山形大学の学生諸君との座談会記事を配列した。

以下、はなはだ僭越《せんえつ》であるが、各節の編成方針に関連して、若干の解説を試みることとしたい。

人の内面から描き出す

Iの冒頭の「平安時代の文化と歴史」は、平安時代のほぼ全体に及ぶ、文化と歴史についての、川崎氏の基本的な構想が概説されており、本巻の主要部分、I・II・IIIの序に相当するものとして最初に置き、これから本巻の書名をとった。

　つぎの「大学と寺院」は、むしろ第一巻（『記紀万葉の世界』）・第二巻（『日本仏教の展開』）に関わりの深い、比較的最近の論稿であるが、本節の主題である弘仁・貞観期の唐風文化論の前提となる問題がとりあげられているので、ひとまずここに収めることとした。「弘仁・貞観の文化」以下、「王朝の文華」にいたる六篇の論稿は、すべて発表年次順に配列してある。

　この時代の問題について、立ち入ったことをのべる力を、私は全く持たないのであるが、律令《りつりよう》国家の基礎であった公民の貧富への分解という、最も基本的な社会の動向を根底にすえ、時代の否応《いやおう》のない動きに対応して体制を保ち整えようとする廟堂《びようどう》の天皇・貴族たちの、政治・文化に関わるさまざまな営みを、個々の人の内面から緊密に描き出していく川崎氏の叙述は、たやすく他の追随を許さぬ、個性的な魅力にあふれている。

　桓武《かんむ》朝から嵯峨《さが》朝にいたる政治についても、さりげなく、それぞれの時期の本質を鋭くついた見逃し難い指摘がなされているが、氏の筆が冴《さ》えわたってくるのは、やはり、嵯峨朝の宮廷において花開いた唐風文化——漢詩文の隆盛と最澄《さいちよう》・空海《くうかい》による天台・真言両宗の開立の過程を、書きわけていく叙述においてであろう。「弘仁・貞観の文化」「嵯峨天皇と最澄・空海」「弘仁・貞観時代」「平安文化の形成」と、この同じテーマがくり返し論じられるが、発表の年次を追うごとに、貴族・文人の一人ひとりの個性についての彫りこみは、細かく奥深いものになっていく。それは、漢詩文に全く暗い私などには、到底理解し難い深さを持っているが、しかし文学者の側からの種々の議論はありうるとしても、史家の中で、この分野に関して、これほどの達成のあることを私は知らない。

最澄・空海については、第二巻に、正面からその思想をとり上げた論稿が収められているので、あわせ参照されたいが、それぞれの時代の、政治・文化・宗教を別々のものとしてみるのではなく、社会の動向を背景に、そのすべてが宮廷とその周辺の世界に生きた人々の生そのものを通じて、内面的に連関するものとして描き出されている点は、川崎氏の全論稿に一貫している。その意味で、この巻の諸論文も、他の二巻に収めたものと切り離しては、本当には理解し難いといわなくてはならない。

貞観期についても、同様に、藤原氏北家《ほっけ》の宮廷での進出に伴い、そこから疎外されなくてはならなかった人々の中から、和歌の復興など、国風文化に向う新たな動きのでてくる経緯が、宮廷政治家の動向、六歌仙といわれた人々などの生涯を通じて明らかにされる。それも、さきの論稿からさらに「文学史上の貞観期について」「詩賦《しふ》の流行と和歌の復興」「王朝の文華」と、次第にきめの細かさを加えていくのを、読者は看取されるであろうが、次節での平安後期に関わる叙述とともに、平安時代の思想史、あるいは文化史の本質的な流れは、すでにこれらの川崎氏の諸論稿によって、余すところなくとらえられているといっても、決して過言ではないと思われる。

「みちみち」の人々と文化の全体

IIには、それにつづく時期、寛平《かんぴょう》・延喜《えんぎ》の治、国風文化の成立から西行《さいぎょう》の時代にいたる、思想・文学等をとりあげた諸論稿を集めた。これらはすべて戦後の論文であるが、必ずしも発表年次順でなく、ほぼ対象とされた時期、作品、人物自体の年代に沿って配列した。

ただ、寛平・延喜の治については、すでにIの論文の各所で言及されており、「古代国家の崩壊」「摂関政治と国風文化」「慶滋保胤と源信」などの諸篇での主題は、天《てん》慶《ぎょう》の乱を契機とした市聖《いちのひじり》空也《くうや》の出現、その空也に深い関心を寄せる文人慶滋保胤《よししげのやすたね》と天台の学僧源信《げんしん》の思想的営為を通して、浄土教が貴族の世界に浸透していく経緯である。

一方、その将門《まさかど》の乱を描いた「将門記」の叙述と文体に、川崎氏は新たなジャンルの胎動を見出《みいだ》すとともに、「物語の研究について」「大和《やまと》物語の俊子《としこ》について」などで、物語文学にふれているが、とくにその中で、道長《みちなが》の権勢の下に停滞する宮廷の狭い世界に生きながら、最後まで浄土の救いにすがることなく真実を求めた人として「紫《むらさき》式部《しきぶ》」を描いた文章は、子供のために書かれたものであるが、源氏物語に対する戦後の氏の評価がよく現われている。

個々の人物についての追究は、Ⅰの場合と同様、ときとともに一層の深みと緊密の度を増しているが、近年の労作「藤原文化の様相」では、「天下の一物」とよばれた「みちみち」の人々をまず列挙し、その一人ひとりをとり上げることによって、この時代の文化の全体が描かれており、そうした手法がとられたこと自体を通して、十世紀以後の政治・社会の変化が示唆されているように思われる。

これに対し、「記紀と鏡」は、小品「栄花物語について」とともに、古代史学思想史の凝縮ともいうべき論稿であり、中世までの見通しの片鱗《へんりん》もここからうかがうことができる。

そして「転換期の文人と思想家」の一篇は、「真の遁世《とんせい》」の境地に達するまでの西行の生涯を辿《たど》りつつ、保元《ほうげん》・平治《へいじ》の乱、六波羅時代の隠れた一面にふれた味わい深い論稿であり、第二巻の法然《ほうねん》、鴨長明《かものちょうめい》、慈円《じえん》や平家物語などに関わる諸論稿をあわせ読むことによって、院政期から鎌倉初期にいたる時代の、より本質的な理解を得ることができよう。

若き日の憤り

I・IIは前述した通り、すべて戦後発表されたもので編成したが、IIIには、これらと重複する主題に関わる戦前の論文を、発表年次順にまとめた。

このうち、「上代文化形成の一面」は紫式部と源氏物語を、「日本文化の特質について」も同じくそれらに関説しつつ、さらに「もののあわれ」「わび」「さび」「幽玄」から国学にまで及んでいるが、そこで川崎氏がきびしく批判の対象としているのは、古典に対する浅薄な「近代化的解釈」であり、軽々にさきの「わび」「さび」等々に日本文化の特質を求めようとする動きであった。前者においては、源氏物語を「近代的作品」とし、この時期の宮廷の女性に「自由」があったとする長谷川如是閑《によぜかん》氏の解釈に徹底的な批判が加えられ、「平安期中葉の貴族社会は、その外部に対する懸絶、殊に勤労人民の生活に対する極端な無関心という点」で「日本の歴史の上でも」「稀に見る一時期」であったことが強調されている。後者においても、ブルーノ・タウトの日本文化論に対置しつつ、長谷川氏をはじめ、「わび」「さび」等にたやすく日本文化の特質を見る見解に、鋭く反省を迫っているのである。

そして、国学に近代的精神の萌芽《ほうが》を見出そうとする見方に対しては「わが近代精神成長の困難は、他ならぬ理性的立場を確保することの困難としてあらわれたという事情」が「深く考慮されなければならない」とし、日本文化の特質を論ずるならば「単なる過去の美しさの再発見」に満足するのではなく「飽くまでも真理と正義とを愛し、人類不断の進歩を念願する近代人の誇りに訴えるものでなければならぬ」とする。

われわれはここに、氏の如き人ですらも、一、二の敬語を天皇家に関わるときに付さなくてはならなかったような、暗黒の一九四〇年代前半において、「偏狭な愛国心」に駆りたてられるものはもはや論外としても、「広く国際的知識の水準に立ってものを観ようとする人」すらが、軽々に時流に順応した発言をすることに対する、若き日の川崎氏の憤りを感得することができる。それは同じ年（一九四〇年）に刊行された著書『日本上代史』（三笠書房）にも一貫するものであった。

他の二篇「日本の歴史家」「日本に於《お》ける歴史観の変遷」についても同様で、そのいずれにも、時代の暗黒をもたらしたものに対する、川崎氏の凜《りん》とした姿勢がはっきりと貫かれているのを読み取ることは容易である。「人を歓ばせる術を追求していた著述家たちの間にあって」、「ひとり歴史家の為事にはどうしても峻厳な批評が必要であることを感じていた」というツキディデスの話を前置きに、学問が「宗教的権威から独立にその基礎を築いて行くだけの条件」のなかった日本の古代には、歴史家はいないと断じ、愚管抄、神皇正統記についての津田左右吉《そうきち》氏の研究を高く評価しつつ、ようやく近世にいたって現われる新井白石《はくせき》の学問にふれ、「真に近代歴史学の基礎を築きあげた」田口鼎軒《ていけん》についての森鷗外《もりおうがい》の批評をもって結ばれた論稿「日本の歴史家」は、河合栄治郎編『学生と歴史』に発表された。「自由な学問的な伝統のないところに、信頼すべき学界の形成されていないところに、つきつめていえば真実に民衆の自主的な進歩に基礎しないところに如何なる学問の進歩もなく、従って個性ある歴史家の出現もみられなかったのだ」と言い切る、この川崎氏の論稿に、強い感銘をうけた戦時下の学生は、決して少なくなかったであろう。

また「日本に於ける歴史観の変遷」においても、川崎氏はさきの点を強調しつつ、古事記を実用的歴史と、はっきり規定しているが、一方でそれまで専ら負の面から考察されていた「源氏物語」の中に、ここではその実用的な歴史叙述に対する「強い抗議」を見出し、また「栄花物語」と「大鏡」との根本的な姿勢の相違にも言及しており、IIに収めた戦後の紫式部に対する評価（先述）、「記紀と鏡」の構想が次第に熟成してくる過程を、われわれはそこから知ることができる。

「大きな恥辱」からの出発

そしてIVは、この重苦しい暗黒時代からの「さわやかな解放感」にみちみちた敗戦後、学問の自由がともあれ保障され、「信頼すべき学会」がつぎつぎに誕生、再建されていく喜びの中で書かれた、川崎氏の時評風の論稿を中心に、マルクス、レーニンの著作に直接ふれたものを含む、歴史あるいは思想史の方法に関わる論文によって構成した。

このころ、川上多助《たすけ》、渡部義通、伊豆公夫《いずきみお》、和歌森太郎、石母田正《いしもだしょう》、藤間生大《とうませいた》、井上光貞などの諸氏による、日本古代史の諸研究がつぎつぎに世に問われていたが、その間にあって、川崎氏は小論「学界時評」、二篇の「日本古代史の問題」などで、津田左右吉氏の研究を継承・発展させる必要を強調している。しかしそれが「建国の事情と万世一系の思想」を雑誌『世界』に発表して以来の戦後の津田氏に対し、進歩的、マルクス主義的歴史家たちの批判の、いわば「大合唱」のあがっている最中の発言であった点に、われわれはとくに注目しておかなくてはならない。

川崎氏はそこで、問題の論文において津田氏の「主張されるところは、要するに性急な結論に導かれるまえにもっと素直に史実を見よ」というきわめて当然のことであるにも拘《かかわ》らず、その「言説が客観的には反動陣営に武器を与える結果になるおそれがあったということは」進歩陣営自体、自らの力量不足を反省すべきであること、むしろ「博士の意図を正しく継承し、これを仕上げることが大事なのであり、それはこの場合、現実的な角度から天皇制に関する正しい認識をもつことを措いて他にない」、そして「もしわれわれが、その努力を欠いて、万一にも博士を反動陣営の人とするようなことがあれば、われわれにとってこれほど大きな恥辱はない」と、言い切っているのである。

この川崎氏の余りにも当然な発言は、それから三十年以上も経た現在も、強烈な光を放ちつづけている、と私は思う。そしてそこにこそ、まさしく「われわれ自身が厳しく戒心しなければならぬ一つの根本問題」が依然として横たわっているといわなくてはならないので、極言すれば、川崎氏のいう「大きな恥辱」をなお多少とも負いつづけていることを認めるところから、われわれは出発する必要がいまもあるのではなかろうか。

「日本古代史の問題」と題する二篇の論稿にも、この観点は貫かれている。第一のそれにおいて、川崎氏は津田氏をはじめ、川上・渡部氏等の著書にもふれつつ、大化前代の「部」の性格規定について、諸説を細かく検討した上で、津田氏に従って、部民《べみん》を大化以後の公民につながる自由民と明確に規定した。

その上で、第二の論稿では「大化の改新の動因について」、津田・羽仁《はに》五郎・渡部氏等の諸説をとりあげ、ここでは外部的要因を重しと見る津田説に批判的立場をとりつつ、奴隷制支配に対する人民の反抗を否定する性急な論者（井上光貞氏）の説をしりぞける一方、それを主張する羽仁氏の根拠の一々に厳密な史料批判を加えた上で、結局、「部民の中になお保持されていた自由民としての抵抗の一応の勝利としてみるべきもの」を、改新の過程に見出しているのである。

そして、律令制を奴隷制社会あるいは総体的奴隷制ととらえる戦後の主流的見解の中にあって、公民を自由民とするこの川崎氏の見解は、名著『天武《てんむ》天皇』（岩波新書、一九五二年）をはじめ、第一巻・第二巻及び本巻Ⅰ・Ⅱの諸論稿の根底にすえられており、奈良・平安時代の政治・文化・思想は、その公民の「富豪の輩」と「貧窮の家」への分解過程の進行の中でとらえられている。こうした川崎氏のきわめて個性的な日本古代史、中世史の把握は、「春時祭田条」や賀茂《かも》祭などに着目する『日本上代史』（前掲）などからもうかがわれるように、もとより戦前以来のものともいえるが、やはりそれが確固たるものになったのはこの時期ではないか、と私には思われるのである。

　興味深いことに、この二篇の論稿はいずれも、河出書房刊の『唯物史観』という雑誌に掲載されている。これは、戦後まもなく向坂逸郎《さきさかいつろう》氏を中心に、マルクスなどの古典の研究を主要なテーマとして継続的に行われていた研究会を基礎に発刊され、大内兵衛《ひょうえ》・向坂両氏編集の形で四月まで出た雑誌であるが、最近、向坂氏からうかがったこの研究会の定着したメンバーは、左の通りである。

　相原茂、安藤良雄、江口朴郎《ぼくろう》、大久保利謙《としあき》、大島清、大内力《つとむ》、近江谷《おうみや》左《さ》馬介《まのすけ》、岡崎三郎、梶西光速《かじにしみつはや》、加藤俊彦、川崎庸之《つねゆき》、佐木秋夫、向坂逸郎、鈴木鴻一郎《こういちろう》、武田隆夫、土屋喬雄《たかお》、対馬《つしま》忠行《ただゆき》、林健太郎、藤原浩、真板《まいた》謙蔵《けんぞう》、山田坂仁《さかじ》

当初は石母田・藤間氏等もこの会に出席していたといわれるが、この固定メンバー

には、いわゆる労農派の錚々《そうそう》たる経済学者、経済史家を中心に、日本史の川崎・大久保氏、西洋史の江口・林・藤原氏、さらに佐木氏など多彩な顔ぶれがみられる。これらの歴史家を会にさそったのは林氏だったとのことで、夭折《ようせつ》を惜しまれた藤原浩氏の姿がみえるのも注目される。

本節に収めた「ユダヤ人問題について」「社会主義と宗教」「マルクス」など、やはりあくまでもマルクス、レーニンの人間そのものに迫る一貫した姿勢で、その著作につついて論じた川崎氏の諸論稿は、みなこの研究会を機縁として生れたものであった。つねづね、生な形でマルクス、レーニンを語ることのほとんどない川崎氏に、こうした論稿があったことを、私はこの著作選集の編集に携わる機会を得てはじめて知ることができたのである。しかしそれはともかく、こうしたさまざまな考え方の研究者を集めた研究会が何年かつづき、しかも生産的であったという事実は、いままで必ずしも広く知られていない、敗戦後の学問の開かれた一面を、またそこにはさまざまな、開花することなく終った可能性が存在していたことを、われわれによく教えてくれる。

これと同じころ、一九四九年、法隆寺《ほうりゅうじ》金堂の壁画が焼失した。その責任をあたかも国民の側にあるかの如くいわんとする政府とその周辺の議論に対し、時評「文化の擁護」において、川崎氏はまれにみる激しさをもって、怒りを投げつけている。煩瑣《はんさ》の論議の中で本質を見失い、あるがままの事実を見ようとしない学者たちをも憤りつつ、そこで川崎氏は、この壁画の中に「身は現実にどれいの境涯にあり、素材は仏典にもとめなければならなかったにしても、その内外の制縛に閉じこめられながらもついに押殺されることのなかった至高の芸術家としての誇り」の結実を見出す。そして、たとえそれが貴族の命によってつくられたという意味で、貴族文化の所産といわれるとしても、「現実に作りなしたものは人民であり、貴族的なテーマの要請にもかかわらず、なお人民芸術家の限りなき願望と達成とがそこに息づいている」、国民はそれをよく知っていると断じ、「民族の文化をまもる運動」に大きな期待をよせる川崎氏の高揚した発言の中に、「解放感」にあふれるときにいわれた戦後の時代の、別の側面をはっきりとみることができよう。

公民を自由民と見る川崎氏の見解は、このような形でも展開されているのであるが、この発言の延長線上に、われわれは、美術史家と歴史家との深い交流を目ざして、一九五〇年に発足した文化史懇談会の中心に立つ、川崎氏の姿を見出すのである。

田中一松《いちまつ》、藤田経世《つねよ》、蓮實重康《はすみしげやす》、吉沢忠《ちゆう》、熊谷宣夫、河北倫明《みちあき》、米沢嘉圃《よしほ》、宮川寅雄などの諸氏をはじめ、小林剛氏、福山敏男氏、大田博太郎《ひろたろう》氏等々の美術史家、建築史家、鈴木良一氏、青村真明《しんめい》氏、色川大吉《いろかわだいきち》氏等々の歴史家、さらに武者小路穣《むしやのこうじみのる》氏などの国文学者などを、常時またはときどきの出席者とし、伊藤延男氏、水野義雄氏、原田実氏等々、多くの若い学徒たちによって支えられたこの会は、一九五二年一月から一九六二年まで『文化史懇談会』という四―八頁ほどの会誌を発行し続けた。その第一号に、いわば発刊の辞として書かれた川崎氏の一文を次に掲げる。

懇談会の生いたち

美術史の研究家と歴史の研究家とが集まって定期的な会合をもつようになってから、はやくも二年という年月が経った。もともと両方の有志の会合で、その間に何ら煩わしい規約もなく、会員の資格などという喧しいことは全然考えられていなかったが、それでも二年という年月が経つ間には自然一種の雰囲気もでき、多少他の集まりからは区別される色彩もでてきたようである。懇談会は、会そのものの存立について、一種の社会的責任を自覚しなくてはならない時期にきたことを感ずる。

はじめは主として美術史学の個々の達成を、歴史の具体的なながれの中にどう位置づけてゆくかということが論議の中心であったが、双方の懇談と討論が進むにつれて、ひろい意味での日本文化史の所産を、ただ美しき過去の遺産として鑑賞するだけではなく、民族の明日の文化を創出するための正しい基礎を与え、豊かな土壌を培うものとして、私たちは、特に今日の時点において、どのようにそれを継承しなければならないかという問題が表面にでてきた。ここまでくるとしかし、私たちは私たちなりにというだけではもはや済まされないものを感ずる。乏しければ乏しいなりに、私たちの成果を公開し、大方の叱正にまたなければならないものがどんなに多いかを考えさせられるのである。

幸い、最近ではかねてからの念願であった伝統芸術の会との交流も実現し、よりひろい角度から問題を取り上げてゆけるようになったことは私たちの大きな喜びであるが、私たちとしてもこれを機会に懇談会のニュースを発行して、逐次私たちのしごとを報告し、あらためて諸家の批判をねがう場所にしたいと考えるものである。ねがわくは、かわらぬ鞭撻を惜しまれざらんことを。

Ⅲの諸論稿にみられた川崎氏の主張が、ここに新たな条件に即して、より積極的に押し出されてきたのである。この会は、田中一松氏編の形で出版された『日本の美術』（毎日新聞社、一九五二年）をはじめ、同会編として刊行された七冊の日本美術史叢書《そうしょ》（東京大学出版会）など、数々の成果をあげたが、さきの川崎氏の文中で言及されている「伝統芸術の会」については、最近、藤波隆之氏が『伝統芸能の周辺』（未来社、一九八二年）の中で、その成立の事情などに詳しくふれている。これらの会は、歴史学研究会を中心として展開された、民族の文化をめぐる議論とそれに伴う運動を、それぞれ積極的に支えたのであるが、歴研などのそうした動きが、一九五五年を境として急速に退潮していったのに対し、同じころ活動していた「民話の会」などとともに、この二つの会はその後も息長く生きつづけたのである。

いま、こうした会の存在について知る歴史家は少ないと思うが、これは決して単なる回顧談、昔語りとしてすますことのできない問題である。五五年以後の戦後第二期の歴史学の重大な弱点の一つは、このように、民族の文化の継承と創造に向って進められていた真剣な営みに、それとして正当な敬意を払うことなく、結果的に無視しつづけてきたところに、端的に現われている。そしていま、この弱点がようやく意識に上りつつある現段階において、一九五〇年代におけるこのような試みの意義は、もう一度本当に見直され、再評価されなくてはならない、と私は考える。

本節の「歴史とはなにか」「歴史学の課題」は、高校教科書及びその指導書の序文の文章で、集約された文中に、余り語られぬ川崎氏の史学方法論が示されている。高校での授業の最初に、必ずこの文章をもとに生徒に話をしたなつかしさもあって、あえてこの節に収めさせていただいた。

Vは、近代思想史に関する論稿二篇に、その一つが発表される機縁となった、山形大学の学生諸君と川崎氏との座談会を最後に加えて構成してみた。

川崎氏の近代思想に対するなみなみならぬ関心は、IIIに収めた戦前の史学史に関する論稿からも、十分うかがうことができるが、この二篇によって、その構想が熟しつつあったことを、読者は感得されるであろう。

そして最後の座談会において、学生諸君の素直に思いつめた質問に、川崎氏は真直に答え、若さゆえのその性急さをいましめつつ、学問に対する氏自らの姿勢を、謙虚に、しかもはっきりと語っている。論文の中では余りふれられぬ大事な指摘が随所に見られるが、一例をあげれば、民話に関連して、民俗学と歴史学との協力にふれつつ、「民話をふくめて民俗的知識を欠いた場合に歴史がどんなに貧しくなるか」といわれているのは、見逃し難い発言といわなくてはならない。これは一九五五年のことなのである。

以上、文字通り身の程を知らぬ、いわずもがなの〝解説〟をごたごたと記してきたが、ここまでのべてきて、戦前・戦後を通じて変らぬ、現実に対する川崎氏の真直な凛呼《りんこ》とした姿勢と、つねに緊張にみちた学問のとどまることのない深まりに、あらためて襟を正すとともに、いつまでも御健在で、先生ならでは決してなしえない、日本思想史の叙述を、一日も早く完成していただきたい、と心から願わずにはおられない。

まことに恣意《しい》的な、不細工な編集しかできず、勝手なことのみのべたてたことを、読者におわびするとともに、未熟な後進の妄言として、ひたすら先生の御海容をお願いしたいと思う。

『論集　中世の窓』について

一　第二期の中世史研究

東京大学の国史学研究室に在籍する同人たちによる雑誌『中世の窓』は、一九五九年六月発刊された。戦後の中世史研究がその第一期を過ぎ、第二期に入ったころのことで、この同人誌は、まさしく新たな時期の幕を本当の意味で開いたものとして、きわめて新鮮な印象を以《もつ》て学界に迎えられた。

毎号その色を変える表紙の、ときに渋く落着き、ときに鮮やかな色彩と同じように、「窓」（以下『中世の窓』を同人たちの愛称に従ってこのように呼ぶ）に載る論文・書評には、その一つ一つに、はちきれんばかりの才気、正確な史料解釈に基づく手堅い実証、そこに基礎をおく自信に裏づけられた鋭い舌鋒《ぜっぽう》、苛責《かしやく》ない他者の甘さに対する批判がみちあふれ、つぎつぎに新たな見解、興味深い問題を提示していったのである。

そしてそれは、石母田《いしも》正《だしょう》・佐藤進一共編『中世の法と国家』（東京大学出版会、一九六〇年）、稲垣泰彦・永原慶二共編『中世の社会と経済』（同上、一九六二年）を支える柱ともなりつつ、戦後第二期の中世史学の主要な一潮流を形づくっていった。

あたかも「窓」発刊の前年、一九五八年六月、日本史研究会史料研究部会は『中世社会の基本構造』（御茶の水書房）を刊行、京都を中心とする一群のすぐれた青年中世史研究者を学界に登場させていた。これらの人々と「窓」の同人とは、西と東というだけでなく、マルクス主義史学と非マルクス主義史学、社会構成史学と法制史学という、おおまかながら対照的な学風をそれぞれにそなえており、まさしくこの二つの潮流を中心として、第二期の中世史研究は展開していった、といっても決して過言ではあるまい。

とはいえ、一面、この両者には、やはり同じ戦後第二期を代表する潮流として、共通したものをもっていることも、また事実といわなくてはならない。というよりも、第一期の混乱の渦中からはじき出された形の立場にあったそのころの私には、両者が同じようにみえた、といった方がよいのかもしれない。『論集』*（以下『論集　中世の窓』を『論集』と略称する）の「まえがき」がいう通り、まさしくそれは、年齢の多少をこえて、これらの人々にとっての「青春の所産」であったことは疑いない。それは、低迷の底でようやく自らの「青春」を見出しえたばかりの、当時の私にとって、まばゆいほどの輝きをもっていた。そして、その世界とは、全く異なる立場に自らの生きる道のあることを確認しつつ、しかし劣等感と多少の反発を抱きながら、私はあらためてこれらの成果から素直に学び、遅々たる歩みを進めていくほかなかったのである。

それから二十年近い年月を経たいま、この『論集』を手にし、書評の課題を与えられた立場から、あらためて「窓」から私の感じたものを回顧してみるならば、つぎのようにいうこともできよう。この同人たちは、上昇線を辿りつつあった日本経済の高度成長に支えられ、なおその矛盾を自らの内に意識せずにすんだ「幸福」な大学の中にあって、寳月圭吾《ほうげつけいご》・佐藤進一という類いまれなすぐれた師に恵まれて咲いた、美しく見事な花々であった、と。

さきの日本史研究会を中心とする人々の場合についても、ほぼ同じようにいえる、と私は考えている。ただ、その後の両者の歩みを多少とも異ならしめたのは、東西それぞれの学風の長い伝統の相違に根があることはいうまでもないが、より微視的にいえば、両者の第一期とのかかわり方の違いに求めることができよう。「窓」の同人たちの場合、意識するとしないとに拘らず、間違いなく第一期の混迷から、自らをほぼ完全に断ち切ったところから出発しており、石母田正の仕事を含む第一期のさまざまな成果を、それとして突き放して見ることのできる立場に立っている。「窓」という雑誌名が「歌会始」の題によってつけられたこと（大隅《おおすみ》和雄の「窓回顧」）、「読書鳴弦の儀」を模した誕生祝（金本正之の「窓回顧」）など――ほほえましく、子供らしい遊びということもできるが、しかし私などには絶対にできないことである——、この同人たちが第一期の「政治」に、全くとらわれていないことを、よく物語っているといわなくてはならない。そして、この人々のきわめて個性的な多様さは、それ故にこそ、生れえたのであろう。

これに対し、日本史研究会のグループの場合は、第一期の問題の、少なくとも一部を確実に自らの内に含んだところから出発している。例えば、この人々にとって、石母田の仕事は、「窓」の同人たちのように突き放してみることのできないものであった、と私には思われる。恐らくこれは、第一期の終焉《しゅうえん》の仕方の東と西との違いにもかかわることと思うが、いまはそれに立入る場ではない。

そして、高度成長に伴う矛盾がようやく大学をもとらえようとしていたころ、一九六四年、鋭い感受性と才気によって、その到来を予見するかの如く、「窓」は自らの解散を宣言する。「咲くも見事、散るも見事」とこれを評することもできよう。しかしその後まもなく大学をまきこんだ激動——この同人たちが共通して敬愛し、師と仰ぐ佐藤進一の辞職という結果を生み出した激動——から身をそらしていることは、この人々にはできなかったはずである。

それから数年を経たいま、「窓」の同人は、一冊の『論集』を編み、「自己の中には大きなフロンティアのもはやないことを自覚し、」「己が才能」への「絶望感」をもって、「窓」の時代を回顧しつつ、佐藤への心からなる感謝をこめた「まえがき」を付して、世に送り出した。それは過去のよき青春時代に対する思い出と深く結びついており、この書が成り立ちえた理由の一つがそこにあることは間違いないといってよかろう。

とはいえ、いうまでもなく、さきの激動を経過したのちの同人たちによるこの『論集』は、もはや過去の「窓」ではない。どのように「下手に見せかけ」ようとも、この『論集』はそれとしての現代的意味をもち、否応なしに「窓」とは異なる世界をひらいていかざるをえない。以下、個々の論文を、その論者のそれぞれの歩みに即して紹介しつつ、可能な限り、そこから見通しうる新たな地平を展望してみたい。

二　政治史・法制史の分野

本書は一一の論文を大きく三部に分けて収載し、その第一部として、ほぼ政治、法制史に関連する五論文を配列している。

石井進「平家没官領と鎌倉幕府」

まず、石井進「平家没官領と鎌倉幕府」。周知のように、鎌倉幕府論、中世国家論を中心とする力作をつぎつぎにまとめて、『日本中世国家史の研究』（岩波書店、一九七〇年）を完成した石井が「窓」に発表した論稿は「一四世紀初頭における在地領主法の一側面」（一号―三号）と「『政基公旅引付《まさもとこうたびひきつけ》』にあらわれた中世村落」（一三号）の二つ。いずれも最近の石井をとらえている「イエ」支配の問題――「下からの権力」の問題につながる論稿であるが、この『論集』の論文は、石井がそれと並行して進めてきた幕府論――「上からの権力」の研究の系列に属する。

その主眼は「延慶本《えんきょうぼん》平家物語」から赤松俊秀が発掘した寿永三年三月七日、前大蔵卿奉書についての上横手《うわよこて》雅敬《まさたか》・大山喬平《きょうへい》・杉橋隆夫等の評価、解釈に対する批判におかれており、転写による誤りをふくむ写よりも、まず原史料を重んずべしという史料操作の原則論、古文書学の基本原則の上に立ったこの奉書の解釈の必要、さらに政治的状況の中で史料を「解釈」するのでなく、まず史料自体に即した解釈の上に立って政治過程を明らかにすべきことなどが強調されている。こうした批判を加えつつ、「久我文書」などの原史料の分析から、さきの奉書の再評価を通して、平家没官領《へいけもっかんりょう》注文に記載された所領は平家が荘務権《しょうむけん》をもつものに限られていたことを確定、そこに示された後《ご》白河院《しらかわいん》の意志と、没官領以外と決定された広義の旧平家一門所領を平頼盛《たいらのよりもり》に安堵《あんど》した頼朝《よりとも》の姿勢との間によこたわる「重大な」「さけ目」に着目していく論旨は、まことに石井らしく明快、上横手・大山に対する批判もそれとしては的確である。

しかし、そうした「明快」さの中に、ある種の「空しさ」のひそんでいることを、私は感じた。それはさきの実証の基本原則を強調するうえで、この論文のテーマが小さすぎるという点とも関わりがあろう。論文の末尾で、石井は、黒田《くろだ》俊雄《としお》の「権門体制論」、それにもとづく公武両政権の相互補完関係や協調の側面の強調に対して、なお検討の余地があることにふれているが、まさしくこの点、佐藤進一の提唱し、石井も継承した「東国国家論」と、この「権門体制論」との間に横たわる「重大なひらき」に、真正面からとりくむ論文を通して、石井はさきの重い意味をもつ基本原則を強調すべきであった、と私は思う。石井ならば、それは可能なはずである。

この論文に対し、大山喬平はその史料解釈上の批判を承認しつつも、没官領注文をめぐる石井の見解について、直ちに反批判を行ったが[1]、この論議が限定された平家没官領の問題にとどまらず、日本の民族史上の最も重要な問題の一つである中世国家成立期の問題をめぐり、東西の学風を代表する論者による、正面からの本格的な論争に発展することを期待するのは、私のみではあるまい。そのためにも、「これから始まる」「本当の問題」についての石井の力作の、一日も早い出現を心から待望したい。

笠松宏至「『日付のない訴陳状』考」

いま「空しさ」といったが、「実証」を「遠いあこがれの世界」として、自らその

「空しさ」を標榜《ひょうぼう》しつつ、じつは、音声の世界と文書の世界の接点を、あざやかに「実証」したのが、笠松宏至《ひろし》「『日付のない訴陳状』考」である。

「日付のない折紙訴陳状」に着目した笠松は、まず、それが折紙だから日付がない、という命題を否定、新たに、それが訴陳状だから日付がない、という命題をたて、そこに含まれる「一定の真理」の証明を行っている。まず、日付のない竪紙《たてがみ》訴陳状が存在すること、折紙の場合も加えて日付なき訴陳状が、紙背文書の世界では、日付あるそれを量的に圧倒し、しかもこの傾向は守護の如き下級の法廷の場合に一層顕著であることを明らかにする一方、発生期の折紙の機能が、本来、記憶や音声の代用であり、また、訴状の別名を折紙といったことなどを証明しつつ、より日常的な訴訟において、「訴陳の主体はあくまで「音声」であり、「状」では」なく、日付なき訴陳状の一群こそ、この二つの世界の接点に位置する、という重大な結論を導き出す。

ここにいたる論旨の展開は、数学的な鮮やかさをもっており、闕所地《けっしょち》に対する潜在的主権の存在を明らかにした、かつての『中世の法と国家』所収の論文をはじめ、近年、本誌上につぎつぎに発表された法理シリーズともいうべきノート群に示された関心と、「窓」にのった吾妻鏡《あづまかがみ》・追加法に関する論稿を貫ぬく推理の手法とは、それぞれに円熟し、この論文において、心にくいまで存分に発揮されており、笠松の仕事の上でも、一つの画期をなすものといってよかろう。文献の世界と民俗の世界を結ぶ懸橋は、まだ誠に細いものであれ、間違いなくここにかけられ、新たなフロンティアが否応なしにひらけてきた、といわなくてはならない。

桑山浩然「足利義教の登場と御前沙汰」

つぎに、桑山浩然《くわやまこうねん》「足利義教の登場と御前沙汰」。「窓」の時代から、財政、御料所、土倉など、どちらかといえば経済史的な側面から室町幕府の構造を追究してきた桑山は、ここでは政治史的、制度史的な視角から、これに迫っている。義持《よしもち》の後継者として登場した義教《よしのり》が行った「御前沙汰始《ごぜんさたはじめ》」の儀式の分析を通じて、御前沙汰が形骸《けいがい》化した評定制に対して、現実の体制をより反映した姿を示していることを明らかにした桑山は、そこに奉行人が加わっている事実に注目、それは幕府内で次第に大きな影響力を持ちつつあった奉行人の活動を「実情に合せて公認したもの」であった、と主張する。ついで「御前落居記録」、永享三年・天文年間の起請文《きしょうもん》などによりつつ、奉行人の活動形態を解明しつつ、御前沙汰の制度的整備を正長から永享初年に求め、御前沙汰の開始は、たしかに奉行人の発言権を増大させたとはいえ、直ちにそれを将軍専制に結びつけるのは早計であること、応仁《おうにん》の乱までの政治史は、なお将軍、管領《かんれい》、奉行人三者の関係の中で評価すべきことを強調している。

これは、さきに「室町幕府の権力構造――「奉行人制」をめぐる問題――」(2)で、桑山が提起した奉行人制について、さらに追究を一歩進めたもので、最近、今谷明・百《もも》瀬《せ》今朝雄《けさお》・小林保夫等の丹念な研究によって著しく活発化しつつある室町幕府政治史の研究に、一石を投じた論文といえよう。

桑山はそこで、義教時代における将軍の専制化を強調する佐藤進一の見解との違いに言及しているが、しかし管領——有力守護大名連合と将軍専制という二つの政治的志向の対立、管領制から奉行人制への転換の過程に、本格的にとりくむことを避け、主題を小さく限定してしまった感がある。ここではむしろ、佐藤との見解の相違をもっと掘り下げ、思い切って自己の主張を展開すべきではなかったか。この分野における桑山に対する期待は、決して小さいものではないのであり、この論文がそれに応《こた》える大作の緒口《いとぐち》となることを、心から望んでやまない。

勝俣鎮夫「楽市場と楽市令」

これに対し、小野均《ひとし》（晃嗣《こうじ》）・豊田武《たけし》以来の楽市楽座に関する研究史の現状について、「存在するのはただ混乱のみ」と言い切った、勝俣鎮夫《かつまたしずお》「楽市場と楽市令」は、大胆に自説を提示している。

楽市場が「原初的な市場を典型的な形で保持し」た場で、不入権、来住者＝住人に対する分国内通行権、地子・課役免除、借銭借米破棄、徳政免除を保証され、主従の縁もそこでは切れる「無縁」の場であったことを、豊富な史料によって証明した勝俣は、楽市令には、こうした旧来からの楽市場の機能を保証した「安堵型」と、大名権力によって設定された都市・市場などに発令される「政策型」とがあったとする。しかし、その「政策型」の場合にも、旧来の楽市場の機能――徳政免除、不入、連座の否定等々――が継承されており、結局それは新設の城下町に旧来の楽市場の性格を適用したものにほかならず、織田政権の楽市令を、革新的な都市政策とみる従来の通説は、明白な誤り、と勝俣は断じている。

「窓」にのった『塵芥集《じんかいしゅう》』に関する論稿（一〇号）以来、勝俣が精進してきた戦国法についての厳密・正確な解釈はここに一段と冴えをみせ、妻敵打《めがたきうち》・アジールにいち早く着目してきた史眼も一層深化しており、この勝俣の見解は、戦国大名・織豊政権の本質、その評価に関わる重要な問題を提起しただけでなく、市場の特質、「楽」、「上なし」という「無数の民衆自身の力」に根ざした原理を解明する、画期的な意味をもつ、と私は考える。ただ、この新見解をより多くの人々に納得させるためには、史料の提示をもう少し懇切にすべきだったと思われるが。

かつて佐藤進一は、石母田正に代表される「唯物史観」の弱点を衝《つ》きつつ、「政治体制や社会集団の構造面」を明らかにする必要を強調したが[3]、この論文は、さきの笠松のそれとともに、まさしくこの問題に肉迫した力作といってよかろう。

羽下徳彦「故戦防戦をめぐって」

そして、こうした「社会集団の構造」に対する関心は、羽下徳彦《はがのりひこ》「故戦防戦をめぐって」にも、明らかに見出すことができる。「検断沙汰おぼえがき」(四―七号)、「室町幕府侍所考(その二)」(一三号、(その一)は『白山史学』一〇号)などの「窓」所載の論文をはじめ、検断及び検断沙汰に関する一連の綿密精緻《せいち》な労作を発表してきた羽下は、この『論集』では、自力救済の社会慣習と、それを抑止、公権力による裁定を貫徹せんとする権力との対立を追究している。もとよりこれは、羽下が一貫してとり上げてきた当事者主義と職権主義の両原理の対立につながる問題であるが、ここで羽下は焦点を前者に合わせ、自力救済を個人間の問題としてではなく、社会集団の間の問題であることを強調しており、そこに、さきの関心の現われを見ることができる。

室町幕府の故戦防戦に関する法令に「自力救済禁止の強い意思の表明」を見出した羽下は、さらに進んで、私戦の主体となった社会集団を、父系集団を核とする血縁集団、家支配の延長としての主従集団・領主連合・村とみて、百姓の「イエ」の自立性を強調する大山喬平の主張(4)に疑問をなげかける。そして、私戦の解決としての下手人引渡を論じたうえで、私戦の禁止、紛争の調停は公権力のみの役割でなく、それに対抗して「自からを「衆中」として公界の維持者に高めようとする人々が、自からの合意によって相互間の自力救済を停止」しようとする動きの中に「天下之大法」がある、と論じている。

このように、羽下はこれまでの制度史的、法制史的な視点に加えて、その著書『惣領制』(至文堂)の中で模索してきた社会集団の慣習にも、新たに意欲的な目を向けており、羽下自身の歩みに即してみれば、これは両者を総合する飛躍に向かって、一歩を進めたもの、ということもできよう。

しかし、羽下はこの論文で、なぜ、牧英正《まきひでまさ》「下手人という仕置の成立」(5)、それをさらに深化、発展させた、さきの勝俣の「戦国法」(6)などの先行論文に言及しなかったのか。とくに勝俣の論文は、羽下の取り組んだ主題――故戦防戦、集団間の私的復讐《ふくしゅう》、その解決法としての下手人引渡等々――のすべてに及んで広い視野から論じており、しかも羽下が徹底して家父長的血縁集団の延長としての家支配の視角からとらえ、その間の平等な関係を否定した社会集団について、勝俣は、ヨーロッパと異なり、「日本では、このような集団の一種の運命共同体的性格は、親族団体のみでなく、武家・貴族・寺社・一揆《いっき》・芸能、さらには郷村など、あらゆる集団の属性として拡大されていた」とし、一揆についても、成員間の平等な関係を設定する「無縁」の場ととらえるなど、羽下の見解と対立する見方を展開しているのである。とすれば、自然に事態をみる限り、羽下は大山の説を批判するより前に、この勝俣説に対して、明確な見解を示したうえで、自説を展開しなければならなかったはずであるが、羽下はそうはしていない。

羽下はこの二論文を読み落していたのではなかろうか。[7] そう考えない限り、これは同人同志の相互批判を避けようとする志向から発したものといわれざるをえないであろう。相互の批判を公然と行なうことのできぬ「学問的集団」が、それとしては必らず滅びるであろうことを、篤実、かつきびしく学問的な羽下が知らないはずはない。とすれば、羽下はその姿勢を貫き通すためにも、これらの論文を前提に、あらためて自らの所論をもう一度展開すべきである、と私は考える。私自身は勝俣説に同感するが、そうした見方に対し、羽下のきびしい批判的力作の登場を期待したい。

三　社会経済史の分野

佐川弘「鎌倉時代における「浮免」制の展開」

ついで、社会経済史に関わる三篇を収めた第二部の最初の論文、佐川弘「鎌倉時代における「浮免」制の展開」について。薩摩《さつま》の「門」に関する論文を「窓」に発表し（二〇・二一号）、そこで門制度との関連で、中世後期に現われる「浮免」の存在に注目して以来、一貫して「浮免」を追究してきた佐川の研究成果であり、鎌倉期の史料をあげて、「浮免」のあり方を説明している。

ただ、この論文だけを読んだのでは、佐川が何故にこの問題をとりあげたのか、まことに不鮮明であるが、佐川の別稿「続浮免についての一考察——荘園制形成期——」（竹内理三博士古稀記念会編『荘園制と武家社会　続』吉川弘文館）をあわせ読めば、この論文の位置づけは明らかになる。『論集』のこの論文は、別稿の続篇なので、別稿の「はじめに」が、二篇の論文全体に通ずるものとなっているのである。

別稿で平安末期までの事例を紹介した佐川は、それにつづけて、この論文では、鎌倉期の一、二宮などの社領に即し、さまざまな形態の「浮免」を紹介、ついで荘園・公領内の給免田に「浮免」的形態が多かったことを指摘している。これまで、中世の土地制度に関するさまざまな用語の意味は、必ずしも十分明らかにされてきたとはいい難く、佐川によって、「浮免」に関する事例が広く蒐集《しゅうしゅう》・提示されたことは、そうした仕事を一歩進めたものとして、収穫といってよかろう。坪の定まらぬ「浮免」は、国衙《こくが》機構の機能が円滑であれば、「定免」よりもかえって有利な一面があり、鎌倉末期まではそうした条件がありえたという、そこから導き出されてきた指摘も見逃し難い。

とはいえ、佐川自身も反省しているように、提示された史料が十分に消化・整理されているとはいい難く、便補保の成立をはじめ、得分の収取から下地の支配へと転化していく、荘園公領制の形成・発展の中で、「浮免」にいかなる位置づけを与えるべきかに関わる論旨の展開も、鮮明さを欠いている。もともと一つの論文に凝縮させるべきものを、二つに分割して別々に発表したことに、最大の無理があったのではないかと思う。

須磨千穎「山城上賀茂の天正検地」

これにつづく、須磨千穎《すまちかい》「山城上賀茂の天正検地」は、本『論集』中、最も重みのある労作である。須磨は「窓」において、一つは山城《やましろ》国紀伊《きい》郡の条里の復原に基づく耕地の分布を追跡（四号）、他は売券などの分析を通じて名の構造に肉迫した（八号・九号）、それぞれ精緻な研究を発表しているが、その後、賀茂社領について着々と研究を積み重ね、特に最近では、その「境内六郷」の田畠復原に力を注いできた。この成果はすでに驚くべき綿密な作業に基礎づけられた復原図をふくむ、二篇の論稿(8)として発表されているが、この論文は、そうした多大な労苦の見事な結実の一つ、といってよかろう。

天正十三年（一五八五）、同十七年の太閤検地《たいこうけんち》をとりあげた須磨は、さきの復原の成果を土台に、検地帳記載の田畠、名請人を一筆ごとに地図上に書き載せ、的確な手続きを経た上で「上賀茂太閤検地図」の復原をほぼ完成した(9)。ついで、須磨は天文十三年（一五四四）の検地と、この二回の太閤検地の結果とを、田畠一筆ごとについて、比較・検討する作業に移るが、そこから導き出された結論は、従来の太閤検地論の根底に迫る重大な内容を持っている。

中世検地が太閤検地に比べて著しく厳密さを欠いていること、天正十七年検地が厳格な方針によって行なわれたことなどを明らかにしたのち、須磨は名請人について論及し、戦国検地の方が「小農把握においてきわめて徹底しており、天正の太閤検地は、一三年検地において既にそれよりもかなり後退した様相を示し、一七年の再検地」でも、「この面に限ってはさらに一層の後退を示」すという、従来の通説と全く逆の結果を実証し、そこに豊臣政権の政策実施過程に現われた一種の現実的妥協を見出している。そしてさらに、石盛・品等制を比較し、同一品等の田畠の石盛がきわめて多様であった十三年検地に比し、十七年検地ではその点が整えられているにも拘らず、上田の石盛についてはやはり特異な様相を呈しており、その特異性は土地の肥瘠《ひせき》や安定度に基づくのではなく、商工業的な収益まで石盛に加味したことによる、という興味深い事実を明らかにしたのである。

この結論を、賀茂社領における特殊な現象としてすましてしまうことは、決してできないであろう。これまで、論議の華やかなわりに、実証的研究が立遅れていた太閤検地の研究に、須磨のこの仕事は、それ自体、きびしい反省を迫っているといわなくてはならない。こうした厳格な実証に基づく仕事の蓄積の上に立って、太閤検地論はあらためて再構築される必要があるのではなかろうか。

最近荘園史研究の不振を歎《なげ》き、本腰をいれた研究の必要を強調する声を、しばしば耳にする[10]。しかし七七年に生まれたこの須磨の仕事こそ、寶月圭吾の荘園史研究の学風を、最も精密かつ重厚に継承した、最大の成果ではないのか。地籍図と検注帳を綿密に照合し、泥田の中をはいまわって圭畔《けいはん》を探り、不自由な眼を充血させながら、一筆々々の田畠に記載された文字を一字も逃さずとらえ、自らの手で直ちに印刷可能な地図を作成する。須磨の研究は、こうしたきびしい実証的精神に裏づけられ、労苦に満ちた作業から生み出された、すぐれた荘園研究にほかならない。研究の不振を慨《がい》歎《たん》・批判し、またこうした地図の難しさを指摘するよりも前に、まずこのような地道な研究に対して謙虚に頭《こうべ》を垂れ、自らそれに劣らぬ仕事をして範を示さなくてはならないのではなかろうか。その意味で、「窓」の同人代表として、須磨はこの『論集』で、十二分にその責任を果したものと、私は考える。

秋沢繁「天正十九年豊臣政権による御前帳徴収について」

そして、社会経済史的な手法による、この須磨の論文と並び、制度史的な側面から、太閤検地論を大きく飛躍させる土台を築いたのが、秋沢繁「天正十九年豊臣政権による御前帳徴収について」である。同人に加わったのが遅かったためか、秋沢は「窓」に一つも論文を発表していない。しかしこの論文は、それ以後、長年にわたって培ってきた秋沢の学風の見事な結実であり、近年の、足で歩いた全国的調査の上に生まれた成果である。

中世・近世史料に散見する御前帳を「一定の権力機構・社会構造の最頂点に立つ人物が、直接的に掌握かつ効力を付与することにより、そのよって立つ権力的・社会構造的基盤即ち体制の保持・展開のため、最も基幹的機能を期待した重要帳簿」と規定した秋沢は、「天正十九年豊臣政権による全国的御前帳掌握の史実確定」を通じて、豊臣政権の本質、その政策的志向の基本路線をとらえようとする。まず、この御前帳に関する史料を紹介しつつ、秋沢は、それが領主別でなく、一国別に作成され、郡図を伴っていた事実を明らかにした。即ちそれは「現実の徴収手続においては、諸領主指出の封建的形態をとりながらも、その編成方式からすれば、国・郡・村と云う国制的原理に立つ一種の国家的帳簿」だったのである。

さらに秋沢は、この御前帳徴収が日本全土を石高制下に掌握せんとする豊臣政権によって、きわめて強行的に遂行されようとしたこと、これに対応する諸大名の石高決定に、政治的作為が加わっていることを、各地域に即して具体的に解明したうえで、御前帳が「叡慮」――「天皇による日本全土の『進止』権委任」という、国制的原理に基づいて、関白秀吉によって徴収され、天皇に献納された、という重大な結論を立証している。

これは太閤検地――豊臣政権の政策、基本路線に関わる重要な事実の解明にとどまらず、近世における国郡制、天皇の位置づけ、さらには前近代における天皇の問題にまで拡がる問題提起といわなくてはならない。すでにこうした点については、山口啓二・三鬼《みき》清一郎《せいいちろう》・高木昭作《たかぎしょうさく》(11)・黒田日出男《くろだひでお》(12)等によって、具体化され、近世史の分野における最も重要な論点になりつつあるが、そのきっかけをつくった秋沢は、この論文においては、謙虚に自らを史料紹介者、問題提起者の立場にとどめ、その後、さらに史料を探索、御前帳の作成過程、書誌学的研究を推し進めている。(13)

この重大な問題について、秋沢が自らの立入った見解を展開するうえできわめて慎重であり、軽々な発言を控えているのは、まことに当然の姿勢といえよう。とはいえ、こうした配慮の必要を知り抜いた秋沢の評価・見解を、やはり私は一日も早く聞きたい。十分な用意のうえで、秋沢がこの期待に応えてくれる日の近からんことを祈ってやまない。

四　文化史の分野

龍福義友「平安中期の《例》について」

第三部には、広義の文化史的な論文三篇が配列されている。

その最初が「窓」(一二号、一三号)で、思想史の実証性をめぐって、上横手雅敬ときびしい論争を展開した龍福義友《りゅうふくよしとも》の大作「平安中期の《例》について」である。

藤原道長・実資《さねすけ》・行成《ゆきなり》の日記に現われる《例》の、思考の諸側面で荷《にな》った役割りを追究する龍福は、まず事実認識との関連にふれ、それによっては「事実の個別性に対する認識能力の重視だけが検出され」「事実相互の連関・連関の総体がかたちづくる構造」への把握が見出されず、おのずと、「行為の状況追随」が生まれてくることを指摘する。ついで価値判断との関連について、《例》の機能は「判断の内面的形成そのもののための基準であることではなく、すでに他の根拠から形成されている判断結果の対他的・村社会的正当化の単なる手段としての原理となることであった」とし、さらに態度決定に関連しては、「事実の本来的性格の尊重が《例》依拠の上位に置かれている事態」がみられるが、この時代、それはなお「《例》適用が何らかの理由で好ましくないと判断される特殊な場合について」、個別的、恣意的な処置に用いられるにすぎなかったとのべている。そして、このような思想構造をもつ当時の貴族社会が、まさしく「野蛮人」を排除し、野性を喪失・否認する文化の荷い手によって構成されていた、と結論し、逆に、「野性の文化」としての鎌倉文化形成の必然性を見通しているのである。この見通しは、続篇ともいうべき「平安末期での思考方法の転回について」（前掲『荘園制と武家社会　続』）において、『玉葉』における思考の基準としての《理》の問題として展開されており、両者をあわせ読むことによって、龍福の主張をより一層鮮明にとらえることができる。

あたかも、一個の哲学論文の如く、緊密に論理を組み上げていく論旨の展開は、部分的に難解さを感じさせる点はあるが、全体として、明快に理解できる。いささか妙な感想であるが、私はこの論文を読みながら、現代の大学教授会などにおける思考方法の見事な解明がそこにある、と思った。その意味でこれは、それ自体すぐれて現代的な意義をもつ論稿といわなくてはならないが、同時に、一つの語の機能形態、それを通じて営まれる思考・行為の様式を追究することによって、その時代の文化の実体・構造をとらえていく、この龍福の手法は、思想史・文化史の領域に新生面をひらいたものとして、きわめて注目すべき試み、と私は考える。この方法によって、さらに中世の各時代、各階層に即した問題が解明され、龍福が「中世貴族精神の問題」（「窓」八号）で提起した、天皇制と貴族精神の総体に鮮明な光が当てられることを、心から期待したい。
そして、二十年前、日本史学における実証的方法の著しい立遅れを指摘し、文書・記録に現われる用語の研究の必要を強調した佐藤進一の提唱(14)は、この龍福の論文において、一つの確固たる実を結んだといえるであろうが、これにつづく二つの論稿もまた、佐藤を中心に行われていたという「吾妻鏡輪読会」に源流を持つ成果、といわなくてはならない。

石田祐一「吾妻鏡頼朝記について」

「窓」はそれを、石井・笠松などの論稿を含む一連の「吾妻鏡レポート」として発表してきたが、惣領《そうりよう》制度に対する関心から出発して「鏡」の編纂《へんさん》過程の研究に入り、「放生会と弓始の記事について」(八号)、「寛元二年条の重出について」(一〇号)などのレポートを書いた石田祐一は、この『論集』にも、これらにつづく論稿「吾妻鏡頼朝記について」をのせている。
「鏡」の改元記事が、「改元の当日にその旨を記す」甲型と、「改元の通知が鎌倉に到着した日付で、その旨を記す」乙型とに大きく分かれ、甲型が「鏡」の最初の部分に集中する事実に着目した石田は、「改元を単に過去の事柄として記す」建久度の丙型が、乙型採用の方針成立以前のものであることを推定、甲型が頼朝記編纂の方式であったとする。これはかつて石田が、頼経《よりつね》記・頼嗣《よりつぐ》記・宗尊親王《むねたかしんのう》記はそれぞれ異なる編纂方式をもっていた、と推定した論旨につながり、頼朝記の独自な方式を明らかにしたもので、頼家《よりいえ》記・実朝《さねとも》記は同一の担当者による編纂ではないか、とも示唆されている。

「鏡」の編纂過程及びその基礎とされた史料のあり方は、鎌倉朝政治史の中心に関わる重要な問題を蔵しているにも拘らず、その解明は、なおほとんどなされていない。その中で、石田が丹念に積重ねているこうした仕事は、まことに貴重な意味をもつといえよう。とはいえ、この論稿も小品のため、石田の見通しの一端が示されているのみであり、いささかの歯がゆさを覚えざるをえない。その仕事の大成と、全貌《ぜんぼう》の発表を切望する。

益田宗「吾妻鏡の伝来について」

一方、最後に配列された、益田宗《ますだたかし》「吾妻鏡の伝来について」は、これまで「吾妻鏡のものは吾妻鏡にかえせ――六代勝事記と吾妻鏡」（「窓」七号）をはじめ、一貫して「窓」の書誌学的研究を推進し、その才気あふれる舌鋒によって、既往の研究に切りこんできた益田の面目をよく示す力作である。

「鏡」の最終巻巻末の記事について、将軍京都送還の諸事例からみて、脱簡のあることをまず指摘した益田は、そこから、現在の「鏡」の最終巻の諸伝本は、すべて本文に脱簡が生じてしまってから派生したものであるという、系統論上の前提が必要となるとして、「鏡」伝来の問題に入っていく。そして、中世において「鏡」はすでに散逸し、入手がむずかしかったことを、『帝王編年記』の引用記事や金沢文庫において独自に作成された「目録」などに即して明らかにし、さらに、成立年代について、前半を文永二─十年とする通説の成り立たぬこと、つまり前半後半にわけることが無意味であることを証明し、種々の可能性を提出しては否定しつつ、惟康親王記《これやすしんのう》が存在しなかったことを確定する。ついで、戦国期における「鏡」の蒐集が困難を極めた点、いわゆる「北条本」は徳川家康による寄せ集め本であった事実などを指摘し、結局、寄せ集め本にほかならぬ「鏡」全体の本文系統論は成立しえない、という結論を導き出している。

このように、否定を通じて、逆に確定された視点を鮮明にしていく、というスタイルをもつこの益田の論文は、しかし、吾妻鏡の伝来、本文研究に、一時期を画したものといえるであろう。さきにふれた編纂過程やその基礎となった史料等の研究についても、これを前提におくことによって、広く道がひらけたことになるわけで、この論文の吾妻鏡研究に寄与するところは大きい、といわなくてはならない。すでに約束されている続編を含めて、益田の推理が、今後、いよいよ旺盛《おうせい》に展開されることを期待する。

そして、これまで未開拓であった書誌学の分野に、石田・益田などのこうした成果の生まれたことは、まことに慶賀すべきであり、龍福の論文などをもこれに加えれば、広義の文化史への展望もまた、明るくなってきたといってよかろう。

五　第三期の歴史学へ

『論集』は巻末に、業半ばにして逝った同人の一人、鈴木茂男の思い出をのせている。故人を愛惜する勝俣・益田の、それぞれに心のこもった追悼文でもふれられているように、真の意味での古文書学者として大成しうる、稀《まれ》にみるすぐれた資質を備えていた鈴木の急死は、まさしく惜しみても余りあるものがあり、日本の歴史学にとっての損失は甚大といわなくてはならない。計画中という遺稿論文集が刊行され、未発表の鈴木の労作が万人の共有財産となる日の一日も早からんことを願ってやまない。**

また、一貫して、今堀《いまほり》日吉神社文書の研究に打込んできた金本正之、思想史の分野で多彩な成果をあげてきた大隅和雄が、石井・笠松・佐川とともに「窓回顧」を書いている。これは戦後の史学史の一面を語る興味深い材料となるであろうが、しかしやはり、二人の論文が『論集』にみえないのは淋しい。恐らくはそのために用意されたであろう力作の発表を期待したい。

以上、粗雑な紹介と勝手な感想をのべてきたが、「諦念《ていねん》」と「絶望感」の中で編まれたというこの『論集』が、否応なしに、また新たな希望とフロンティアへの道をさし示していることは疑いない。

しかし、この「矛盾」それ自体が、転換期にさしかかりつつある現在の歴史学の状況をよく物語っているともいえよう。戦後歴史学の第二期——「窓」が生まれ、その同人たちが主翼の一つを担ってきたその時期は、いま確実に終りに近づきつつある、と私は考える。

そして、すでにのべてきたように、この『論集』を通じて見通しうる、史料学の深化・発展、「政治体制や社会集団の構造面」の解明、さらには新たな文化史・社会史への展望等々は、その時期に徐々に成熟してきたものであるとはいえ、恐らくは、来るべき第三期の歴史学の、一つの重要な基調を予見させる動き、といってよかろう。

この間にあって、もしもこの同人たちが、その師——古稀《こき》をこえて、なお荘園の現地調査に意欲を燃やす寶月圭吾、還暦を過ぎて、花押《かおう》の新研究をはじめ、史料学の新分野開拓に力を注ぎ、新たな中世国家論の構築に、青年の如き若々しさを以て取り組む佐藤進一の如く、その精神の若さを失なわないならば、この人々は、「窓」のときのように華やかではないとしても、風雪にたえてなお色あせぬ多くのすぐれた仕事を、必ずや生み出すに違いない。そして、その佐藤に、この一書を捧《ささ》げた同人たちは、自らにこのことを約束したのだ、といわなくてはなるまい。

同人たちの一層の精進と健闘を心から期待しつつ、この拙《つた》ない書評を終える。失礼はもとより顧みずに、勝手なことをのべたてたが、私の非力からくる誤解も少なからずあろうと思う。その点は、どうかきびしく御批判いただきたい。

（1）「平家没官領と国地頭をめぐる若干の問題——石井進・義江彰夫氏の批判に接して」（『日本史研究』一八九）。
（2）豊田武・ジョン・ホール編『室町時代——その社会と文化——』（吉川弘文館）。
（3）「歴史認識の方法についての覚え書」（『思想』四〇四）。
（4）「中世社会のイエと百姓」（『日本史研究』一七六）。
（5）日本大学法学会編『法制史学の諸問題——布施弥平治博士古稀記念論文』所収。
（6）『岩波講座　日本歴史』8、中世4所収。
（7）註（6）の発刊以前の成稿とも考えられるが、羽下は同書所収の別の論文を引用しているので、こう考えることはできない。
（8）「賀茂別雷神社境内諸郷田地の復元的研究——岡本郷の場合——」（『日本社会経済史研究』中世篇、吉川弘文館）、「同上——中村郷の場合——」（『アカデミア』第一〇〇集）。

てほしい。

(9)この復元図を、須磨はこの『論集』に一部しか示していないが、やはり、遠慮することなく、そのすべてを発表すべきであったと思う。別の機会に、是非とも実現してほしい。

(10)例えば、『史学雑誌』八十七編五号の「日本中世」の部分。

(11)「国奉行の群像」(『月刊百科』一八七、一八八、一九〇)。

(12)「江戸幕府国絵図・郷帳管見(一)――慶長国絵図・郷帳について」(『歴史地理』九三―二)。

(13)秋沢「御前帳と検地帳」(『年報中世史研究』三号)。

(14)註(3)論稿。

＊『中世の窓』同人編『論集　中世の窓』(吉川弘文館、一九七七年)。

＊＊鈴木茂男『古文書の機能論的研究』(吉川弘文館、一九九七年)として刊行された。

商業史・都市史の成果　佐々木銀弥『日本中世の都市と法』解説

二つの中世商業論

敗戦後、一九六〇年代にいたる中世史研究の動向の中で、商業史、都市史の研究は決して活発とはいい難い状況にあった。それはそのころに支配的であり、いまもなお主流的な地歩を失っていない中世社会に対するとらえ方、それを基本的に農業を中心とし、領主による農民の支配を主軸とする封建社会とする見方の、おのずからの結果であったといってよい。この見方に立つ以上、商業はこうした社会関係を解体する役割を果したとしても、新たな社会を生み出すことのない消極的、付随的な分野と評価されるのがふつうであったからである。

佐々木銀弥《ぎんや》氏はそうした研究の一般的な状況の中にあって、この時期、地道な商業史の研究を一貫して進めてきた少数の研究者の一人であった。その成果は一九六一年の『中世の商業』(至文堂)、一九六四年の『荘園の商業』(吉川弘文館)から一九七二年の『中世商品流通史の研究』(法政大学出版局)にいたる佐々木氏の主著に集成されているが、同じ時期に佐々木氏と並んで、やはりこの分野ですぐれた研究を着々と進め、一九六九年に『日本中世商業発達史の研究』（御茶の水書房）、一九八一年に『日本中世都市論』（東京大学出版会）を世に問い、大きな成果をあげた脇田晴子《わきたはるこ》氏と佐々木氏とは、まさしく一九六〇年代から七〇年代にかけての中世商業・都市史研究の双璧《そうへき》であった。

そして佐々木・脇田両氏はまた、このころ支配的であった中世社会に対する二つの異なるとらえ方を、この分野に即してそれぞれに代表する立場にあったといってよかろう。これについては、別の機会にふれたことがあるので（拙稿「中世都市論」『岩波講座 日本歴史』中世3、岩波書店、一九七六年）、ここでは立ち入らないが、おおまかにいえばその一つは、いわゆる「在地領主制論」の立場に立ち、中世前期の荘園制の経済を基本的に自給自足的な農村を基盤とする家産的な自給経済ととらえ、十三世紀後半以降、社会的分業の発展、貨幣経済の進展の中で、商業・都市の本格的展開を考えていく見方で、佐々木氏がこの潮流の中にあって自らの研究を推進、深化していったことは、一九六〇年代までの同氏の論文を見れば明らかといってよい。

これに対し、もう一つの見方はおおよそ「権門体制論」の立場に立ち、荘園領主経済を当初から非自給的な部門の発展を必要としていたととらえ、さきの見方からは、「賤民系商人」などと想定されることもあった神人《じにん》・供御人《くごにん》等の商工業の分野での活動に注目し、「権門都市」としての京都を中世都市と見る立場であり、脇田氏はこの潮流の中で顕著な成果をあげてきたといってもさほど的外れではあるまい。

一九七〇年代に入ると、この二つの中世社会論が相互にその差異を明確にしていくとともに、両者をこえる新たな社会像を模索する動きが現われてくるが、佐々木氏もその中で自らの研究を再点検しつつ、それまでとは異なる新しい分野の開拓を開始した。『中世商品流通史の研究』の冒頭に収められた国衙と市庭《いちば》、商業との関わりを追究した諸論稿は、荘園と商業との関係を専ら追究してきた従来の研究をこえようとする氏の意欲を、すでにはっきり示しているといってよかろう。

そしてそれ以後、佐々木氏は対外貿易及び中世後期の生産と流通の研究に力を注ぐ一方、市場法・都市法の研究を通して、中世都市研究に新たな局面をひらくべく着々と仕事を積み重ね、自らの手でそれらを著書にまとめる用意までしながら、果さずして世を去ったのであるが、本書はこうした佐々木氏の七〇年代以後の研究のうちで、後者の分野に関わる諸論文を集成したものである。

丹念な実証的学風

その冒頭の「日本中世都市の自由・自治研究をめぐって」と題する論稿は、本来は研究動向として発表されたものであるが、副題に「中世都市史研究の出発点」とあるように、まさしく本書の序章とするにふさわしい論文で、新分野に切りこもうとするに当っての佐々木氏の基本的な考え方をよく示しているといってよい。

一九七二年に書かれたこの論文で、佐々木氏はこのころの中世都市研究の「沈滞」した状況を明確に確認した上で、その原因を「西欧自由都市との比較史学的方法」に依存しすぎた「方法上のゆきづまり」と、「戦後目覚しい発展をとげた中世史の他部門」から都市研究が取り残された点に求めている。そこに戦後歴史学のあり方に対する佐々木氏の立場からの「反省」をうかがうことも可能であるが、その欠陥を克服する課題を自らに課しつつ、佐々木氏は特に都市の自治・自由に焦点を合せて、それまでの主要な研究の問題点を指摘する。

その上で佐々木氏はこれまで「自由都市論の展開に当って当然検討されてしかるべき」であった、都市民の意識や「市場法・都市法についての検討・分析があまりにも手薄であった」ことを指摘し、今後の自治都市・都市自治論は中世の側からだけでなく「近世都市の側からの統一的・連続的な把握と分析」が必要であるという重要な提言をしているが、その後の佐々木氏は自らこの市場法・都市法の研究に力を注ぎ、つぎつぎに力作を発表していった。

発表年次に即してみると、第二編第三章に配置された「楽市楽座令と座の保障安堵」（一九七六年）がこの分野での最初の労作であり、佐々木氏は楽市楽座令に関するそれまでの豊田武、今井林太郎両氏、さらに脇田修《おさむ》氏の研究が、座の撤廃に中世の否定を見出している点を疑問とし、楽市楽座令を都市法・市場法全体の中において考えるべきことを主張しつつ、これを座特権否定型（A型）、諸役免除型（B型）、両者をふくむ都市型（C型）に分類し、それぞれについて考察を加えている。

佐々木氏はしばしばこのようにいくつかの型に分類することによって、対象を明確にとらえる試みを行っているが、その前提には丹念な史料の網羅的蒐集に基づく見事な整理があり、そうして氏が作成された多くの図表は後学に資するところ多大といってよい。この論文の場合も佐々木氏は「楽市楽座令一覧」をはじめいくつかの表を作成して議論を展開しているが、その結果、先行する通説の規定や段階論的把握は成り立ちえないと結論するとともに、在地楽市楽座令ともいうべきものの存在を想定しうるとのべているのである。

この論文の発表と前後して、勝俣鎮夫氏の「楽市場と楽市令」（『論集　中世の窓』吉川弘文館）が一九七七年に発表されており、私も一九七六年に「中世都市論」（前掲）を書いたが、この「在地楽市楽座令」についての言及は、勝俣氏の主張や拙論に対する佐々木氏の立場からの答えの一つと私は考えている。

そしてこの論稿の末尾でも、佐々木氏は再び市場法・都市法の全体的な研究の必要を強調しているが、さらに一九八二年に発表され、中世前期の荘園制の下での都市について、京都・奈良及びその衛星都市をとりあげ、それまでに進行していた研究成果を取り入れつつ佐々木氏独自の見解をのべた論文「荘園制と都市」（第二編第一章）でも、中世前期には「曖昧をきわめた都市と荘園・農村の法域」を分離させる役割を果した点に、「市場法・都市法の成立」の意義を見出している。

しかしそれからしばらく、佐々木氏はこのテーマに関わる論文を書いていない。恐らくそれは大学の激務、さらに氏の身体を蝕《むしば》みはじめていた病魔による入院等が原因であろうが、その間も市場法・都市法の史料を蒐集し、それを大学院の演習のテキストに用いるなど、氏の研究は着々と進められていた。

そして、一九八九年に「中世奈良の高天市掟書案について」（第一編第四章）を発表してから、一九九〇年の「越後上杉氏の都市法――謙信・景勝の都市法をめぐって――」（第二編第二章）、一九九一年の「備前国西大寺市場の古図と書入について」（第一編第二章）、「安芸国沼田小早川氏市場禁制の歴史的位置」（第一編第三章）と、まさしく堰《せき》を切ったように、佐々木氏は都市法・市場法についての個別研究をまとめ、相次いで発表した。

これらの諸論文では、上杉謙信の発した都市法の歴史的背景の解明、高天市掟書《たかまいちおきてがき》案の年代推定及びその作成過程についての綿密な実証、西大寺《さいだいじ》市場古図の作成年代、書入の行われた年代の丹念な考証、さらに小早川氏の文和《ぶんな》二年（一三五三）の市場禁制に現われる「故殿」の確定など、それぞれの市場法・都市法の史料としての性格、その背景を明らかにするための基礎的作業が行われており、佐々木氏の丹念な実証的学風がいずれの論稿にも遺憾なく発揮されているといってよかろう。

こうした作業を行った上で佐々木氏は一九九二年三月、これらの論稿の総括ともいうべき「中世市場法の変遷と特質」（第一編第一章）を発表し、その半年後、世を去ったのである。

この論文で佐々木氏は、長年にわたって蒐集した七〇に及ぶ事例に依拠しつつ、市場法について総論している。現在までに知られている限りで、十四世紀後半から十六世紀前半が市場法のブランクな時期で、十六世紀後半がその「黄金時代」であること、東国と西国の地域差、関東の宿場法に「町人さばき」「町人不入之定」のような商人・町人の自治の委任・分与が見られる点、社寺保護法・荘園安堵法と市場法との間に見られる共通点から社寺の門前、一部の荘園の都市化が推定されうることなど、注目すべき重要な問題・論点がそこに提出されており、この分野において佐々木氏が達成した研究成果を、われわれはまとめてよく知ることができる。

空白の広く残された分野

こうして八篇の論文が一書にまとめられた結果を見ると、当初から佐々木氏がこのような編成を考えていたのではないかと思われるほどに形が整っている。しかし、私目を、と焦りを感じさせられています」と佐々木氏自身が書いているように、実際には蒐集した厖大《ぼうだい》な史料を病いのために十分生かし切れぬ歯がゆさを、晩年の佐々木氏が強く感じていたことは間違いない（拙文「最後のはがき」〈佐々木先生の思い出〉『中央史学』一六号）。

　一九八〇年代から九〇年代に入り、日本の社会の全体について、商業の機能、その積極的な役割が注目され、それを見直す必要が各方面から強調されているが、もしもなお天寿が許されていたとしたら、恐らくこの動向の中で、佐々木氏はさらに新たな分野の開拓に意欲をもやし、大きな仕事をしていたに相違ない。

　それをなしえずして、心を残しながら世を去った佐々木氏の遺志をうけつぎ、その研究成果を十二分に継承し、中世の商工業、市場、都市、対外貿易などの空白の広く残された分野の研究を、さらに一層発展させるべく努力することが、あとに残されたもののなすべきことであろう。残された時間は多くはないが、私もそのために全力をあげることを誓い、佐々木氏の冥福《めいふく》を心からお祈りしたいと思う。

中世商工業史の進展　小野晃嗣『日本中世商業史の研究』解説

はじめに

小野晃嗣氏の諸論文に、私が真剣に取り組みはじめたのは、一九七〇年前後、鋳物《いも》師《じ》や海民などの勉強にとりかかって以来のことである。もともと荘園史の研究から出発した私は、それまで『近世城下町の研究』（至文堂、一九二八年）の著者均氏と、『日本産業発達史の研究』（至文堂、一九四一年）の著者晃嗣氏とが、別人であると思いこんでいたほどに、小野氏については無知で、不勉強であった。そのような私には、氏の著書の解説を書く資格など、本来ないといわなくてはならない。

しかし、小野氏の論文にひとたび接して以来、私はあちこちの雑誌から氏の諸論文を複写して、貪《むさぼ》り読んだことを強く記憶しており、そこから教えられるところ絶大であった。それほどに氏の研究は、数十年を経てもなお新鮮であり、光彩を放ちつづけていたのである。

それ故、そのころ佐藤進一氏が小野氏の諸論文の集成、刊行を、法政大学出版局に勧めておられることを聞き、身の程も知らず、私もまた一日も早い実現を強く同出版局に推したのであった。それがいま、『日本産業発達史の研究』の再刊にひきつづき、このような形で実現するにいたったことは、まことに欣快《きんかい》にたえない。

たしかに一時期に比べて、中世商工業史の研究は活発化しつつあるとはいえ、未開拓な分野はまだ広く残されており、解明さるべき課題はきわめて多い。本書に収められた諸論文は、今後、この分野に挑戦しようとする学徒にとって、必ず参照され、その出発点とされるべき必読文献であり、それらがこのような形で集成、刊行されることによって、中世商工業史研究の進展に、強力な拍車がかけられるであろうことは疑いないといってよい。

すでに佐々木銀弥氏が、小野氏とその研究についての行き届いた解説を、再刊された『日本産業発達史の研究』に付しておられるので、屋上屋を架する結果になることを恐れるが、ここに本書に収録された諸論文に即して、若干の解説を加え、責を果すことにしたいと思う。

神人と座——本書の諸論文について

本書に収められた論文は、一九三二年から三七年にかけて、それぞれ学会誌に発表されたもので、すでに『日本産業発達史の研究』に収録された論文、及び『近世城下町の研究』（前掲）、「近世都市の発達」（『岩波講座　日本歴史』一九三四年）、「本邦都市発達の特質」(『都市問題』一九四〇年)、「京都の近世都市化」(『社会経済史学』一〇―七、一九四〇年)などの都市関係の著書・論文を除く、小野氏の研究がここに集成されている(編集部注＝都市論関係の著書・論文は、法政大学出版局から一九九三年に『近世城下町の研究　増補版』として刊行された)。

『日本中世商業史の研究』という、まことに適切な書名が付されているように、これらの諸論文は都市史・産業史の研究と不可分の関係を保ちつつ、小野氏の一貫して追究された、神人、座、市、供御人等をテーマとする実証的な研究の成果であり、本書での論文の配列もその点を考慮し、発表年次別でなく、テーマ別になっている。

冒頭に置かれた「油神人としての大山崎神人」は『近世城下町の研究』の公刊後、小野氏が最初に発表された論文で、現在では広く世に知られるようになった大山崎《おおやまざき》油神人について、はじめて本格的に実証的な研究の鍬《くわ》を入れた画期的な労作である。大山崎を根拠に、諸関料免除の特権を保証されて西国諸国を遍歴、油商業に携わり、荏《え》胡麻《ごま》の売買を独占したこの神人の実態、さらに南北朝期以降、住京神人を分化させ、近江《おうみ》国をはじめ諸国に神人を組織するようになったその活動の発展から、織豊期に衰退していくまでの経緯を、小野氏は「離宮八幡宮文書」を中心とする諸史料に基づいて、この論稿で正確に明らかにしており、豊田武氏「大山崎油神人の活動」(『豊田武著作集』第三巻　中世の商人と交通』吉川弘文館、一九八三年)から脇田晴子氏『日本中世商業発達史の研究』(お茶の水書房、一九六九年)にいたる、大山崎神人についての研究は、みなこの論文を出発点として展開されてきたといってよい。

その後「童使出銭日記」(『島本町史』史料篇、一九七六年)、「疋田家本離宮八幡宮文書」(『大山崎町史』史料篇、一九八一年)等の新史料が紹介され、それぞれの町史の叙述の中で、この神人が小野氏以後の諸説のいうような離宮八幡宮《りきゅうはちまんぐう》神人ではなく、石《いわ》清《し》水《みず》八幡宮神人と見るべきであることをはじめ、多くの新たな事実が明らかにされた。そして、近年の研究は小西端恵《みずえ》氏「地主神の祭礼と大山崎惣町共同体」(『日本史研究』一六六号)、同氏「中世都市共同体の構造的特質」(『日本史研究』一七六号)、脇田晴子氏『日本中世都市論』(東京大学出版会、一九八一年)などのように、神人の根拠地大山崎の中世後期以降の都市としての発展、その実態の解明に重点を移しつつある。

とはいえ、穀倉院にも油を貢納していた大山崎神人のあり方を、神人・供御人制の中にあらためて位置づけるとともに、石清水八幡宮の神人組織全体の中に、この神人を置いて考えてみることは、いまなお課題として残されており、それに取り組もうとするならば、小野氏のこの論文は、やはりまず参照さるべき文献としての位置を決して失っていない、といってよかろう。

その四ヵ月後に発表された「北野麹座に就きて」も、これと同様、神人と座に対する関心から生れた論文である。小野氏はその冒頭で三浦周行《ひろゆき》氏の言葉を引用しつつ、当面は個別的研究を蓄積することこそが必要だとし、「出来得る限り他の座に関する史料を援用して推論するを避け、直接北野麴座に関する史料によって立論」することを「自分の研究態度」と明言している。小野氏の研究姿勢の真骨頂はここにある。脈絡のない史料をあげていたずらに総合を急ぐのでなく、個別的な対象に徹し、関連史料をできうる限り蒐集した上で、事実に即して立論しようとするこの姿勢は、小野氏の研究に一貫しているといってよい。この論文はその見事な結実の一つであった。

現在、われわれは『北野天満宮史料』『北野社家日記』等の刊行によって、北野神社に関する史料のほとんどを刊本として見ることができるようになっているが、小野氏は当時としては可能な限りの史料を博捜、解読し、北野社神人全体の中で麴《こうじ》座を構成した西京《にしのきょう》神人の実態を明らかにした。

そして西京神人の保証された特権に関連して、造酒司酒麴役《みきのつかさしゅきくやく》についても、その淵源《えんげん》を追究し、この神人が西京を人夫役・地子銭の免除された居住地域としており、「出座」の者の「本所」への還住が命ぜられている点から、この「座」の語はそうした居住制限地域をさす、と指摘している。

さらに「洛中洛外《らくちゅうらくがい》」において、西京神人が麴販売の独占権を持っていたとする小野氏は、応永二十六年（一四一九）、幕府がこれを確認し、洛中の酒屋・土倉の麴室を破却した事実、これに関連して応永三十二年（一四二五）の「酒屋名簿」が作成されたことなどを紹介、この麴醸造独占に対しておこったいわゆる文安の「麴騒動」について詳述したうえで、西京神人がその特権を失う近世初頭までの経緯を略述した。

この論文発表の直後、小野氏は「室町幕府の酒屋統制」を書き、数年後には「中世酒造業の発達」でさきの「酒屋名簿」を紹介するなど、この方面の研究をさらに深化させていく。こうした小野氏の所説に対し、その後、西京神人の独占権については脇田晴子氏が批判を加え（前掲『日本中世商業発達史の研究』）、造酒司酒麴役に関して私も若干の補足をする機会があったが（「造酒司酒麴役の成立について——室町幕府酒屋役の前提——」『続荘園制と武家社会』吉川弘文館、一九七八年）、北野社神人をふくむ北野社の包括的研究、竹内秀雄氏『天満宮』（吉川弘文館、一九六八年）が西京神人についてはは小野氏の研究をほぼ踏襲していることからも知られるように、この論文はさきの大山崎神人の場合と同様、いまも酒麴売、酒麴役を研究しようとするものにとっての出発点であるといってよい。また小野氏の着目した西京という場の特質については、なお追究すべき余地が広く残されており、それを解明することはわれわれ後進に課された課題であろう。

つぎの「興福寺と座衆との関係」も神人・寄人《よりうど》及び座に関する労作であるが、ここには小野氏が『大乗院寺社雑事記』の校訂に従事されたさいの綿密な研究成果が十二分にもりこまれており、この分野の研究の口火を切る研究となった。

この論文で小野氏は、まず寄人・神人の性格を規定したのち、座衆、寄人のあり方と大乗院《だいじょういん》・一乗院《いちじょういん》・寺門との関係について、検断を中心に明らかにしているが、「入勝」などの制度にまで目をくばった小野氏の立論は堅実で、現在、非常に活発化してきたこの面の研究にも、なお寄与しうるものを持つといってよい。つづいて、座衆の貢納・徭役《ようえき》の実態、座衆から収取された年貢を付与された名主と座との関係、工人の座の与えられた特権、そして衆徒・国民と商人との結びつきの進展に伴う寺院の支配の弱化等が明快に解明されているが、ここでも小野氏は、例えば土器《かわらけ》座衆が「垣内の畠以外は自由に土器製作用の土を掘取るの権を認められた」という興味深い事実を見逃していないのである。

この論文が発表された翌年から、豊田武氏は「大和《やまと》の諸座」「大和の諸座　続篇」「興福寺をめぐる建築業者の座」（同氏著作集第一巻『座の研究』吉川弘文館、一九八二年）などの大作をぞくぞくと発表しているが、それが史料を文字通り博捜した網羅的な社会経済史の成果であるのと、小野氏のこの論文が史料をきわめて禁欲的に用いつつ、興福寺《こうふくじ》と座衆との制度的な関係を集約的に明らかにしているのとは、よき対照をなしている。戦後、同じテーマで、やはり大作をまとめた脇田氏（前掲『日本中世商業発達史の研究』）が、豊田氏の著作集の解説で、同様のことをのべており、時を同じくしてきわめて接近したテーマを追求したこの両氏の学風の間には、かなりの差異があるといわなくてはならない。

そして小野氏はこの豊田氏の「大和の諸座」が発表されたのち、さらに「興福寺塩座衆の研究」をまとめた。一乗院に属し、都市的な環境をもつ木津《きづ》に根拠を置く木津塩座、大乗院に属する菩提山《ぼだいせん》寺正願院塩座、「シタミ」と称する容器を肩にして振売《ふりうり》を行うシタミ座について、小野氏は問屋によって構成される正願院本座、沙汰者あるいは一﨟《いちろう》とよばれる二人の座頭に統轄され、より自治的性格の強いシタミ座など、座の組織と特徴、大乗院・一乗院の負担の実態、これらの諸座相互の関係、奈良への塩の搬入と奈良の町における塩の販売等について、詳細に明らかにした。

その中で小野氏は、豊田氏の史料解釈について、一、二の疑義を表明しているが、豊田氏もまた「大和の諸座 続篇」において、小野氏の解釈に異議をとなえるなど、親しい友人同志ながら、両氏の間には学問上の緊張関係が保たれ、それが両氏の研究をそれぞれに前進させていることがうかがえる。戦前の中世商工業史の水準はこのようにして著しく高められ、塩の流通史についていえば、近年、新田英治氏「鎌倉時代～室町時代における塩の流通」、佐々木銀弥氏「戦国時代における塩の流通」（日本専売公社編『日本塩業大系』原始・古代・中世〈稿〉、一九八〇年）が両氏の研究を継承、発展させて、新たな視野をひらくまで、敗戦後しばらくは両氏の研究をこえるものは現われなかったのである。

しかし、小野氏がこの論文で言及した「五箇所者」といわれた唱聞師《しようもじ》と塩売の関係については、新田氏も紹介した清水坂非人と塩売の結びつきを示す史料などとの関連で、さらに追究すべき問題が残されており、現在の研究水準の上に立って、開拓すべき問題が塩流通史には多いといわなくてはならない。

つぎの「三条西家と越後青苧座の活動」についても、これとほぼ同じ状況といってよかろう。ここで小野氏は越後《えちご》から海津《かいづ》、戸津《とづ》、天王寺《てんのうじ》にいたる苧《からむし》の輸送、流通経路にふれた上で、三条西家《さんじようにしけ》の青苧《あおそ》座に対する支配が荘園とは全く無関係の、苧課役の知行に起源を持っていること、それ故、越後の青苧座のみならず坂本、京都諸口、美濃《みの》、丹波《たんば》などと苧関として苧公事《くじ》が徴収され、苧課役は甲斐《かい》・信濃《しなの》にも及んでいたこと、その三条西家の経済の中で占めた比重などを的確に解明している。

これ以後、青苧座については、豊田、脇田、佐々木などの諸氏をはじめ言及した論文は多いが、基本的には小野氏の論旨を大きくこえていない、といわなくてはならない。この苧課役が、仁治《にんじ》元年（一二四〇）閏《うるう》十月三日、造酒司解（『平戸記』）にみえる装束司が市の苧売買の輩《やから》から徴収した上分となんらかのつながりのあることは間違いないが、それが三条西家の手中に入るまでの経緯は、小野氏も保留しているように、未《いま》だ解明されていないのである。

市をテーマにした論文

本書には神人・座に関わる以上の諸論文についで、小野氏が深い関心を持つ市をテーマとした論文が配列されているが、「奈良の門前市場」は、前掲の興福寺関係の座についての二論文と同じく、小野氏が編纂に関与した『大乗院寺社雑事記』を土台にして生れた力作である。

まず奈良の境界、人口とその構成を推定、鎌倉期以来の南市《みなみいち》、北市《きたいち》、室町期に新たに立てられた高天市の三市があったことを明らかにした小野氏は、それらの具体的形態の復原を試み、市における取扱い商品と商人について詳細な分析を行う。そして、市場法、検断規定、座銭等の負担、市日等について、それぞれ堅実な実証を進め、奈良における店の発達に伴い、衰えの気配をみせていた奈良の市が、織豊期の武力を背景にした強権の圧迫によって衰退する経緯をのべ、考察を終える。

市場については、豊田氏が『中世日本商業史の研究』(岩波書店、一九四四年、増訂版、一九五二年)で網羅的、包括的な研究をまとめて以来、最近まで個別的研究も少なく、また奈良そのものの研究も著しく厚みを増しており、ここで小野氏の指摘した個別的な問題で修正されなくてはならないことも多い。とはいえ、小野氏の個別論文はきわめてしっかりした構成を持っており、やはり市場の個別的研究の範を示しているといっても決して過言ではなかろう。

そしてこれと同様の手法でまとめられた「卸売市場としての淀魚市の発達」は、これに先立って発表された豊田氏の「中世京都に於ける塩・塩合物の配給」（前掲『中世日本商業史の研究』所収）とともに、淀《よど》と魚市についての以後の研究の出発点となる基本的文献であり、塩業及び塩流通史の分野での戦前の水準を示す労作であった。

小野氏はまず、淀津そのものの流通、経済上の位置づけ、中世塩業の実態を明らかにした上で、魚市の初見を嘉元《かげん》四年（一三〇六）とし、その取扱商品が塩・相物《あいもの》（塩魚類）であったとする。また特殊市場としての淀魚市は、普通市場と異なり、その構成員が問丸であり、塩・相物積載船については着岸強制権を持ったと見て、大山崎神人の立てようとした塩商売新市をめぐる相論にふれている（小野氏がここで「疋田本離宮八幡宮文書」（疋田竹次郎氏所蔵古文書写）によって、前述した論文をすでに一部修正していることに注意しておく必要があろう）。さらに小野氏は西園寺《さいおんじ》家の魚市知行、京極《きようごく》家、三条西《さんじようにし》家との共同知行の実態を詳細に追究し、その得分の一部が石清水八幡宮の燈明《とうみよう》料となっていること、さらに市場税徴収法として「狩札（札狩）」「札触」のあったことを指摘、魚市の塩・相物が京・西岡の商人を通して配給されたことを明らかにし、近世への推移にふれて論文をしめくくっている。

この小野・豊田両氏の論文以後、淀津と魚市については、脇田氏が言及したほか（前掲『日本中世商業発達史の研究』）、しばらく専論がなかったが、近年、新田氏が塩流通史に即して小野氏の所説を修正しつつ、新たな見解を提示し（前掲「鎌倉時代〜室町時代における塩の流通」）、小林保夫氏「淀津の形成と展開」（『年報中世史研究』九号、一九八四年）、田良島哲《たらしまさとし》氏「中世淀津と石清水神人」（『史林』六八―四、一九八五年）が、淀津自体を包括的にとり上げつつ、石清水八幡宮神人の活動をそれぞれの視角から追究しており、研究は急速に進みつつある。

しかし、例えば小野氏のふれた「札狩」の問題にしても、なお完全に解き明かされたとはいい難く、別の機会に多少ふれたように（「中世の製塩と塩の流通」『講座・日本技術の社会史』第二巻、塩業・漁業、日本評論社、一九八五年）、淀津、魚市自体についても、今後の研究に俟《ま》つべき問題は少なからず残されている。とはいえ、そうした問題に取り組むさい、われわれはこの小野氏の論文にまず立ち帰らなくてはなるまい。

供御人の問題

本書の最後に置かれた「内蔵寮経済と供御人」は、小野氏が供御人の問題に正面から取り組んだ、唯一の、しかしきわめて重要な記念碑的意義を持つ論文である。

中世の内蔵寮《くらりよう》経済の基礎が、（一）御厨《みくりや》・御園《みその》・郷保等の土地収益、（二）率分銭、（三）供御人ならびに商人に対する課税の三者に置かれていたことを、「宮内庁書陵部所蔵山科家旧蔵文書」元弘《げんこう》三年五月廿《にじゆう》四日、内蔵寮領目録によって明らかにした小野氏は、内蔵寮の供御人支配が内蔵頭《くらのかみ》の御厨子所《みずしどころ》別当兼任によることを指摘、中世初期における供御人について、目録によりつつ、順次、追究していく。とくにここで、中村直勝氏によって偽文書とされた宮内庁書陵部所蔵の具注暦紙背にみられる六角町《ろっかくちょう》供御人関係の文書案十七通について、小野氏が逐一論拠をあげつつ、これらの文書がなんら疑うべきものでないことを証明したことの意義はきわめて大きい。

さらに進んで小野氏は、中世初期にかけての官職の世襲化の動向にふれ、その中で貞和《じょうわ》二年（一三四六）以後、内蔵頭が山科《やましな》家に独占世襲され、内蔵寮領もその世襲管理するところとなったこと、おのずとその青侍大沢氏が同家雑掌、同寮目代として寮領を管掌し、御厨子所関係の供御人についてはこの大沢氏と御厨子所預高橋氏が、その他の供御人は大沢氏と内蔵寮寮官が共同管理をしたことを明らかにし、これらの供御人が与えられた身分資格を表示する札の事例を紹介している。

そして中世後期にかけての諸供御人の推移を概観した上で、室町時代に新たな名称で現われる供御人について、食料品を扱うもの、それ以外の物資を扱うものとにわけ、それぞれ個別に詳しく実態を説明し、この時期における供御人の内蔵寮経済における意義が、率分関に比べれば比重は小さいとはいえ、軽視すべからざるものがあったと指摘、中世末期の供御人の終末にまでその筆を及ぼしている。

以上のように、この小野氏の論文は、供御人関係文書偽文書説が風靡《ふうび》していた戦前、豊田武氏「中世の鋳物業」の最終節「鋳物師の有する偽文書について」(同氏著作集第二巻『中世日本の商業』吉川弘文館、一九八二年)とともに、この説に根拠のないことを見事に実証しつつ、官司の経済及び供御人について本格的に論じた画期的な論文であった。

ここで小野氏がしばしばふれているように、近江国粟津《あわづ》橋本供御人についての論文執筆の用意は、すでに確実に整っていたと思われ、もしもこの論文が発表されていたならば、供御人の研究はさらに飛躍的に進んだに相違ない。しかし小野氏の急逝によって、それは永久に幻の論文となり、また豊田氏がさきの論文の一節を著書に収録されなかったため、供御人文書偽文書説は戦後も長く影響を持ちつづけ、供御人の研究は最近にいたるまでほとんど全く現われなかったのである。

ただ、官司とその経済については橋本義彦氏が着々と研究を進め(『平安貴族社会の研究』吉川弘文館、一九七六年)、小野氏の指摘した官職の世襲の事実に基づき、これを官司請負制と規定し、中世国家論の一つの基軸とする佐藤進一氏の研究(『日本の中世国家』岩波書店、一九八三年)も結実、供御人についても小野・豊田両氏の驥尾《きび》に付して私も若干の補足を加え(『日本中世の非農業民と天皇』岩波書店、一九八四年)、さらに大山喬平氏「供御人・神人・寄人」(『日本の社会史』第6巻、社会的諸集団、岩波書店、一九八八年)も発表されるにいたり、ようやく五十年前の小野氏の努力は大きく実を結びつつある。とはいえ、この新たな研究段階に立ってみると、平安・鎌倉期にとどまらず、室町期までふくむ内蔵寮をはじめとする諸官司の機構とその経済については、なお研究すべき問題が山積しているといわなくてはならないが、これについても中原俊章氏『中世公家と地下官人』(吉川弘文館、一九八七年)、小泉恵子《こいずみけいこ》氏「中世前期に於ける下級官人の動向について」(石井進編『中世の人と政治』吉川弘文館、一九八八年)などの研究成果が生れつつあり、展望は明るいといってよかろう。

小野氏の学風

「ルネッサンスは世界と人間とを発見した」という、高揚した言葉ではじまる著書『近世城下町の研究』によって知られるように、小野氏は西欧の近代歴史学の成果を広く吸収し、その思想を自らのものとしていた。それは、中世の座の制度に対する「近世の自由主義的な商業組織」(『興福寺塩座衆の研究』)というとらえ方、「都市の自由にまで到達した西洋中世の市場平和」に対し、「領主権力を排除するを得ずしてその統制下に属する」日本中世の「市場の自由」の力の弱さについての指摘(「中世に於ける奈良門前市場」)、普通市場から特殊市場への発展という見方(「卸売市場としての淀魚市の発達」)、近世初頭、すでに酒造業が「マニュファクチュア型態成立の条件を熟成させていた」(「中世酒造業の発達」『日本産業発達史の研究』)とする着眼など、小野氏の諸論文の随所にうかがうことができる。

また小野氏が柳田国男《やなぎたくにお》氏の『木綿以前の事』をはじめとする当時の民俗学の研究にも強い関心を持っており（『日本産業発達史の研究』の佐々木銀弥氏「解説」参照）、そこから深く学んでいたことは「草綿花を初めて栽培し、綿花を採取し、糸に紡いで一片の布を織り出す。これは記録に値せざる瑣々たる事実でしかなかった。しかしこの伝えられざる瑣々たる一事実は、遂には英雄のなし得なかった偉大なる改革を我国民の実生活の上に、広くかつ深く及ぼしたのである。しかしそれは徐々と、しかも不断に行われたのである」（「本邦木綿機業成立の過程」『日本産業発達史の研究』）という小野氏の文章によく現われているといえよう。

しかし小野氏は、西欧の中世・近世の社会と日本のそれとを安易に比較する道を排し、民俗学の視座をうけつぎつつも、専ら広範な文献史料の蒐集と、その正確な解釈に基礎づけられた実証的個別研究の道に徹したことは、さきにものべた通りである。その中から、小野氏は、神人、供御人について、また座、市や都市について、その具体的なあり方を通して一般的な特質をとらえることにつとめ、また庶民の日常生活に最も関りの深い紙・酒・木綿の生産の実態をきわめて詳細に追究しつづけたのである。それは間違いなく、日本の社会と人民の生活史を、広く世界の人類史の中に位置づけつつ、奥底深くまでとらえる道に通ずるものがあった。

また小野氏の個別的研究の顕著な特徴の一つは、その対象としたテーマについて、必ずその出発から衰滅にいたるまでの過程を追究しようとしている点にある。例えば北野麴座を対象とすれば、まず北野社の神人全体の中での西京神人をとらえ、西京の地理的位置を明らかにしたのちに主題に入り、座の消滅するまでをのべ、淀魚市をとりあげれば、淀津の位置づけから塩流通の背景をなす塩業にまで筆を及ぼした上で、魚市の実態を解明し、その衰退にいたる、という姿勢は、小野氏のすべての論文に一貫している。

それは小野氏がこれらの個々のテーマを、決して孤立した問題としてとどめるのではなく、つねに古代から近世、現代にいたる歴史の中に置き、社会全体と当時の諸制度との関連でとらえようとしていたことをよく物語っており、おのずとそこから一方では塩の生産過程のような問題、他方では造酒司酒麴役や昆布干鮭公事など、副次的ながら重要な問題が派生し、小野氏はそうした問題についてもできうる限りの解明の努力を惜しんでいないのである。

また、もう一つの小野氏の研究の特徴は、用語、言葉の一つ一つについて、おろそかにすることなく、やはり可能な限りその意味を追究している点に求められる。さきにふれた「札狩」をはじめ「シタミ」「船」「宰領（メノト）」等々、目立たぬところで小野氏は多くの注目すべき指摘をしており、その表に現れた成果の一つが「呉綿考」（『日本産業発達史の研究』）であった。

しかも小野氏はこれらの問題の追究に当って、結論を出すことにはきわめて慎重かつ禁欲的であり、未だ解決しえない問題はそれとして今後に残すとともに、自らの研究の新たな発展によって誤りと判明した自説を明確に修正する姿勢を終始堅持している。自らが明らかにしえたことと、未だに明らかにしえていないことを、つねにはっきりと区別しつつ研究を進めることは、学問の根本といってよかろうが、小野氏の研究はその範といってよかろう。

まさしく小野氏の学問は、すでに『日本産業発達史の研究』の書評者がいう通り「正統的歴史学の尤《（ママ）》も純粋なる姿」を示すものであり、小野氏を近代歴史学の正統にして最良の歴史家の一人といっても、決して過言ではないと私は思う。

森末義彰氏が「小野君の歩いてきた道を憶ふ」（『歴史地理』七九—五）と題する追悼文において痛惜しているように、三十九歳の短い生涯でこれほどの仕事を達成した小野氏に、もしもあと十年、二十年の天寿が与えられたならば、歴史学界の状況を大きく変えうる研究が出現していたことは疑いないといってよい。

自らの実生活の中に

このような学風を持つ小野氏が、当時なお生硬さから脱し切っていなかったマルクス主義史学と自らを明確に区別していたことは、十分に推測できる。また逆に、すでに小野氏の死去されるころには学界に跳梁《ちょうりょう》するにいたっていた「皇国史観」流の主張と、小野氏の学問とが全く異質であったことは、佐々木氏が「解説」（前掲）でふれている通り、明らかである。そして「昭和六年九月歩兵第十聯隊召集中起草」と末尾に記された本書冒頭の論文に、また頑健と森末氏が折紙をつけた小野氏の生命を奪った病自体に、戦争が色濃い影を落していることも間違いない。

しかし、こうしたすぐれた学者であった小野氏が、一面では誇り高き「陸軍歩兵少尉」として、森末氏がのべているように、太平洋戦争の開戦を「厳粛に」うけとめ、「文化的思想的東亜共栄圏の確立、保持」のため「出来得る限り平明な文體に高遠な思想学術を盛」り、「国語をいつくしみはぐくむ」必要を強調していたことも、われわれは決して見逃すべきではなかろう。真摯《しんし》でひたむきであればあるほど、さきにふれたような「国民の実生活」に根ざした学問を追求する小野氏はこうした方向に進んでいくことになったのである。

もとよりこれは小野氏個人の問題ではない。小野氏をとらえてはなさなかった「陥穽《かんせい》」には、多くのすぐれた歴史家も陥ったのであり、そこには日本の近代歴史学自体の負う深刻な問題が伏在しているといわなくてはならない。そして現代に生きるわれわれにとっても、それは決して他人事、過去のこととしてすますことのできぬ問題なのである。

小野氏の研究成果をうけつぎ、提示されたままになっている多くの未解決の問題をわれわれの手で解決し、その学問を根幹とし大樹にまで育てあげることが、後進の肩に課された課題であるのはいうまでもない。しかしそれとともに、われわれは自らの実生活の中に小野氏をとらえたこの「陥穽」に二度と陥ることのないだけの強靭《きょうじん》かつ確固たる学問と思想を鍛えあげるための努力を、一日も怠ってはならぬ、と私は思う。そしてそれこそが、多くの思いを残したままに世を去った小野氏の無念さに、真に応える道なのではなかろうか。

Ⅲ　史料を読む

東寺百合文書と中世史研究

一　研究の源泉

東寺百合文書との出会い

「東寺百合文書《とうじひゃくごうもんじょ》」は、私が日本史、中世史の勉強を志して以来、五十年間にわたって研究を支えてくれた史料群です。新しく何かを勉強をしようとするとき、つねに、そのきっかけを与えてくれたのがこの文書群でした。

大学入学以前から古文書などに多少関心を持っておりましたが、そのころは「東寺百合文書」のことを「ユリ文書」と読むのだと思っておりました。大学に入学して先輩に「ユリ文書」とはどういうものかと聞くと、「何をばかなことを言っているのだ」と笑われ、そのときに「ヒャクゴウ文書」と読むと知ったのが、この文書との最初の出会いでした。

大学に入学した年に、史料編纂《へんさん》所の国史研究室に行き、「東寺百合文書」を出そうとしたのですが、出し方がわからない。そんな私に閲覧の仕方を教えて下さり、古文書の読み方を教えてくださったのは、藤原彰さんでした。藤原さんは現代史家として著名ですが、当時は中世史をやろうとしていらっしゃったのです。藤原さんは石母田《いしもだ》正《しょう》さんの『中世的世界の形成』に感動して中世史を勉強しようとしておられたので、早くから中世の古文書をお読みになっており、「東寺百合文書」についても教えていただきました。また、お亡くなりになってしまいましたが、安田元久さんや歌川学さんなどと影写本で古文書の勉強会をしたことも思い出されます。

大学時代は、寶月圭吾《ほうげつけいご》先生の演習で古文書を勉強していたのですが、そこでも「東寺百合文書」と巡り合った思い出があります。

一九四八年（昭和二十三）、私が大学二年の時に寶月先生が、京都の山城《やましろ》国久世荘《くぜのしょう》の現地調査をなさるというので、永原慶二さん、稲垣泰彦さん、杉山博さん、小沢圭介さん、のちに日本常民文化研究所でお世話になる宇野脩平《しゅうへい》さんらと一緒に私もお供することになりました。

折からの食料難で、私はガツガツしておりましたから、「久世荘には荘園《しょうえん》のころから茄子《なす》がある、久世荘の茄子は美味《おい》しい」と稲垣さんに言われて、茄子の味噌《みそ》汁を飲むのを楽しみに、あちこち歩き回り、地籍図を写したりしたことを、今では懐かしく思い出します。このとき被差別部落の古文書調査にうかがい、そのお宅で寶月先生や皆さんと一緒に古文書を拝見しました。関東生まれの私が被差別部落に出会ったのは、このときが初めてでした。こうして、いろいろな意味で「東寺百合文書」との関わりを持ってきたのです。

こうして私は、「東寺百合文書」の中でも最も多くの関連文書を含んでおります若《わか》狭《さ》国太良荘《たらのしょう》を卒業論文としました。この論文は思い出すのも恥ずかしい観念的なものですが、その後、一九五三年夏頃から、史料を当時の言葉の意味を理解しながら正確に読解し、事実に即して歴史を考えるという、当然の努力を始めるようになりました。そのとき最初に系統的に読んだ史料が、「東寺百合文書」の中の大和《やまと》国平野殿荘《ひらのどののしょう》の関係史料でした。この時は、故池永二郎さんや、現在もお元気で活躍しておられる福田栄次郎さん、小泉宜右《よしあき》さん、今江廣道《ひろみち》さんらと一緒に、一点一点平野殿荘の文書を読み、文書を厳密に読む経験をはじめてしました。

私は晩学でありまして、高等学校の教諭をしておりました一九五五年ごろから、授業終了後に暇を見つけては、史料編纂所に通い、本格的に「東寺百合文書」の若狭国太良荘の関係文書を改めて筆写し直して勉強していました。その頃、私の前の席で同じように太良荘の史料を筆写しておられた若い方が、ついこの間まで京都大学教授で、現在は大谷《おおたに》大学教授の大山喬平《きょうへい》さんでした。

その後も私は、あちこちの東寺領荘園について勉強し、徐々に東寺の寺院組織の研究へと入っていきました。一時期は「百合文書」をはじめ「東寺文書」のすべてを筆写して勉強しようと思っていました。しかし一九六七年、私が名古屋大学に赴任したころ、「百合文書」を京都府立総合資料館が引き取られることになると聞き、その現状を間接にうかがってみたところ何千通という新発見の文書が出現したことを知りました。しかも、その中に荘園関係の検注帳や散用状が多く含まれていると聞いて、その多さに愕然《がくぜん》とするとともに、公開までの長い時間を考え、東寺の研究を正面からするのはあきらめざるを得ませんでした。やむなく方向転換し、荘園・公領の国別研究や非農業民の研究を始めたわけです。

しかし、そうして始めた鋳物師《いもじ》の研究に即しても、やはり「東寺百合文書」の中に関係史料がありますし、また、『日本塩業大系』の編纂に関連してはじめた、中世塩業の研究の原点ともいうべき伊予国《いよ》弓削島荘《ゆげしまのしょう》もまた、東寺領荘園であり、やはり「東寺百合文書」を調べることから始めることになります。当時は複写機が未発達ですから、鉛筆で書いた筆写本なのですが、それを何回も引っぱり出してきて、読み直すと、いろいろなことを新しく思いつくのです。ですからいつも、「東寺百合文書」に立ち返って勉強してきたわけで、私にとって非常に懐かしい史料群なのです。

近代における中世史研究の変遷

前置きはさておき、最初に、明治時代以降の中世史研究と、「東寺百合文書」とがどういう関わりを持ってきたかについてお話したいと思います。「百合文書」を史料として進められた研究は、出発点から政治権力者、支配者に関わりがあるテーマの研究ではなかったようです。これは「百合文書」という文書の性格そのものにも深い関わりがあると思います。どちらかと言うと社会や経済はもちろん、実際の人々の生活そのものに目を向けることのできる史料ということができると思います。もちろん、政治史の研究にも重要な史料がたくさんありますが、大まかにいって社会経済史の研究に最適な史料群といえるでしょう。

最初にこの文書を使って本格的に中世社会を論じられたのは、中田薫《なかだかおる》さんだと思います。一九〇六年（明治三十九）に発表された「王朝時代の庄園に関する研究」という大論文は、荘園史に関する最も著名な論文の一つで、現在、『法制史論集』第二巻（岩波書店）に収録されています。これは、荘園を研究対象にした初めての本格的な論文と言っても過言ではなく、近代歴史学の中での荘園研究の出発点となった、言わば記念碑的な意味を持つ論文だと思います。

これはすでに、東京大学史料編纂所の影写本を利用して書かれていますが、まだ影写が完了していなかったためか、それだけではなく、江戸時代、寛政年間に松平定信《まつだいらさだのぶ》が筆写をさせた「東寺百合古文書」、通称「白河本」と呼ばれている文書（現在は国会図書館にあります）を、中田さんはかなり多く使っておられます。私は中田さんがこの白河本を使われていることを大変興味深く思うのです。

白河本の中には、『教王護国寺文書《きょうおうごこくじもんじょ》』や先述した新発見文書の一部が含まれています。つまり、明治時代に入って史料編纂所が、「東寺百合文書」の調査をした際に調査し残したものを、白河本は筆写していたのです。ですから白河本は「百合文書」がすべて紹介されるようになるまでは大変重要な写本であったわけです。

中田さんは、これらの文書をはじめ多くの文書を駆使し、初めて荘園とは何かという問題を追究しておられます。西欧の荘園、中世法との比較を通して、日本の社会に即して荘園、中世法の研究を展開された点が、日本の近代史学史において記念碑的な意味を持つ論文だと高く評価されたわけです。

その後、史料編纂所の影写本が完成するとともに、京都大学に片仮名の函《はこ》の部の影写本が整えられました。それを用いて本格的に東寺領荘園の研究を進められたのが京都大学出身の清水三男さんです。最近、岩波文庫から『日本中世の村落』という清水さんの著書が、大山喬平さんと馬田《うまた》綾子《あやこ》さんの解説で刊行されております。

清水さんは、一九三二年（昭和七）から一九三七年（昭和十二）にかけて、『大日本古文書』の『東寺文書』をも用い、この片仮名の函の「東寺百合文書」の影写本を駆使されて、若狭国太良荘、播磨《はりま》国矢野荘《やののしょう》、丹波《たんば》国大山荘《おおやまのしょう》、山城国拝師荘《はやしのしょう》、さらに塩の荘園、伊予国弓削島荘といった東寺領荘園についての小論文を発表しておられます。

後に、『中世荘園の基礎構造』という形でまとめられましたが、「東寺百合文書」を駆使して個別荘園の研究をされた先駆者といえるでしょう。興味深いのは、すでにこの時点で、弓削島荘の塩の問題を取り上げられ、「荘園が自給自足であるというのは誤りだ、塩の交易は荘園に当初から深く関わりを持っていた」と強調されたことです。また、「室町時代における東寺境内と商人」という論文を書かれ、荘園を単に田畠のみで構成されるヨーロッパ的な大土地所有とは違うという点について、早くから着目をしておられたのが、これによってよくわかります。

ところが、清水さんは一九三八年に官憲によって逮捕されます。京都大学出身者を中心に展開されていた『世界文化』という雑誌の刊行を中心とした運動に関わりを持ったという理由で逮捕され、しばらく牢獄《ろうごく》につながれたのです。このことは、清水さんを理解する上で非常に重大なことだと思うのです。なぜかと言いますと、出所後の清水さんの仕事が、それ以前と明瞭《めいりょう》に色彩が変わってきたからです。

以前と同様に「東寺百合文書」をはじめとする多くの文書を用いて、中世の荘園を研究されていましたが、そのころの論文のなかで、以前に自らの書いた論文を厳しく自己批判され、反省をしておられるのです。

例えば、逮捕後の一九四三年に書かれた「中世後期における丹波国大山荘の生活」という論文では、十年前に自分の書いた大山荘に関わる論文について厳しく反省をしておられます。清水さんはそこで「かつての私の小論は、そのとき序言にも断つた如く封建社会の構造一般を描くのを目的とし、大山荘はその材料を借りた」に過ぎないと書かれています。そして「大山荘の荘民の生活そのものを理解することを目標にしなかつた」と、はっきり反省をしておられるのです。

そうした反省の上で、「瑣末な史料まで之を明らめるのでなければ、真に全体を把握することができない」と言われ、「史料を単にある自己の抱懐する見解の表現形式として利用すると考えて取り扱ふのでは、真の観察には達しないこと当然である」という注目すべき発言をしておられますが、そうした研究姿勢を保持しつつ、清水さんは『日本中世の村落』に結実する研究をあらためて進められたわけです。この著書が本当に個性的な清水さんの研究であり、優れた書であることは、大山さん、馬田さんが書いている通りです。

しかしながら、決して見落としてはならないことは、清水さんが、一九四三年(昭和十八)に中学生を対象にした『ぼくらの歴史教室』という本を刊行しておられる事実です。この本は情熱をこめて、しかも清水さんらしく、民俗学から海の商人、倭寇《わこう》の問題にまで焦点を当て、その研究のうんちくを傾けながら歴史の面白さ、大切さを若者たちにも説いています。しかし同時に、清水さんはその本の中で日本の「国体」に対する自信、「天照大神《あまてらすおおみかみ》の御力」による「日本国民のあるべき姿」を若者たちに説いてやまなかったのです。清水さんのような人が、このような本を真剣かつ真面目に書いたという事実は歴史を学ぶ者の直視しなくてはならない点であり、そこに日本の歴史そのものの持つ重大な問題が潜んでいると私は考えます。

まさしく、そうした清水さんが、一方では、本当の意味で人間の生活そのものを理解することを目標にしなければならない、どんな瑣末《さまつ》な史料でも大切にしなくてはならない、ということを強調して、大山さんや馬田さんが強調しておられるような優れた書物『日本中世の村落』をまとめられているわけで、そこに非常に難しい問題が潜んでいると私は考えます。そしてここから目を逸《そ》らしていたのでは、今後の歴史学のあるべき姿を、我々は本当につかむことはできないと思うのです。さて一方、一九四二年には東京の竹内理三《りぞう》さんが『寺領荘園の研究』を刊行されました。その中には「変質期寺領荘園の構造—東寺領について」という大作が収められています。

これは最初の包括的な東寺領荘園の研究といってよいと思います。竹内さんは史料編纂所の影写本を全面的に駆使されて、東寺による末寺支配、寺領荘園の増加していく経緯を明らかにされています。

前期を宣陽門院《せんようもんいん》と菩《ぼ》提院行遍《だいいんぎょうへん》との関わり、中期を後宇多《ごうだ》法皇・後醍醐《ごだいご》天皇の寄進による荘園の増加、後期を室町幕府による寄進の歴史とに分け、東寺領荘園をすべて網羅されています。そして個々の荘園の内部構造にまで立ち入って研究をされたのです。

これは戦前における実証的な社会経済史研究の最も優れた成果と言っても差し支えないと思います。

しかし、それと並行して石母田正さんが、戦後に発刊される『中世的世界の形成』の研究を進めておられます。この著書が「東大寺文書《とうだいじもんじょ》」を史料として使い、伊賀《いが》国黒田荘《くろだのしょう》の歴史という形でまとめられたことは周知の通りです。

石母田さんは、この著書を竹内さんの筆写史料によったとしておられますが、これは間接的なことだったようです。しかし竹内さんは、この石母田さんの本を読んで、大変強烈な衝撃を受けたといわれています。そして以後、史料を人々が誰でも見られる状態に刊行することを自分の生涯の仕事にする、と決心をなさったとご自分で告白しておられます。そしてその結実が、最近完成した『鎌倉遺文』で、まさしく文字通り不朽の偉業を達成されたわけで、これは石母田さんの著書とは別の方向での大きな成果だと思います。

しかし当時の若者は、石母田さんの仕事に魅了され、みな中世史研究に携わろうと思ったものです。先に述べた藤原彰さんまでがこの時点では中世史を研究する決心を固めておられたのです。

こうして永原慶二さんは、「東寺百合文書」を使って山城国久世荘の研究を発表され、稲垣泰彦さんは若狭国太良荘の研究をされています。また、杉山博さんは、備中《びっちゅう》国新見荘《にいみのしょう》の研究をされるなど、戦後歴史学の第一期の荘園研究は、まさしく石母田さんの『中世的世界の形成』の刺激を受け、それを継承する形でおこなわれました。同時期に京都では柴田實《みのる》先生の編による『庄園村落の構造』という本が一九五五年に刊行されています。現在では求めがたい稀少な本になっていますが、その中には宮川満《みつる》さんが矢野荘、黒田俊雄さんと井ヶ田良治《いげたりょうじ》さんが若狭国太良荘《きしょう》、そして高尾一彦さんが備中国新見荘についての研究をなさって、その成果を収められています。さらに、竹田聴洲《ちょうしゅう》さんの「丹波国和知荘《わちのしょう》における地頭家とその氏神祭りの変遷」という民俗学的な論文も収載されており、そこに京都大学らしい特色がうかがえますが、とくにこの本の末尾に矢野荘と太良荘の文書目録が添付されてあり、私はこの目録には、言葉では言い尽くしがたいほどのお世話になりました。今、私の持っている目録の部分は真っ黒になっています。もちろんこの本に収められた論文は、現地の調査を踏まえた丹念な研究であり、東京での永原・稲垣・杉山さんたちのお仕事と並行した、京都の戦後歴史学第一期の荘園史研究の大きな成果といっていいと思います。

しかし、一九五五年以降、戦後の歴史学が第二期に入り、「東寺百合文書」そのものを基礎にした個別荘園研究はやや低迷してきます。領主制論をめぐる議論、これに対する批判、権門体制論という新しい問題提起など、その後の中世史に対する理解を大きく規定し、動かしていくさまざまな議論が展開されました。

一方で、一九六〇—七〇年代は人民闘争、農民闘争がしきりに強調され、中世国家についての議論も活発に行われました。私はこの議論からは完全に落ちこぼれており、当時は史料編纂所で文書をコツコツ筆写するという時期を過ごしていたのです。

もちろん大山喬平さんは、筆写された太良荘の史料等を通じて、この議論にさっそうと加わっておられましたが、私はぼつぼつと自分の考えをまとめ、わけがわからないと批判されながらいくつかの研究ノートを発表するにとどまっておりました。

しかしその頃、上島有《うえじまたもつ》さんが、「東寺百合文書」を基盤に大きな成果を着々と積み重ねておられました。その結実が『京郊庄園村落の研究』で、これは上《かみ》久世荘の最大の研究成果ですが、こうした研究を背景に京都府立総合資料館における「東寺百合文書」の整理を、上島さんがリードして行われることになっていくわけです。

私は、一九五三年夏以後、若い頃に行った太良荘の勉強をまったく新しくやり直して、一九六六年に太良荘の個別研究をなんとかまとめあげました。しかし、この時期は「東寺百合文書」を含む東寺領荘園の研究は、歴史学の主流からは外れていたといってもよいと思います。

そうした状況の中で、「東寺百合文書」の京都府立総合資料館による整理が本格的に開始されるに伴い、「百合文書」に即した古文書学的な研究をはじめ、東寺及び東寺領荘園の基礎的な研究が活発に進められるようになっていきます。上島さんはもとより、黒川直則さん、富田正弘さん、橋本初子さんなどの方々が研究を推進され、中世史研究の水準は飛躍的に上っていくのです。

私自身も、東寺領荘園の研究について一冊の本をまとめましたが、これが、落ちこぼれ状態でやってきた勉強のまとめです。しかしここ三年間ぐらい、東寺文書研究会という若い溌剌《はつらつ》とした研究者がたくさん加わった研究会が開かれるようになり、研究がますます発展していることはまことに慶賀にたえません。

このように「東寺百合文書」は、単に荘園の研究だけではなく、寺院のあり方、政治史、仏教史、思想史、社会史にまでおよぶ中世社会全般の研究の永遠に尽きることのない源泉になり続けていくことは疑いありません。まさに玉手箱であり、この文書から何が出てくるか、まったく予想もつかないほどに未知の魅力を秘めた史料群と言っても過言ではないでしょう。

二　荘園の研究

文書の選択と保存

さて、「東寺百合文書」を用いて行われてきた研究として最も顕著なものは、荘園の研究です。もちろん「東大寺文書」や「高野山文書《こうやさんもんじょ》」についても荘園の研究は行われていますが、「東寺百合文書」は、荘園の実態をとらえることを可能にする史料が豊富に含まれているのです。その意味で「東寺百合文書」を使った研究が、まず荘園に着目し、実際に荘園で生きた人々に目を向けたのは自然の成り行きだったと思います。

しかし、それを本当に正確にとらえるためには、「東寺百合文書」がどのような経緯で伝来し、現在に至っているのか、現在まで保管し続けた東寺の僧侶《そうりょ》の集会組織のあり方など、荘園を管理した人々の実態を徹底的に認識しなければ、本当の意味で荘園に生きる人々の姿は、浮かび上がってこないのではないかと思います。なぜなら、現在まで残っている文書、中世文書はかなり意識的に選択されて文書が保存されてきたものです。ですから、どういう方式で、またどういう意識で保存されてきたのかをはっきりとつかんでおかないと、文書の意味、その位置づけを理解することができないと思うのです。

もちろん荘園のことだけではなく、「東寺百合文書」の中には戦国時代や京都の政治情勢を知る上での貴重な史料もたくさん見られます。しかも年号のない欠年文書が多数含まれており、これを綿密に研究することによって荘園についてのみならず、今後、戦国時代から近世までを展望する文書の整理、研究が行われていくことは間違いないと思いますが、ここでは最近、私が関心を持っていることにひきつけて、「東寺百合文書」を意識して注意深く読むと、これまでの固定概念を覆す事実を見つけることができるという事例をお話します。

桑、養蚕、絹の生産

『日本塩業大系』古代・中世編第一巻は、弓削島荘の関係史料を活字にしたもので、弓削島荘は塩の荘園として有名ですが、ここでは桑に注目してください（史料1）。弓削島荘については、文治四年（一一八八）に、田地と畠地《はたち》が詳細に検注され、目録がつくられております。しかし、同時期に桑が三百七十三本検注されていることに関わる問題について、これまで私は充分に目を向けてきませんでした。

しかも、桑三百七十三本に対して「已大木當定也」とありますが、桑は木の大きさに即して一般的に大・中・小を区別し、本別に検注されていました。弓削島荘の桑は検注で「大」に定められており、一本に対して一籠《かご》の塩が賦課《ふか》されています。この下は「加例六九十一籠」とあり、これも読み方はよくわかりませんが（西山克《まさる》さんの御教示によると、これは六寸、九寸、十一寸の籠の縦横深さを示していると見られる）、これが桑に対する賦課、「桑代《くわしろ》」でした。

史料2に「無足桑代」とあることからもわかりますが、桑には桑代という賦課が行われたのです。桑ですから桑代には当然、絹か糸か綿が徴収されるのが普通だと考え

（端裏書）「あきの公御房時桑目祿（録）」

弓削御庄

注進　文治五年桑検注目録帳事

合

桑参佰柒拾参本 已大木當定也

代塩三百七十三籠 加例六九十一籠

右、桑検注目録注進状如件

文治五年四月　日

下司平（花押）

御使僧（花押）

史料1　弓削島荘文治五年桑検注目録（と函3号）

（端裏書）
「弓削嶋」
伊与國弓削嶋百姓四郎太郎延永謹言上
欲殊垂御哀憐、蒙無足御免除、全分際所課、重國・友貞兩名御年貢塩事
件条、重國名桑本、友貞名塩釜、共以合期之昔、有御撿住（注）、被定塩員數畢、然塩屋荒廢
七八年、桑本枯失五六年、其間任往古員數、云領家御塩、云地頭過役（課）、致無足弁事、其
積幾千万哉、於今者、微力忽盡、安住難構、可然者、殊垂御憐愍、無足桑代以下御年貢
塩、蒙御免除、可全現在所課之由被仰下者、随則地頭過役（課）可被免除者哉者、弥仰善政之
貴、增盡奉公之忠矣、仍不堪無足之役、恐〻言上如件

史料2　弓削島荘百姓延永申状（折紙）（と函23号）

ますが、この弓削島荘では桑代として塩を一本別に一籠、賦課されているということがわかるのです。

ここであらためて注意しておきたいのは桑についてです。桑は、律令《りつりょう》制の時代から国家も注目しており、必ず本数を調べていました。上戸は三百根、中戸は二百根、下戸でも百根の桑を栽培せよという命令が下っており、相当数の桑が国家の命で栽培されていました。もちろん、国家成立以前から桑は栽植されていたのですが、国家がそれを当初、強力に管理していたのです。

八一七年（弘仁《こうにん》八）の太政官符《だじょうかんぷ》によると、伊勢《いせ》国多気《たき》郡の桑は十三万六千五百三十二本もありました。約十四万本もの桑が植えられて、国家に掌握されていたのです。これまでは蚕を飼ってとれる糸から織る絹織物は贅沢《ぜいたく》品であり、絹は都に調として貢納するために百姓が生産していたもので、つまり百姓の生活とは無関係の贅沢品ととらえられていたのです。しかし、これだけの本数の桑からとれる絹を、百姓が貢納のためだけにつくっていたとは到底考えられません。

そして西陣のような高級織物は男性が織っていますが、一般的には養蚕と桑の採取に従事し、絹織物を織っていたのは百姓の女性でした。女性がすべて養蚕関係の仕事をしていたことがわかってきたのです。

このように考えて史料をあらためて調べてみると、弓削島荘では、十四世紀初頭の小百姓が、絹の小袖《こそで》を六着持っています。また、十四世紀前半には、百姓が絹を市庭《いちば》で売買していたこともわかります。これは十三世紀以前にまで遡《さかのぼ》ると思います。つまり、早い時期から百姓の女性も晴れ着として、絹の小袖を着て出掛けることがあったに相違ないと考えられます。『一遍聖絵《いっぺんひじりえ》』を見ても、市庭に集まっている女性たちは、たぶん絹ではないかと思う衣装で描かれています。このように百姓の女性による桑、養蚕、絹の生産は十四世紀まで百姓の生活に大きな意味を持っており、おそらく室町、江戸時代を通して日本社会の中で大きな意味を持ち続けていたということができると思います。

このような角度から中世史の史料を見ますと、弓削島荘の桑の検注の史料だけでなく、たくさん桑に関係する史料が出てきます。しかし、田畠の史料に比べて桑、養蚕の史料は、はるかに少ないと言わなくてはなりません。「東寺百合文書」を見ても、桑に関する文書は田畠関係の文書と比べるとごく少なく、弓削島荘や新見荘、太良荘などの関係文書に若干出ている程度です。

しかし、桑には先ほど述べましたように本別に桑代が賦課されており、桑代には絹と糸と綿が多いのは当然ですが、時には弓削島荘の塩のように、桑代として、本来、桑から生産されるものでないものが、徴収されることもあったのです。

紀伊《きい》国に阿氐河荘《あてがわのしょう》という荘園があります。「ミミヲキリ、ハナヲソギ」という地頭の乱暴があったので有名な荘園ですが、この荘園の年貢は絹です。山の中の荘園で、地頭の乱暴のきっかけは材木の問題でしたが、たくさん桑が植えられ、約千七百本の桑が検注されています。その桑代として、材木が賦課されていたようで、「桑代一支」という形で、桑に対して材木の賦課が行われていました。そのほか、桑からとれるはずのない麻や苧《からむし》の布が、桑代になっているケースもあります。

つまり、基本的に桑には、絹や綿や糸など養蚕によって得られるものが桑代として賦課されるのですが、中世の租税の賦課形態は決して単純ではなく、弓削島荘の場合は塩、紀伊国阿氏河荘の場合は材木と絹とを交易して桑代としたように、その地域の特産物を賦課するのが一般的だったことを桑の場合にも確認できます。これも「東寺百合文書」を勉強していく過程で気づいたことです。

中世の年貢は決して米だけではないのです。全体から見ると米は少数で、比較的米年貢の多い瀬戸内海辺りの荘園・公領でも、三分の一足らずの比率しか米年貢の荘園はありません。瀬戸内海の場合は塩や材木・榑《くれ》などを年貢として賦課している荘園が非常に多く、新見荘の吉野村では鉄が年貢にされています。尾《お》張《わり》、美《み》濃《の》以東の東国の荘園、公領の年貢はほとんど絹、布なのです。

ただ、田地に絹が賦課されていますから、私たちは年貢が米だと思い込んでいましたが、田地に鉄が賦課されているところもあり、要するに、田地でとれた米をその地域で百姓が生産している特産物の塩や鉄と交換しそれを年貢として出しているということなのです。それは桑代についても同様であることが、これで確認できたのは一つの収穫でした。それをはっきり確認させてくれたのが、弓削島荘の史料だったのです。

女性の役割

この桑の問題から考えるべきことがもう一つあります。それは、女性の役割についてです。最近、養蚕は縄文時代から始まったという説もあるようですが、それはともかく、確実にそれの始まった弥生《やよい》時代以降で、養蚕を行っていたのは女性と考えられます。養蚕がほとんど行われなくなった現代にいたるまで、養蚕は基本的に女性の仕事だったといえます。そして女性は、糸をとり、綿をとり、絹を織り、自分でそれらを市場に持っていって売買していました。小袖商人や綿商人はみな女性です。

田端泰子さんも、女性の商人について書いておられますが、男は外へ行っていろいろなものをとってきます。海に出て魚をとり、山へ行って炭を焼き薪をとってくるのです。しかし、それらを市場で売るのは女性の役目です。とくに織物の場合は、最初からそのすべての生産工程を自ら担った生産物を、女性は自分で市場へ持って行き、お金に換えているわけです。そのお金を女は男にそう簡単に渡さないだろうと思います。ですから十六世紀、ルイス・フロイスが日本では妻が夫に高利で金を貸すといっているのは本当だと思います。

このように、私は動産についての女性の権利は意外に強かったと思います。たしかに、公的な分野や租税のかかる土地財産については女性は排除されていました。しかし、私的な世界、動産については、女性は江戸時代にも強い権利を持っていたと思います。このようなことを考えるきっかけを与えてくれ、大きな手掛かりとなったのが、やはり「東寺百合文書」なのです。

そのほかにもう一つ、漆にも注目してみてください。

新見荘は漆が大変有名な産地で、その西方（領家方）には漆の名寄帳があります。漆については越中《えっちゅう》国石黒荘《いしぐろのしょう》に関する関東下知状に漆在家が出てくるのですが、漆の検注帳が残っている例は、ごくわずかしかありません。ですからこのようにはっきりした形で、検注が行われている新見荘のような例は珍しいのです。しかも、一本について一勺一才五厘の漆が百姓から徴収されていたことまでが、はっきり記されており、百姓が漆をとっていたことがわかります。その源流は古代にあり、漆も桑と同じように検注されています（史料3）。

律令国家は、国ごとに桑漆帳という帳簿を作り、桑と漆の本数を掌握しており、漆についても本数が検注されていました。

これまでは漆も贅沢品と考えられており、渡来人などの高度な職能民による生産と

(端裏書)
「(文永)□□十一年漆名寄」
漆一本ニ勺一才五リ(厘)
備中国新見御庄
注進　文永十一年西方漆名寄事
合
分漆二升二合六勺三才
百八十一本内 百卌一本　包安
　　　　　　 卌本正　　成沢
分漆二升九合五勺
二百卌六本　延房名
(中　略)
分五勺
四本　延守
分二合五勺
廿本　正守
都合漆木三千伍百八十九本
分漆　四斗四升八合六勺二才五りん
但、五勺五才過
右、略注進如件、
建治元年七月廿七日

史料3　新見荘西方漆名寄帳（さ函2号）

見られていたのですが、職人などはいるはずのない三内丸山《さんないまるやま》で驚くべく大量の漆器が出たのは、やはり大きなショックでした。「百姓」、ふつうの人民が漆を使って木器をつくっていたと考えざるを得ません。

もちろん中世にも塗師《ぬし》、轆轤師《ろくろ》などの職人もいましたが、新見荘の例でも明らかなように百姓が漆を掻《か》いているのです。伯耆国《ほうき》の三徳山《みとくさん》領温井別所では、合子という木製の蓋物《ふたもの》を年貢にしており、田地一反別に五十枚もの合子を納めています。百姓が漆を生産しているとすれば、日常雑器として漆器を百姓がつくっていた蓋然性《がいぜんせい》が大きいのです。

一方、先ほど述べた阿氏河荘の建久四年の検注帳を見ると、ここでも漆が検注されており、桑が千九百八十本、漆は三十二本検注されています。このように漆の木の検注は、中世の社会では広く行われており、百姓自身が漆を掻き、漆の現物を年貢として納めていたのです。

阿氏河荘では、このように田畠の検注だけではなく、桑、漆のほかに、柿も栗も検注されているのです。柿は古い時代より、果実としてだけでなく、柿渋を採取するなど需要が大きく、生活の中で大変重要な意味を持っていたと思います。しかし柿の研究は、まだ全く未解明の分野ではないでしょうか。これはこれまでの偏《かたよ》った見方のためで、天皇家、摂関家、伊勢神宮も早くから柿御園《みその》という柿の果樹園を確保しています。

私は田畠の研究を目の敵にしていると、多くの歴史家から大変叱られておりますが、決してそんなつもりはありません。人は穀物だけで生きているのではない。家も建て衣類も作り、魚をとり、果実を採取し、さまざまな手工業に携わり、生産物を売り、貸借しながら生活しているのだということを言っているだけなのです。

最近、百姓の女性が絹織物をやり、古代から桑を扱って養蚕をやっていたことについて論文（「日本中世の桑と養蚕」『歴史と民俗』十四号）を書いてみました。百姓の生業の中で農業と養蚕は古くからはっきり区別されており、農業は農夫、養蚕は蚕婦なのです。ですから百姓は農民で農業だけをやっていると思っていると、養蚕を見落としてしまいます。そして養蚕を見落とすということは、女性の社会的活動を切り落とすことになるのです。*

多様な百姓の生活

女性の繊維産業の分野での労働、生産物の販売についての研究は、古代から中世にかけてはほとんどなされていません。これは大変な偏りだと思います。しかし「東寺百合文書」自体にも、そうなっていく原因があるのかもしれません。年貢は田畠に賦課され、土地財産は、証拠書類をきちんと残さなければなりません。ですから「東寺百合文書」の中には、土地財産関係の文書が圧倒的に多いわけです。しかし、女性が桑を扱って養蚕をしていた史料は、残念ながら見つけることはできませんでした。『鎌倉遺文』の中でも、私が見つけられた養蚕と女性の関係を明確に示す文書は、たったの四通に過ぎません。それぐらい比率が少ないのです。三万点の文書の中でたった四、五点しかないのです。

同じような意味で柿も漆も重要だと思います。柿は現在でもいろいろ役立っていますが、当時の支配者も漆や桑と同じくそれを決して見落としていなかったのです。ちゃんと検注して税金を取っています。

同じように栗も大事でした。栗も実検されていますが、おもしろいことに林として面積が必ず検注帳に表示してあります。漆と柿と桑は本数、大小を検注しているのですが、栗の場合は、必ず林として面積が検注されました。これが栗の大きな特徴です。矢野荘の場合は貞和《じょうわ》二年（一三四六）四月の目録に、三町一反四十代という栗林が、検注されています。そして生栗・搗栗《かちぐり》が地子として賦課されているのです（史料4）。

しかし、栗林を何に使うかを考えてみますと、どうも栗の果実を採るためだけではないと思うのです。例えば、建築用材に使うために、意識的に栽培したものとも考えられます。これも三内丸山ショックの一つです。縄文時代から栗が栽培されていたということを聞いて、私はハタと思い当たり、栗に関する史料を集めてみました。調べ

（端裏書）
「矢野田畠検注目録　貞和元」

注進
東寺御領播磨国矢野庄西御方貞和元年田畠実検注幷斗代目録事
合
（中略）
都合　麦・大豆・粟・喬麦肆拾捌石陸升三合六勺
一粟林　三町壱段卌代　分粟参石捌斗壱升六合内
生粟壱石九斗捌合
搗栗壱石九斗捌合
（北）
一比山分　田畠　壱町弐段　分銭壱貫伍佰文
右、太略注進、如件、
貞和弐年四月　日

（脇田昌範）
田所（花押）
（藤原清胤）
公文（花押）
（成円）
政所代（花押）
検使（花押）
（真祐）
上御使（花押）

史料４　矢野荘西方田畠実検注幷斗代目録（ま函３号（２））

てみると結構たくさんありましたが、その中にこういう史料がありました。
『三代実録』の貞観《じょうがん》八年（八六六）正月二十日条に、常陸《ひたち》国鹿島《かしま》神宮の二十年に一度の遷宮に使われる材木は、かつては茨城県北方の那珂《なか》川の上流から木を伐採して、鹿島神宮まで曳《ひ》いてきていたのです。しかし、これだと手間がかかるというので、神宮のそばの空き地に五千七百本の栗の木を植え、さらに杉を三十四本（恐らく三十四万本）植えて造林していきます。中世の栗林も全く同じで、百姓の家の建材にも使われたと思います。

こうした史料からも解るように、百姓の生活は、非常に多様だったのです。「東寺百合文書」の中には、まだまだ見落とされたことがたくさんあります。細かいところに目を向けて、一字一字をおろそかにせずに読んでいくとまだまだいろいろなことがたくさん解明されるのではないかと思います。

例えば、太良荘の史料5の百姓等申状の一行目に「麦、ソモト云物付来之間」とありますが、この「ソモ」という言葉が長年わかりませんでした。ところが、この若いころの疑問を頭にとどめておいて史料を見ているうちに、いくつかの史料に気づいたのです。これは『ことばの文化史　中世3』（平凡社）で触れておきましたが、正安二年（一三〇〇）、熱田《あつた》宮領の百姓たちの申状に、「麦にそふハり候て損亡」するとあります。また延元元年（一三三六）五月の、美濃国茜部荘《あかなべのしょう》の百姓の申状に、「そふ入

太良御庄地頭方百姓等謹申

右当作麦損失事、不レ限二当御庄一当国平均事也、麦云物《ソモト》付来之間、作表□令二朽
損一間、百姓之歎不二勝計一也、以二作麦一遂二農業一条、諸国皆以例也、然当年不
思儀如レ此令二損亡一条、前代未聞ノ事也、非二百姓等歎計一也、寺家御損申而有
余者哉、申所若御不審在レ之者、於二守護御代官方一有二御尋一之日、不レ可レ有二其
隠一、彼御領皆以同前為二御損亡一条眼前也、所詮為二御一見一ソモ麦進上仕者也、
然早被レ差二下御検見御使一、任二実正之旨一、蒙二御成敗一、為レ成二安堵思一、恐言上如
件

延文六年(マヽ)四月　日

史料5　太良荘地頭方百姓等申状（ハ函54号）

りて候て、大麦、小麦皆損失仕候」とあり、「そふ」と「ソモ」は同じではないかと思ったのです。つまり、これらの史料は共通して麦に関係しているので、ソフ、ソモは麦を枯らす病気ではないかと思ったのです。文書史料としては、三点しか見つけていませんが、民俗資料にも麦につくソフという病気があるようです。このように長年文書を読んでいるうちに気づいたことをもう一つあげてみますと、若狭国太良荘地頭方田地百姓名寄帳にでてくる「尻高」についてで、ここには栗林があったり、炭木、藁代と書いてありますから、これは平地でなく高いところだと思います。

また尻高名は、鋳物師が名主になっており、ここの百姓は田地を持っていません。ごくわずかな屋敷と畠《はたけ》だけを保障されていたのです。問題の一つは尻高という地名があちこちにあることです。越後《えちご》、加賀《かが》、上野《こうずけ》、豊前《ぶぜん》に尻高という地名があります。これは地図などには出てこない小さい地名で、越後は佐藤進一さんに、加賀は加藤昇さんに教えていただいたのですが、これは何かの地形を示しており、おそらく山と言うほど大きなものではなく、尻《しり》のような小高い丘陵なのではないかと思います。

ただ尻高の百姓は、太良荘の中でも特異な百姓で、私は非農業を主な生業とする百姓ではないかと思います。田畠を持たない人々、農業生産力の低いところは、「貧しい」と私たちは考えがちです。しかし田や畠がごくわずかしかない尻高の百姓が果たして貧しかったかというと、これはおおいに疑問です。そういう場所はむしろ都市的で、農業以外の生業で、富を蓄積している人々の集落であることが広く見られるからです。田畠が少ないと貧しいとみるのは私たちの全く間違った思い込みであり、こうした思い込みを捨てて、史料に即して事実を正確にとらえる必要があると思います。田畠に関わる史料は確かに圧倒的に量が多いのですが、それが生きた生活の中での田畠の比重を示しているわけではけっしてないことをよく知っておく必要があります。

史料学の立場

どのような理由と経緯で、文書が作成され伝来してきたかを徹底的に追究し明らかにしておくことが、史料を真に生かす道であり、史料学の基本はここにあります。史料学の立場に立てば天皇の宸翰《しんかん》も、一片の断簡も同じ価値を持つ史料であり、まさしく一点たりともおろそかにすることなく、きちんと整理する地道な作業を通じて、初めて大きな発見ができると思うのです。

このように、まだまだこの「東寺百合文書」にはわからないことがたくさんあります。それを一つひとつ解明していけば、文書の断片からも玉手箱のようにたくさんの宝物がその中から現れることは間違いないでしょう。何となくわかったように思ってしまうのではなく、わかったこととわからないことを明確にした上で、わからない問題を追究し、文書を深く読解することが、私たち文献史学を勉強するものの使命であろうと思います。

文字史料は、それ自身に限界があることは間違いありません。人が文字を書くのは特別の時間なのですし、文字で表現できるものも限界があります。ですから、当然、考古学や民俗学などの他分野の学問と相互協力して研究を進める必要があります。しかし、その協力関係が本当に実りある成果を生むためには、それぞれの学問が自らの基礎となっている資料について徹底的にその特質をとらえておく必要があります。文献史学の立場からは文献史料を徹底して大切にし、それを通じて他分野の学問との接点を広げていくことが重要だと思います。

国宝指定を契機にして、「東寺百合文書」に対する関心がさらに高まり、必ずや優れた研究が多く生まれるものと確信しております。

＊拙著『女性の社会的地位再考』（神奈川大学評論ブックレット1、御茶の水書房、一九九九年）でも、この点については詳述した。

Ⅳ 日本常民文化研究所

VI　日本古典文学研究所

戦後の日本常民文化研究所と文書整理

はじめに

今日はお忙しいところをお集まりいただいて、たいへん恐縮しております。私ももう老人になりましたし、いつサリンにぶつかって死ぬかわからないような時代（笑い）にもなりましたので、知っていることはなるべく早めに多くの方々にお伝えしておいたほうがよいと考えて、相変らず老人の繰り言をくどくどいうとか、発言する資格もないのに勝手なことをいうなどのご批判もいろいろありましょうが、しばらく時間をいただきたいと思います。

ただ、こういう話をすることにした理由は一つや二つではありません。少し大袈裟《おおげさ》にいいますと、敗戦後の日本常民文化研究所がやった仕事は、おそらく一九四五年から一九五〇年代の混乱をともなったある種の解放感のなかでなければ、たぶん絶対に行われることはなかったであろうと思われます。その意味で研究所が漁村の古文書《こもんじょ》の蒐集《しゅうしゅう》・整理という事業を、多くの失敗を伴いながら、ともあれやったという事実を、敗戦後五十年という現時点に立ってもう一度総括しておくこと、これはこれからの歴史学、史料学の発展のために多少とも意味があるのではないかと考えます。

しかし、それは大きな視野に立った話で、細かくいいますと、私はこの仕事の後始末をすることを主たる目的にして、神奈川大学に赴任したわけですが、それから十五年間、短期大学部に長い間籍を置かせていただきながら、研究所とそれに関係されたみなさん方のお力を借りて、どうやらさきの目的に至る道の大きな山は越えたという見通しを持つことができました。

そこで、いろいろご批判をいただきましたけれども、三月（一九九五年）に短大を辞職したのですが、もう少し仕事をやれというお話がありましたので特任教授にさせていただき、まさしく隠居のような立場であと三年だけ仕事をすることになりました。そうした隠居、「年寄りの愚痴」と思って聞いていただければよろしいのですが、私自身がこの大学に来て何をやってきたか、また何ができなかったか、今後に残された問題はどこにあるかということを、戦後の研究所の事業の出発以来の流れのなかにおいて報告して、いろいろなご批判をいただいておくことは、これからの研究所の古文書整理の仕事が進められる上に、多少のご参考にはなるのではないかと思いました。

またご承知のとおり四月（一九九五年）から中央水産研究所で新しい体制ができて、月島分室時代の仕事の継続ともいうべき史料整理が始まっておりますが、それにも何かのお役に立ちはしないかと思いましたので、こういう機会をつくっていただくことにしたのです。

ただ、細かい問題についてふれておきますと、いま中央水産研究所にある水産庁資料館関係の公文書、つまり資料館が一九五五年（昭和三十）ごろにできたのですが、それ以来の経過を示す公文書を閲覧してみました。また、日本常民文化研究所が三田から神奈川大学に移ってきたときに、財団時代の研究所にかかわるさまざまな記録・文書を大量に引きとっており、それが現在この大学の研究室に保管されていますが、その検討もいまぼつぼつ始めています。こういう仕事を通して、これからまだまだ重大な事実、新しい問題がこれらの史料に則してさらにたくさん出てくると思います。その意味で、今日の私のお話はおもに、もはやボケ老人、アルツハイマーに近くなった私自身の記憶にもとづいた概略ですから、誤りもありましょうし、今後まだまだ明らかにされなくてはならない問題はたくさんあると思います。

また巨視的な問題についても、敗戦前までふくめて、水産資料の蒐集・整理の仕事、渋沢敬三さんの『豆州内浦漁民史料《ずしゅううちうら》』に集約される仕事のプラス面と、問題点とを総括してみる必要があります。日本常民文化研究所だけでなく、史料の蒐集・編纂《へんさん》事業の全体を古文書学、史料学の観点に立って学問的に考えてみる必要があると思います。

ただ、これらの問題はすべて今後の問題で、決して簡単に片づく問題ではありません。その意味で今日の話はあくまで中間報告にすぎないわけで、このボケ老人の「繰り言」を後で何かのかたちで生かしていただければ、少しは安心してあの世に行けるという程度の思いでやっているということを最初にご承知いただきたいと思います。

一 漁村資料の蒐集・整理事業の発足

まずはじめに、敗戦後の日本常民文化研究所月島分室の位置づけと実態について簡単に申し上げておきます。この年表［資料1（本書では省略）］は岩田みゆきさんが中央水産研究所の資料も利用してつくってくださったものですが、それに白水智《しろうずさとし》さんや私が気がついたことを入れて修正したもので、これからの話の参考にしていただきたいと思います。また借用証をふくむ一連の資料［資料2―5（章末参照）］は、中央水産研究所の資料整理の仕事のスタートになる会合で、私が水産庁や中央水産研究所の関係者に状況の報告をしたときに使ったもので、これもこの仕事についての話の参考にしていただきたいと思っています。それから「漁業制度資料の調査保存について」［資料6（章末参照）］は、月島分室の出した十巻ほどの『漁業制度資料目録』の末尾につけられているもので、これが、これからお話しする資料蒐集事業の出発点となった文書です。

また、付けたりとして私が『宇野脩平先生追悼録』（一九七一年）に書いた宇野さんを追悼する文章を加えておきました（本書では省略）。これは神奈川大学に来る十年ぐらい前に書いたもので、そのころからいつかは名古屋大学をはなれてどこかに行かなくてはならないと思っていたことを書いております。それから「戦後の〝戦争犯罪〟」（岩波新書『戦後を語る』）というごく最近書いた私の文章（本書に収録）、もう一つの「国立史料館の構想と日本常民文化研究所」［資料7（本書では省略）］は『渋沢敬三先生景仰録』（東洋大学、一九六五年）の中に宇野脩平《しゅうへい》さんが書かれた渋沢さんの追悼の文章で、宇野さんの立場から見た史料館、日本常民文化研究所のあり方についての意見を知ることができます。宇野さんについては、さきほどの『宇野脩平先生追悼録』がその人柄を知る上では資料になりうると思います。

まず、敗戦後の日本常民文化研究所が推進した、漁業制度改革にかかわる漁村古文書の蒐集・整理事業についてふれたいと思います。ご承知のように、戦後の農地改革に並行して漁業制度改革が行われますが、この蒐集・整理事業はそれをきっかけにして、全国の漁村に残されている古文書を調査・蒐集し、これを整理・保存・出版するという計画であり、いまから考えますと、壮大というべきか、あるいは無謀、誇大妄想というべきか、大きな問題がそこにあり、まさしく戦後でなくては考えられない計画だったと思います。とにかくたいへん壮大な計画であったことはまちがいないといえましょう。

この仕事が正式に始まったのは、一九四九年十月でした。後でもふれますが、宇野さんはそれ以前からこれに関連した活動をしておられたので、実質はもう少し早いのですが、形式的にはこの時点に、水産庁資料整備委員会が登場します。これは、文書の借用証の署名にも出てきますし、「漁業制度資料の調査保存について」にも出てくる委員会で、水産庁長官を委員長として正式に発足したことになっています。それが第一回の会合を開いたのが一九四九年九月であることはまちがいないのですが、後でもふれますけれども、この委員会は実態がよくわからない委員会で、一回開かれただけで、解散するまでその後一度も開かれなかったのではないかと推測されます。

しかし委員会の中には保存部会があり、その事務を掌握したのが宇野脩平さんなのです。もちろん水産庁の役人ではない宇野脩平さんが、この水産庁資料整備委員会の保存部会の事務を受け持つかたちになった理由は、このときの漁村資料の整理・保存の事業を日本常民文化研究所が水産庁から委託予算を受けて行うことが、この時点で定まっていたからだと思います。その予算の額は六年間で三千万円と聞いています。もしそれが本当なら年間五百万円ということになり、相当の額になります。戦後一九四九年の五百万円は現在なら、億の単位になると思います。

確かに私の月給は五千円ぐらいだったのですが、そうした若い常勤の研究員が最大十二から十三人、事務職員が二人から三人ぐらいいたわけですから、正確な額は関係資料によってはっきりさせたいと思いますが、相当巨額な予算を委託されたことは確かです。

資料6の「漁業制度資料の調査保存について」の終わりのほうに「今回の漁業制度調査保存事業には、同研究所の漁業制度資料収集委員会があたる」となっております。そこに「この委員会はひろく各界の専門家を加えて」とあるように、たくさんの著名な学者が並んでいますが、この漁業制度資料収集委員会の委員長が宇野脩平さんであり、その委員長であるが故に宇野さんが、水産庁資料整備委員会の保存部会の事務を掌握するというかたちになっているわけです。

ですから、この委員会が水産庁と日本常民文化研究所の二つの機関を媒介する役割を果たす組織になっています。そして、この水産庁資料整備委員会の保存部会および漁業制度資料収集委員会の事務局が、東京月島の国立東海区水産研究所（現在は金沢《かなざわ》八景の中央水産研究所になっています）の中に置かれることになり、日本常民文化研究所月島分室と通称されて、宇野氏を中心に資料の蒐集にあたったわけです。

資料を見ていただくとわかりますが、当初、水産庁から研究所への委託予算は一九四九年から五二年までの四年間になっていますが、実際には五四年まで継続しましたので、六年間ということになります。「漁業制度資料の調査保存について」の「事業の目的」によって明らかだと思いますが、この仕事は的確な漁業制度改革を行うための前提とされています。そのためには当然、漁村の歴史および漁業制度を正確に理解する必要があり、単に敗戦当時の漁村を理解するというだけではなく、古く歴史を振り返ってこれを深く理解しなくてはならないわけで、この事業はそのための基礎になる資料をできるだけ全面的に蒐集・整理・保存し、今後の研究に役立てるとともに、当面の漁業制度改革を誤りなく進めることを目標にかかげています。

確かに、敗戦前から行われていた日本資本主義論争、講座派と労農派の間の論争を通じて農村、農業について研究は積み重ねられていました。この両派とも、はたして本当に正確に日本の農村を理解していたかどうか、私は現状では疑問だと思いますけれど、ともかく農村についてはかなりの研究の蓄積があったことはまちがいないと思います。ところが、それに比べて漁業、漁村の研究は、渋沢敬三さんの日本常民文化研究所の水産史研究室、あるいは羽原又吉《はばらゆうきち》さんの開拓的な仕事を除くと、見るべきものがほとんどないというのが敗戦前の研究の状況だったわけです。

そうした状況のなかで、このような壮大な目標をかかげて仕事を始めるということは、必要なことであったというだけでなく、画期的なことだったことはいうまでもありません。現在でもなお、同じことをいわなくてはならないのが実状だと、私は考えています。同様のことが山村に即してもいえるわけですが、この目的を本当に実現するためには想像を絶する労力と時間とを必要とすることはまちがいありません。にもかかわらず、この文章はそれを当然のごとく主張しており、もっとも基礎的な仕事として、資料の全面的蒐集とその整理・保存を行うと主張しています。さらにそれは、単に漁業、漁村の範囲を超えて、日本歴史の本当の姿を明らかにする役割をも担うともいっており、終わりに近いところで、その保存機関として国立史料館の設立をめざすという雄大な構想と目標を、この時点でかかげているわけです。

この文章を書いたのは、いうまでもなく宇野脩平さんですけれども、なかなか昂揚《こうよう》した文章であることがおわかりいただけると思います。実際、功罪は別として、この事業そのものに宇野さんが主要な役割を果したことはまちがいないわけで、この仕事を考えるためには、宇野さんという人物について、理解をしておく必要がどうしても出てきます。そこで、少し脇道にそれますが、宇野さんについて少しお話しておきたいと思います。それはまた、私がなぜこの仕事をやるようになったかということにもつながってくることになります。

二　宇野脩平氏について

宇野脩平さんは、一九一三年（大正二）に和歌山県の粉河《こかわ》の大きな造酢業の家で生まれました。「酢家のナカボン」といわれていたそうですが、秀才の誉れが高かったようです。実際、大変頭が切れる方だと思いますけれども、一九三一年に一高に入学します。その当時の同級生には丸山真男、堀米庸三《ほりごめようぞう》、猪野謙二、寺田透《とおる》、杉浦明平《みんぺい》、塙作楽《はなわさくら》、明石博隆という錚々《そうそう》たるメンバーがいたわけですが、その翌年、宇野さんは一年上級の伊藤律氏（共産党の幹部で最近亡くなりました。この方も宇野氏の同窓です）や戸谷敏之氏（すぐれた近世史家で、のちにやはり日本常民文化研究所の所員になりますが、フィリッピンで戦死されました）とともに左翼運動に入り、当時、一高に組織された共産青年同盟（共青といいます）のキャップになったと聞いています。伊藤律氏よりもむしろ宇野さんのほうが、一高の運動のなかでは地位が高かったとも聞いたことがあります。ところが、その十一月に宇野さんは逮捕されて、翌一九三三年に一高を除籍されます。退学ではなく放校処分を受けたわけです。それから一九三四年まで獄につながれておりまして、病を負うとともに、上申書を書いて転向を誓って刑務所から出てくることになります。

このときの上申書は日本常民文化研究所が神奈川大学に引きとられることがほぼきまって、山口徹さんと田島佳也《よしや》さんとご一緒に宇野家に保管されている文書を探したときに、宇野家の倉庫から出てきました。私はコピーをいただいて、原本はお返ししておきましたが、この上申書について宇野さんは、こういうものは絶対に書くものではないと、一九五〇年、最初に宇野さんと佐渡《さど》に調査に行ったとき、私に話してくれたことがあります。非常に深刻な意味を持っていたことがよくわかりますが、宇野さんはそれを書いて、一九三四年に牢屋《ろうや》を出るわけです。それから紀州《きしゅう》の郷里でしばらく静養をしていたのですが、そこで若一王子《にゃくいちおうじ》という神社の黒箱を発見し、その宮座の氏子帳を調査しています。大分、後になって宇野さんはこの氏子帳を紹介・報告されますけれど、それを最初に発見されたのはこの時点のようです。

こうして宇野さんは一九三六年に東洋大学に入学します。旧制高校と同じ、予科から入るのですが、そこにたまたま非常勤講師に来ていた羽原又吉さんと知り合いになります。また南方熊楠《みなかたくまぐす》はこのころまだ元気だったわけで、一九三七年ごろには宇野さんは南方熊楠からも教えを受けています。宇野家には熊楠からの書簡があるいはあるのではないかと思いますが、これは研究所にひきとった宇野家の資料を詳しく調べてみないとわかりません。やがて、宇野さんは一九四〇年に、東洋大学の国文学科を卒業します。

宇野さんは「『平家物語』にあらわれたる奇蹟《きせき》の研究――中世神秘思想試論――」というテーマの卒業論文を書いていますが、直ちに竜門社《りゅうもんしゃ》（渋沢栄一《えいいち》の伝記資料編纂会）に入るわけです。そこで、労農派の論客として著名で、渋沢敬三さんと第二高等学校で同級生の土屋喬雄《たかお》さんの指導を受け、土屋さんの渋沢さん宛の推薦で一九四二年に日本常民文化研究所の水産史研究室にも勤務することになります。この時点で渋沢さんと宇野さんは接触をすることになるのですが、ちょうど研究所は『日本水産史』の編纂をやっておりましたから、宇野さんは古代・中世の水産史を担当することになっています。

ところが一九四三年に宇野さんは召集され満州《まんしゅう》に行き、四五年の敗戦後、シベリアに抑留されます。このときの抑留期間に宇野さんは鉄道建設、森林伐採などの作業に従事していますが、日本語を知る将校を知り、電話手となったのだそうです。このとき宇野さんはこのロシアの将校といろいろ話をしたようで、この漁村資料蒐集の事業の発想、国立史料館の構想とも関係してきますが、ソビエトの古文書館（アルヒーフ）のあり方について、宇野さんは抑留時代にそれなりの知識を身につけていたようであります。私自身、研究所に入ったばかりの若いころ、宇野さんからソ連のアルヒーフについて情熱的な話を聞いた思い出があります。日本にも絶対こういうものをつくらなくてはだめだということを、私にたいへんに熱心に話してくれた記憶がありますけれども、これは抑留時代に知ったことだと思うのです。

宇野さんはわりあい早く一九四七年に復員され、四八年には郷里の紀州から上京されて、水産庁の外郭団体として設けられていた水産研究会という機関の研究員になります。この会も、月島分室の仕事と密接な関係を持っており、東海区水産研究所に部屋を持っていた機関ですが、宇野さんはこの会の研究員になります。また一方では、近世庶民史料調査特別委員会の委員にもなるので、一九四九年の借用証には宇野さんはこの肩書を使っています。さらに四九年には、日本常民文化研究所を財団法人とするための用意が進んでおり、宇野さんはその評議員になっています。このころから、水産庁とのかかわりを持ち始め、小沼勇《いさむ》さんや久宗高さん、岡伯明《のりあき》さんなどの当時の水産庁の革新官僚ともいうべき人たちを説得しまして、この漁業制度資料の蒐集の計画を進めて、この年、一九四九年十月からこの仕事が発足することになります。これはさきほどいったとおりです。

この間に――ちょっと余談でありますが――私は宇野さんと出会うことになります。別の機会にも書いたことがありますが（拙稿「戦後歴史学の五十年」『列島の文化史』10、日本エディタースクール出版部、一九九六年。本書に収録）、私の大学時代の先生である寶月圭吾《ほうげつけいご》先生が一九四八年（昭和二十三）八月に、山城《やましろ》国の東寺《とうじ》領上久世荘《かみくぜのしょう》という著名な荘園の現地調査をなさったのです。これはおそらく、戦前はもちろん、戦後の荘園の現地調査の最初の試みだと思いますけれども、その調査には永原慶二さん、稲垣泰彦さん、杉山博さん、それに小沢圭介さん（最近お亡くなりになりましたが、歴史教育者協議会でずっと活躍しておられた方です）が加わられたのですが、なぜか私も呼び出されて、ご一緒に調査に行ったのです。

ところが、その調査に宇野さんが途中の車中から同行されました。宇野さんは寶月さんと庶民史料の委員会で知り合われたのでしょうが、そこからずっとご一緒に一週間ぐらい上久世荘で調査をやったわけです。一九四八年ですから、食糧はまったく不足しており、ただただ腹がへった覚えだけが残っているような調査で、やった仕事は地籍図をトレーシング・ペーパーでもっぱら写したという印象が強いのですけれども、そのなかで一つ、非常に印象が強烈だったのは、宇野さんが被差別部落の文書の調査を提唱されて、寶月さんがそれを積極的に受けとめられ、全員で上久世荘の南の被差別部落に行ったことでした。別の機会にもふれましたが、そのとき、寶月さんは被差別部落の庄屋だろうと思われる家にのぼられて、出されたお菓子やお茶を平気で飲んでおられたのです。私はそのときにはなにも気がつかなかったどころか腹がへっていたので、そこにあったお菓子をさかんに食べた覚えがあるのです。近世文書も出てきました。その文書を宇野さんが見て、私にもいろいろ教えてくださいました。

しかし宿に帰ってから宇野さんが、「網野さん、今日のこの調査はたいへんなことだったのですよ」とおっしゃるわけです。私はなんのことだかさっぱりわかりませんでした。そのころ私は被差別部落について、ほとんど知識を持っていなかったのです。『破戒』を読んだ程度だったのですが、そのとき初めて、宇野さんから被差別部落について、いろいろ教えてもらいました。私の被差別部落の最初の体験はこのときでした。

寳月さんはここで被差別部落の文書を一生懸命に解読している宇野さんの情熱に心を打たれたと書いておられますが、宇野さんはそういう一面を持った人物でもありました。実際、この寳月さんの話、被差別部落に入って、お茶とお菓子を東大の先生が食べ、飲んで、文書を調べて帰って行ったという話が、後々までこの辺の地域の伝説になったと聞いていますが、その意味を私は宇野さんから初めて教えられたわけなのです。

三　月島分室の発足

宇野さんはこういう経歴の方で、先程の月島分室の仕事を始められたのは三十六歳のときでした。壮大なアルヒーフ、文書館の建設をめざし、漁村史料の研究をとおして日本歴史の書き直しを行おうとする宇野さんの理想は、少なくとも言葉のかぎりでは、たいへんなものだということはいえると思うのです。しかし、その仕事の出発点は、まことに小さなもので、月島の東海区水産研究所の狭い一室だったのです。

その仕事に一九四九年の最初から加わっておりましたのは、宇野脩平さん、藤木喜《き》久麿《くま》さん（敗戦前から渋沢敬三さんによって見出《みいだ》され、竜門社で仕事をしてこられた方で、その後もずっと日本常民文化研究所にかかわりのあったお年寄ですが、非常に文書のよくお読めになれる方でしたから、私どもはみなこの方から近世文書を習ったのです)、中沢真知子(現在、網野真知子)、加藤三代子さん(現在、五味三代子さん)のたったの四人でした。そこに江田豊さんが少し遅れて加わられて、小さな部屋で仕事が始まっていました。壮大な理想をかかげつつ、まことに小規模なボロボロの状態からの出発だったと思います。

翌年、一九五〇年、五味克夫《よしお》さん(鹿児島大学で長く教授をやられて退職をなさっています)、それに二野瓶《にのへい》徳夫さんが四月から加わられます。二野瓶さんものちに、ご説明するまでもない数少ない漁業史の研究者の一人になられます。私は三月三十日まで就職の道がなかったので、どうしようもないため寶月さんのお宅にうかがって「どこか職はないでしょうか」とお願いしたところ、「宇野君のところへ行ったらどうか」というお話になりました。「もうおそいのでダメかもしれないけれども……」といわれたのですが、「確か君は、あの上久世荘の調査の時、宇野さんを知ってるから、もしかしたら採ってくれるかもしれない」と寶月さんはおっしゃって、名刺を一枚書いて下さったのです。それを持って三十一日に月島に行って宇野さんに会ったのですが、宇野さんが意外にあっさりと「じゃ、明日からいらっしゃい」といってくれたのです。そこで、四月一日から月島に行くことになりました。このようにまことに怪しげなかたちで就職をしたわけです。ですから五〇年の四月には宇野さんをふくめて八人になりました。

さらにこの年少し遅れて、速水融《はやみあきら》さんが見えました。速水さんが歴史人口学の大家になられたことはご承知の通りで、最近学士院賞をとった人です。それから井上幸子さんも一九五一年から勤めはじめられました。この方は鈴木八司《はちし》さんという有名な考古学者の夫人になった方です。それからこの年には萩原宜之《よしゆき》氏も加わります。この方はアジア経済研究所に長くおられて、いま独協大学で教えておられます。それから中地昶平氏。彼は上原専禄《せんろく》さんの教え子ですが、この中地さんは後にかなり重大な役割を月島の研究所で果たされたと思います。やめられてから最近まで和歌山の新宮《しんぐう》の高校の先生をしておられたときいています。これに事務の方が畑山（内山）つね子さん、一岡京子さん、大野喜美子さんの三人がおられたわけで、最盛期のときの月島分室には十五人ぐらいの常勤者がいたと思います。それから週二、三回、服部一馬さんも見えました。服部さんは今も横浜市大の先生をしておられます。それに阿部善雄さんも東大の史料編纂所にいて、勤務されながらときどき見えました。阿部さんももうお亡くなりになりましたが、大石慎三郎さん、菊浦重雄さん、長光徳和さんも出入りしていました。これに、しばらく遅れて一九五一年以降に河岡武春《かわおかたけはる》さんが常勤として加わられます。あと、事務の方でも轟英男さんと坂本浩之さんという男性の方がおられました。

この程度のこぢんまりとしたメンバーではありますが、常勤の研究員が十人前後、事務が二、三人ということは、たいへんなことだともいえると思います。また、常任委員のなかに宮本常一《つねいち》さん、桜田勝徳さん、竹内利美《としみ》さん、楫西光速《かじにしみつはや》さんのお名前がありますが、この方々もしばしば研究所に出入りをされました。宮本さんは文書の採訪もやっておられますし、桜田さんは所長として、一九五一年からは常勤になられたと思います。やがて、研究室として東海区水産研究所の部屋を三室、最盛期は四室も借りるようになりました。そのうちの一室はすべて、後でふれる、借りてきた古文書でいっぱいになっていたという状態だったわけです。月島分室ではこういうスタッフが仕事をしていました。

四　月島分室での仕事

さて、それでは、そこでどういう仕事をやっていたのかをご説明いたします。この月島分室には、東大農学部にあった祭魚洞文庫《さいぎょどう》（渋沢敬三氏が収集した図書）の水産関係図書が、移管されてきました。祭魚洞文庫については、宇野さんの回想録にかなり詳しく書いてありますが、古文書をふくむ大部分は文部省史料館に行くわけです。

しかし、そのうち水産関係の図書については、日本常民文化研究所月島分室、その仕事の延長としての水産資料館にもらいたいと宇野さんが渋沢さんに強く申し入れられました。

「三十八度線」ということがしばしば宇野さんの回想録に出てきますが、これは、史料館（文部省史料館、その後国文学研究資料館史料館）と日本常民文化研究所の月島分室（この部分は水産庁資料館から現在中央水産研究所に入る）の関係を示す言葉で、祭魚洞文庫はこの二つに分割されたことになります。当時は朝鮮戦争のときであり、越えがたい境としての三十八度線を引いたと渋沢さんは宇野さんにいわれたわけです。こうして祭魚洞文庫のうち、水産関係の文書・絵図などは文部省史料館に行き、書籍（文書も一部混じっていますけれども）は水産関係図書として月島分室に移されたのです。これは、当時の水産庁の研究課長の岡伯明さんが発案されて、渋沢さんに申し入れられて、こういうことになったということです。

さて、そういう図書を参考にしながら、月島分室でわれわれが何をやったかといいますと、まず研究員が一人ずつ、あるいは二、三人がチームを組んで調査に行き、文書を採訪するわけです。当初は予算が豊富ですから、調査はきわめて活発で、月島分室の六年間のうち三年間は十人前後の研究員が全国を駆け回り、文書を借用したわけです。借用証、寄贈受領証のあるものだけで九百九十七件、多少の落ちがありますので千件以上あると思いますが、千箇所以上の家や機関から文書を借りたのです。

いちばんたくさん借りているのは和歌山県。二百四件借りていますが、これは宇野さんが自分の郷里でもあるので、一九五〇年に研究員全員に阿部さん、服部さん、佐藤進一さんを加えて、大規模な調査をしました。次が石川県で百十五件、これは九学会の調査の文書部門を月島分室が請負ったためです。次は茨城県七十一件や三重県七十八件あたりです。いちばんたくさん借りられたのは速水融さんでしょうか。一人で二百件ぐらい借りておられますので、まだ未返却の文書も少し残っています。

こうした文書調査に当たって、これが大事な点だと思うのですけれども、宇野さんは基本的に一点も残さず借りてこいという方針でした。絶対に一部分だけをピックアップをするなというのが採訪にあたって私がしばしば宇野さんからいわれたことでした。この点で宮本常一さんと宇野さんとの間に見解の相違が、当時あったことを私は知っています。宮本さんは宮本さんなりの見通しで、こんなにたくさん借りてきたら処理ができないと考えられていたとも思うのですが、文書の中で必要な分を一部だけ借りたり、ご自分で必要だと思った分だけを写してこられるのです。それが宇野さんはたいへんにご不満で、史料は抜き取りをするものでは決してないのだと、強調していました。

史料に則して見ると、これは宇野さんのほうが正しいと私は思うのですが、それを貫く現実的な見通しはまったく立っていなかったわけで、とんでもない結果になるのですけれども、宇野さんの方針は、虫が食ったものでも、鼠の小便のかかったものでも、全部、借りてこいということで、それに従って調査の採訪が行われたのです。

ですから、いま千件といいましたけれども、かりに一件平均千点としてみても、百万点になる、もしかしたら、それをはるかに超える量の文書をこの仕事で全国から借りてしまったのです。そうして文書を見つけた場合、寄贈してくれそうなら寄贈してもらってくるのですが、そうでなければ借用することになります。借用証のいちばん古いものが、宇野さんの最初に出した借用証で、一九四九年（昭和二十四）に出されたものが残っています［資料2］。これとまったく同じ形式の借用証の入っていた文書を去年、気仙沼《けせんぬま》に行ってお返ししてきました。つまり四十五年ぶりに文書をお返ししてきたのですが、この借用証の借用期間はなんと、三ヵ月（一同笑い）。次の借用証も三ヵ月ぐらいですが、これは返却していると思います。

この形式の借用証をわれわれは文書を借りると書いて置いてきたのですが、これは水産庁資料整備委員会と日本常民文化研究所の連名になっており、水産庁資料整備委員会のところには、朱の角印が据えてありました［資料3］。これにきわめて重大な意味があり、この角印が押されていたことによって、水産庁側ではとんでもないことをしてくれたといっていたことが、その後の中央水産研究所に残っている資料によってわかるのですが、確かにこの角印は当時たいへんに大きな偉力を発揮しました。とにかく水産庁と書いてあるわけですから、漁業者にはたいへんに権威があり、当時の調査員は水産庁の命令で文書を集めているのだと現地では受けとめられていたわけで、これが後になって大問題になるのです。また寄贈の感謝状には、「漁業制度資料としてのみならず、民族のとおとい文化財として水産資料館において永く保存します」という文言が付いています［資料4］。

「民族のとおとい文化財」という表現には、一九五〇年から五五年にかけて、日本共産党が中心になり、アメリカの占領に対し民族の独立を達成しようとする運動を展開しますが、それと無関係ではありません。その運動のなかで、「民族の文化遺産」の保存が強調され、当時アメリカに大量の美術品が流出したことに対する抗議の運動が展開されていましたが、それに関連して宇野さんも『歴史学研究月報』に寄稿しておられます。実際、宇野さん自身、この問題については、さきの運動にある種の共感を持っておられたことはまちがいないと思います。そういう、この寄贈の感謝状にも書かれている文言が不自然なく通った時代だということを知っておいていただきたいと思います。

借用証は所蔵者に一通をわたし、一通は現地に調査に行ったものが保存し、もう一通が研究所に保存されました。ですから、現在は研究所に各人の借用証綴《つづり》が二冊ずつあるのですが、現地の借用証には調査員個人のハンコも押してあるわけで、私の名前と印もずいぶんたくさん各地に残ったことになります。しかも借用期間は長くて一年、短ければ三ヵ月だったのです。これでおわかりいただけるように、宇野さんの方針どおり、基本的に一点も残さず借り、かつ基本的に一点も残さず目録を採って整理するために必要な時間を考えますと、これがまったく目茶苦茶であったことはいうまでもありません。いま考えれば、それはまったく自明ですけれども、この時期は、おそらく宇野さん自身も、そうは計算していなかったと思います。誰一人として、この出発点の段階では、この方針がいかに無謀であるかということに、本当の意味では気がついていなかったと思うのです。

さて、文書を借りて月島分室に戻ってから行った整理は、まず目録を採ることでした。目録用紙に、筆写すべきもの（W）、マイクロフィルムで撮影する予定のもの（M）をわけながら、内容を摘記し、文書の表題を目録に採るという作業をやったわけです。だいたい同じころの庶民史料目録の分類にほぼ従っていますが、特に漁業関係を重視して、漁場、漁業経営などの項目を立てた目録をつくりました。この目録の作成についても、宇野さんは徹底した一点一点の整理を原則としては強調していました。私個人の体験を何べんもお話したのでこれもくり返しになりますが、私は当時、左翼運動に没頭しており、一九五〇年から五三年夏までは、研究所での仕事はさぼり続けておりました。午前中だけ来て、午後には会議だといって帰るというペースで、あちこちに飛び回っていたのですから、まことにけしからん勤めぶりだったと思います。その私に、まず最初に宇野さんが整理を命じた史料は、南京《ナンキン》袋に入ったゴミ屑《くず》同然に私には見えた文書でした（拙稿「古文書の結ぶ縁」『歴史家が語る戦後史と私』吉川弘文館、一九九六年。本書に収録）。

それを廊下をひきずってきて私の机の上にどさっと置いて「これを整理してください」というわけです。一九五〇年四月に研究所に入って早々のことでした。中を見ると、「覚」、「記」など、小さな紙片がいっぱい入っており、当時の私には紙屑に見えました。「これをみな目録を採るのですか」と聞いたのですが、「君はこれを整理してください、すべて一点ずつ目録に採ってください」と宇野さんはいうわけです。私はたいへん不満だったのですけれども、仕方なしにそれをやりはじめました。怠けていたので、ずいぶん時間がかかったと思いますし、実際には点数だけ数えて一括してしまったものも多かったのですが、とにかく一応やり終えました。これは、宇野さんが観念的な左翼だった私に対して強烈なパンチを食らわして、地についた人間にしようという親心だったと思います。後になって、これは私にとってはたいへん貴重な経験だったと思うようになりますが、この点から見ておわかりのように、原則的に一点ずつ整理して、目録に採るというのが基本方針でした。

そうして一応、整理を終えると、漁業史料を中心として文書を外部の筆写のアルバイトに出します。現在、研究所に入っている筆写本で、薄い原稿用紙にカーボン紙を入れて、最初は三通、のちに二通、複写しながら筆写したわけです。目録も同じようにカーボン紙で三通ずつとりました。予算があったときは三通、予算がなくなってからは二通でしたから、筆写本は基本的には二本以上できたことになります。同じものが二冊できることになります。これは原則的に外部の方にアルバイトで筆写をしていただいたのです。絵図は専門の絵描きさんに描いていただきました。

この筆写をした方には、有名な歴史家が非常に多いのです。佐藤進一さん、長倉保《ながくらたもつ》さん、佐々木潤之介さん、岡光男さん、須磨千穎《すまちかい》さん、稲垣敏子さん、能の研究者として有名な戸井田道三さんも筆写しています。坪井洋文《ひろふみ》さんの奥様のお父様、坪井鹿次郎さんなど、この筆写者のリストをつくると、当時のいろいろな人間関係がわかってきます。確か杉浦明平さんも筆写していたと思います。筆写料が多少ともよかったので、アルバイトとしてかなりの数の、また優秀な筆写者を組織できたのです。それが公称三十万枚という厖大《ぼうだい》な筆写本になって現在まで残っているわけです。写真機は研究所が持っており、速水融さんは非常に早くからこういう機器類に強い人で、写真機を使っていろいろ試みていましたけれども、なんといってもフィルムが高いし、焼き付けの費用もかかるため、結局、写真機は宝の持ちぐされで、この時点ではほとんど有効に使えませんでした。ですから、マイクロ（M）と書いてあるところは、ほとんど空欄のままで、丸印があっても、実際には撮影されていないと思います。

さて、筆写が終わり、文書とその筆写本が帰ってきますと、原文との校合をやって、校合を終えたところで作業は終了したことになり、返却します。返却すると、受取証一通がこちらへ戻ってくることになりますが［資料5］、控えは一通、保存してあります。期限通り返せたのはむしろ珍しく、かなり遅れて返している場合が多かったと思います。とにかく、このようにして返却して受取をもらえば終了なのですが、写真機も利用できない状況なので、返却はつぎつぎに遅れざるをえなくなりました。しかも、当初の調査が活発だっただけに、たちまち未返却の文書がどしどし堆積してゆき、借用期間は延長また延長ということにならざるをえませんでした。

しかし宇野さんという人は、腹が座っているというか、図々《ずうずう》しいというか、全然動じた様子を見せないのです。どしどし借りてきなさいというわけで、われわれも二年目ぐらいから「これで大丈夫なのかな」とみな考えはじめたと思うのですが、このころは採訪に行けば、文書の所蔵者はあっさり文書を貸してくれました。本当に文書は紙屑同然に考えられていた時代ですから、旧家に行って「文書はありませんか」とうかがうと「そんなものは蔵のどこかにあるかもしれないけれど、汚いから出すのは面倒だ」とおっしゃる。「それでは私が自分で入らせていただいて、調べさせていただきましょう」ということになって、お蔵に入って捜すと、リンゴ箱に二、三箱は文書が出てきます。そういう経験を私自身もずいぶんしました。「やるから持っていけよ」「いやいや大事なものですから拝借ということにします」「そうか、それじゃまあ適当な借用期間を書いておいてくれ」ということで、借用証を書き、期限も一応一年などと書いて置いてくるわけです。それが返せなくなる。やがては催促が来るということになっていくのです。

五　事業の行き詰まりと月島分室の解体

そういう状況で、さきほどもいいましたように、全国にわたって数百万点の文書が借用、寄贈され、月島分室の一室は全部、文書のつめこまれたリンゴ箱でうずめつくされるという事態になったわけです。一九四九年、五〇年、五一年、五二年までは調査も非常に活発で、研究所の仕事も前向きだったのです。しかし私はこのころはもっとも不誠実な研究員でしたが、五三年に入りますと、予算の打ち切りもなんとなく切迫してきたという感じもしてきましたし、仕事上も矛盾だらけなことが明白になってきました。すべてを採訪して、一点ずつ整理するという方針で仕事をしていたら、矛盾は到底解決できない、仕事は山積するばかりではないか、それからまた整理に追われて自分の勉強がまったくできない。これはどこの研究所でも問題になることだと思いますけれども、研究所の日常の仕事と自分の研究との間の矛盾も出てきました。こうしたさまざまな問題が研究員たちのなかで五三年ごろに表面化します。

それまで研究所の仕事の水産庁への報告の意味で『漁業制度資料目録』をつくってきたのですが（これは明石博隆氏がガリ版でプリントされたものです）、この目録のつくり方自体、方針がきわめて曖昧《あいまい》だという批判が起こり、宇野さんの方針に対するきびしい批判が出てきました。その先頭に立っていたのがさきほど申しました中地祀平さんでした。中地さんは上原専禄さんを尊敬する一橋大学出身の方で、学問的には徹底した良心的な考え方をしていた人だと私は思います。実際、私自身も中地さんの批判によって、自らの観念性をかなりの程度、自覚することができたと思います。もっとも中地氏自身にも、観念的なところがあったとは思いますが、やがて中地さんが主導して、目録刊行の拒否という話が出てきました。それをめぐってこの年の夏に研究所員たち全体の中で「大論争」――激しい議論が行われ、この際、目録刊行を拒否し、宇野さんの方針に一切従うまいという方向をとる人たちと、ともあれ古文書を整理し、目録を出しながら批判してはということを主張したメンバー三人の間の対立となりました。

私ははじめ前者に加担し、途中で後者の立場に立ったのですが、結局、中地さんは辞職し、和歌山に帰ることになってしまいました。論争自体も決着のつかぬままの後味の悪い結果になりますが、客観的にいうと、後者の立場に立った三人は、研究所員全体の中からの落ちこぼれといえるのかもしれません。ただ私自身はこの時点での体験が現在にいたる私の出発点になっています。本当に勉強しはじめたのは、この論争をへてからです。それはともかく、このときの研究員の間の対立、宇野さんに対する研究員の批判が月島分室の終焉《しゅうえん》の仕方を規定したことはまちがいないと思います。この対立は当然、水産庁にも聞こえていたはずですが、宇野さんはこの対立に対して、以前といっこうに変わらない姿勢を少なくとも表面上はとりつづけており、私はわりあいに宇野さんに好意的だったのですが、よくまあ居直っていられるなと思うようなところもありました。

そうした宇野さんの姿勢が水産庁にひびいたのだと思います。最近、中央水産研究所で発見した資料によりますと、水産庁資料整備委員会の角印を使ったことが水産庁で大問題になり、この委員会はいったい何だという話が水産庁で議論され、こんな委員会は廃止してしまえ、今後この委員会の名前で行われた採訪については水産庁はいっさい責任を持たないなどということが、一九五四年十一月に水産庁で議論されていたようです。とすると、水産庁と月島分室とは、事実上このころ決裂状態になりつつあったのだと思います。

ですから予算は、一九五四年一杯で打ち切られます。そのあとは、歴史地図の作成など外部の出版社の仕事を請け負って予算をかせぎ出し、ほそぼそと仕事を続けていたのですが、事実上この年から研究員はそれぞれ別の仕事を求めて四散しはじめることになり、五五年の半ばから月給が三分の一になりました。以後一年間、私自身は失業同然の状態になりますが、一九五六年には研究員たちはだいたいみなどこかで仕事をすることができるようになり、月島分室が分解したわけです。

まず、一九五五年二月、すでに前年に建設を終えていた水産庁資料館——現在の文部省史料館の建物と同じ敷地についこの間まであった水産庁資料館に、まず祭魚洞文庫が移されます。そして、五五年度から水産庁資料館は正式に発足して、研究所の所長だった桜田勝徳さんが館長に就任されることになります。そして、五六年に月島分室の蒐集した古文書のうち寄贈文書と筆写本の一本が水産庁資料館に移管されました。一九九四年に水産庁資料館から中央水産研究所に移管されたこの文書群を今年（一九九五年）の四月から調べはじめたところ、借用文書がかなり混入していたことがぞくぞくと判明しつつあります。また同じときに、借用文書と筆写本の別の一本は当時、宇野さんが助教授として勤めはじめていた東京女子大に移されました。逆にこのなかに、寄贈されるはずの文書が一部混入しているのです。

つまり、このとき、一九五六年当時の借用文書と寄贈文書の分離がまったくずさんだったわけです。これが現在にまで及ぶたいへんな禍根を残してしまうことになりますが、五六年の段階では月島分室に常駐している研究員は誰もいなかったのです。時《とき》国《くに》家文書の出版の仕事をしていた藤木喜久麿さんと事務の若い男性（坂本浩之さん）が一人いただけで、宇野さん自身は東京女子大に事実上仕事を移しており、時々、月島分室に顔を見せる程度だったのだと思います。そうした状況の中で、寄贈文書と借用文書の分離が行われ、移管の仕事が進められてしまったのです。

どうしてこのようなことになったのかについては、いろいろな事情を十分に検討してみる必要がありますが、第一に、最初の目標では、国立の水産庁資料館という機関に、月島分室の研究員の二、三人が入って公務員となり、資料館の仕事として、月島分室の仕事を受け継ぐ予定があったようです。これが宇野さんだけのもくろんでいた方向だったと思うのです。あるいは宇野さん自身が資料館に入る気持ちをお持ちだったのかもしれません。ともかく宇野さんは、少なくとも当初は、巨大なアルヒーフ、つまり壮大な古文書館の建設という夢を持っており、おそらく最後までこの気持ちは持ちつづけていたと思いますが、この目論見《もくろみ》もその一環だったのだと思います。

ところが、さきのような事情で水産庁との関係が悪化した結果、桜田さんだけが館長になって入ることになってしまったのです。桜田さんが日本常民文化研究所の関係者で水産庁資料館に入った唯一の人であり、それ以外に研究者は一人も採用されなかったわけです。水産庁資料館が、それとしての機能をしなかったのは、ここに原因があるわけで、研究者が誰もいなかったのです。

ですから、せっかく寄贈された古文書と筆写本、特に古文書は一応の整理はされていましたが、今年四月にいたるまで、本当の意味のきちんとした整理はついに行われることがなかったといわざるをえません。仮整理は後でもいうように一応やられてはいますけども、そういうまことに残念な状況になってしまったわけです。そのように水産庁との関係が悪化した状況の中で月島分室が解体したために、文書のずさんな分割管理という結果を生み出したことになります。ある機関が崩壊するときは、こういうものかといえましょうし、今も私の記憶の中にはいろいろなことが浮かんでくるのですけれども……。このようにして月島分室の仕事は終わりをつげました。

六 放置された借用文書

ところが、いま述べましたように、借用された文書は東京女子大の倉庫の中にしばらくは眠り続けることになりました。私の記憶にありますのは、講堂の裏の倉庫の巨大な空間にリンゴ箱（木製のリンゴ箱は若い方はご存じないかもしれませんね）がいっぱい山積みになっている状況です。何年かたって、私はそこへ入って、リンゴ箱を動かして文書を探した覚えがあるのですが、たいへんな量だったと思います。

ところが、一九六〇年代に入るころから、県史・市町村史の編纂が活発になり、史料採訪がいたるところで行われるようになります。そのために、編纂委員が旧家に採訪に行くと、文書は水産庁が借りていってしまったという返事がかえってくる。日本常民文化研究所も名前があがっていますが、どこにあるかわからない。しかし水産庁はすぐわかりますから、返却の要求はまず水産庁に行くことになりました。水産庁資料整備委員会の角印が押されていたことの意味は、たいへん重かったわけで、水産庁は次から次へと来る催促への対応に追われることになった時期があったようです。ただ、個人の署名と印鑑も押してありますから、個人のところにも催促が来たのです。

都立北園《きたぞの》高校に勤めていた私のところにも、どうして住所を探りだしたのかわからないのですが、若狭《わかさ》の秦《はた》家からの催促が来たことがあります。大晦日《おおみそか》に、葉書がまいこみました。秦文書という若狭の著名な文書は、結局京大に入ることになったので、そのためだったのだと思うのですけれども、区有文書についての催促が来たのです。

私はそれに関連して宇野さんのところに行き、東京女子大の講堂の倉庫の中で文書を探したことがあるのですが、リンゴ箱が山のごとく積まれていますから、いくら動かしてもわかりませんでした。半日以上探したのですが発見は絶望的だったので、そのころは高校の教師をしていましたから、自由な時間はそれほどとれないので、結局、お詫《わ》びの手紙を出して後日を期することになりました。このように個人のところにまで催促が来たのです。

もちろん宇野さんのところにも来ていたと思いますが、宇野さんはあまり動かなかったようです。水産庁に対する一種の抗議——予算を勝手に切って、水産資料館を無責任な発足のさせ方をしたということに対する抗議の意志が宇野さんの心の中にあったことは事実だと思います。ただ宇野さんは「いまごろ現地などに置いたら文書はなくなってしまいますよ。東京女子大の倉庫は鉄筋なのですから、ここに置いておけば現地より安全ですよ」などとよくいっていました。彼からそういうことを何べんか聞いたことがありますが、確かに、そういうこともあるといえると思いますし、大学の先生で、文書を借りっ放しにした方は、みなそのような言い方をされるものですが、ただ、これはやはり例外的にのみありうることで、基本的には許される姿勢ではないと私はここではっきりと申し上げたいと思います。そのときの宇野さんにとっては、どうにもできない状況の合理化だったのだと思います。

その結果、日本常民文化研究所の信用は、水産庁とともに最低になったことはまちがいありません。京大の小葉田淳《こばたあつし》先生が中心になって若狭の漁村を採訪なさって『若狭漁村史料』を編纂されたことがあります。このときも文書の未返却が問題になり、私は楠瀬勝《くすのせまさる》さんのご依頼を受けて、一生懸命、宇野さんとの間を仲介したのですが、結局、文書は帰りませんでした。ですから、『若狭漁村史料』という史料集の秦文書の末尾の解説には、「区有文書はきわめて重要と考えられるが、昭和二十九年八月調査のときは、東京方面に借出されていた。以後両三度にわたり田烏訪査のとき、区当局に返送方の手配を依頼し、また直接にしばしば東京の借受者と折衝したが、返却されず、ついにここに採録し得なかったことは遺憾である」と記されています。

さきほどの秦家からの私個人へのご催促は多分この動きの中のことでしょうが、日本常民文化研究所、宇野脩平あるいは私の名前が出ていないのは、小葉田先生の武士の情けだと思います。こういう文言は、この場合だけではなくて、あちこちに出ていると思います。実際、能登《のと》で私が聞いたのは「能登に古文書のないのは、上杉謙信と常民文化」あるいは「上杉謙信と水産庁のため」という話で、謙信が古文書を焼きはらい大事なものはみんな持っていったのと、水産庁・常民文化がやってきて古文書を全部持っていったのが、能登に古文書がない理由だということが、ほんとに一種の世間話のようなかたちで広く広がっていたと、私は聞いております。

おおよそ文書については、こういう状況だったのですが、これから調べなければいけないと思っていることは、宇野さん以外の日本常民文化研究所の中心的なメンバーがこの事態にどう対処していたのかということです。昭和三十年代、一九六〇年代の日本常民文化研究所の歴史が、私にはよくわかっていないのです。これから日本常民文化研究所の歴史を、もしきちんと明らかにしようとすれば、一九六〇年代の動きが重要で、現在この神奈川大学に研究所が来ることにつながる動きの源流は、たぶんこの辺まで遡《さかのぼ》る必要があると思うのですが、私にはよくわかっていないのです。

まず、渋沢さんが一九六三年（昭和三十八）に亡くなられるまで、宇野さんと渋沢さんとの関係は決して悪くないと思います。宇野さんは東洋大学が出身校ですから、渋沢さんに東洋大学の理事になってもらうのですが、これによって、奇蹟的に東洋大学が命をふきかえしたと、『渋沢敬三先生景仰録』には書いてあります。だから、こういう本を東洋大学が出したわけで、多分、一九六一年、渋沢さんが理事になったので、銀行関係の融資がうまくいったのだと思いますけれども……。このとき渋沢さんを引っ張りだしたのは宇野さんだと思います。ですから、このころの宇野さんと渋沢さんとの関係は悪くなかったと思います。問題は、渋沢さんが亡くなってから後のこと、河岡武春《かわおかたけはる》さんが研究所のリーダーシップを完全にとるようになるのが、いつからかという問題です。

一九六五年に河岡さんは研究所の評議員になり、一九七一年（昭和四十六）には理事になりますが、この間の時期、つまり渋沢さんが亡くなられた一九六三年から一九六〇年代の終わりころまで、宇野さんと宮本常一さんと河岡さんの三人の間で、誰が日本常民文化研究所を主導するかをめぐって、きびしい競り合いがあったのではないかと、私は推測しています。

この研究所の魅力であると同時に、怖いところは、皆さんがそれぞれに、自分こそは渋沢さんの意志をもっともよく理解していると思いこんでいるところで、宮本さんは宮本さん流に自分こそはこの研究所の精神を、渋沢敬三の考えをもっとも理解していると考えておられるし、宇野さんも宇野さん流の考え方を持っているわけです。河岡さんはもちろん河岡流の常民のイメージがあるわけで、研究所のメンバーの横の関係はよくないのです。特に基本的な問題で、この三者の間で相当きびしい対立があったと思います。私は宇野さん、河岡さんそれぞれから、それぞれに対するきつい批判を聞いていますし、宮本さんは日本常民文化研究所の看板を家へ持って帰るといっておられたという話を聞いていますが、やがて宮本さんは、観文研（観光文化研究所）のほうに力をそそいでいかれるわけです。

ですから、その過渡期には、研究所の本拠が武蔵野美術大学にあったことがありました。宮本さんが武蔵野美大の先生になられ、河岡さんも武蔵野美大で非常勤をやっておられたことがありました。三田のマンションに研究所が移ってきますのは、一九七二年（昭和四十七）ですから、それまで研究所の事務的な仕事は武蔵野美大でやられていたと思うのです。しかしこの時期に、どこで何がやられていたか、研究所の運営は具体的にどのように進められていたかについて、私にはリアルにつかめていません。名古屋におりましたために、よくわからないのです。

この時期については、河岡さんと三田で一緒に仕事をされていた潮田《うしおだ》鉄雄さん、県《あがた》敏夫《としお》さんなどがご存知だと思うので、今後細かく事実をはっきりさせていく必要があると思います。しかし、さきほどの借用し放しにした古文書に対する所蔵者からの返却要求は、一九六〇年代になりますと、だんだんきびしくなってきます。一九六五年ごろから水産庁内部で、このことが大問題になります。特に一九六三年から六四年、社会党の国会議員から返還要求が出て、これが国会の問題になるというところにまでなりましたので、水産庁は火がついたように騒ぎだすわけです。

桜田さんは水産庁資料館の館長を辞められたばかりのころ、水産庁に呼び出されて、いろいろ事情を聞かれているのですが、桜田さんは一方で宇野さんのやったことは、仕事としてたいへんな事業であったことを認めながら、宇野さんが文書を返さないことについては、人格的にも少しおかしいところがあるのではないかとまで水産庁の人に対して答えています。このときの議事録が残っているのでわかるのですが、桜田さんも宇野さんの考えは解しかねていたようです。もっとも桜田さんはこの事業の実態について必ずしも詳しくはご存じないので、返答にもちょっと的のはずれたところもあったように見えます。

結局、一九六五年（昭和四十）に、当時の企画課長の田中さんという方が宇野さんのところに行って、（1）水産庁には責任がないという念書を宇野さんからとるわけです。（2）ただし、その返還については水産庁も応分の協力をするといっており、（3）そのために宇野さんは返還計画を立てるということになります。その（1）—（3）の三点で一九六五年六月十四日に、両者が合意をしています。

七　借用文書の一部の返却作業

ところが、水産庁がなかなか予算を出しません。そこで国会図書館にいた二野瓶さんや水産庁側の平沢豊さんなどが間に立ちまして、返却の予算の出るように努力されたようです。当時の二野瓶さんは宇野さんには非常に批判的でしたから、早く宇野さんの手元から文書を取り返さなければいけないと考えておられたと思うのです。ですから、自分はあの文書にはいっさい興味や関心がない、とにかくただ返せばよいので、全員がそうなのだと、二野瓶さんはわれわれを代表して、そう発言しており、だから一年間だけ予算を出せばよいのだといったわけです。もちろんこれは二野瓶さんの戦術もあったのだと思うので、確かにちょっとでも文書を調べるとなったら、時間はどんどん経って収拾のつかないことになるので、とにかく返すことが先決という姿勢で、水産庁に予算折衝をされたようです。

日本常民文化研究所はこのころ、河岡さんが主になって、いろいろやっておられたと思うのですが、研究所の予算百五十万円の中の三十五万円を返却費に当てるということを条件に、水産庁から予算を引き出します。こうして水産庁も、一年間にかぎり返却のための予算を出すということになって、一九六七年にそれが実行されることになります。宮本常一さんが法的には総責任者になり、河岡さんも責任者の一人となって、速水融、萩原宜之、江田豊、二野瓶徳夫、網野善彦、網野真知子が返却の作業をすることになりました。それにアルバイトの女性が加わり、武蔵野美大の学生さんも若干動員されたと思います。

まず東京女子大の倉庫から、二野瓶さんと私が主になって文書を運び出しまして、それを霞《かすみ》が関《せき》の水産庁に用意された部屋までトラックで運びました。私はこの年の二月から名古屋大学に移ったのですが、まだ単身赴任だったので、夏休みにこの仕事のお手伝いをしました。私は名古屋に行く必要もあったので、夏休み以後の状況は知りませんが、二野瓶さんのいうとおり、これはまさしく返却だけの仕事でした。

文書は大量ですし時間も十分ないので、重要なものだけをマイクロフィルムにおさめるということになり、フィルム約四十本をヒラカワのマイクロカメラで撮ったと思います。ただマイクロカメラはズブの素人のアルバイトの女性が撮ったので、雑な撮り方になったと思いますけれども、ともかく四十本ぐらい撮っており、それらは水産庁資料館に入れられました。いまこのフィルムは中央水産研究所にありますが、すでに酢酸の臭いがしていますので、予算をつけてもらって、保存の処理をしなくてはならないと思っています。

ただこの仕事で、借用文書のかなりの部分が返却されたことはまちがいありません。受取証の中に一九六七年か六八年の日付のあるものは、この六七年度の予算で返却した文書の受取証ということになります。このとき、どの程度の量、件数の返却が行われたかについては、よく調べればわかると思います。

ところが、宇野さんがこのときはまだお元気でしたから、「私の関係した文書は自分で処理するので、持っていかないでほしい」といわれて、それらは全部自分の手元に確保されてしまいました。和歌山関係の文書が多く、時国家も入っていたと思います。そのほか、茨城県関係の文書、岡山の真鍋島《まなべしま》の文書、それから宮本常一さんや阿部善雄さんの借用された文書が残されました。常勤の研究員以外の人の借用した文書は東京女子大にそのまま宇野さんが残されたのです。われわれも自分の借りてきた文書だけはとにかく返さなければならないという気が先にたっており、予算が一年間と限られているということもあったので、それについては黙っていました。宇野さんのところから無理に持ってくるわけにはいきませんので、それはそのままにして水産庁でもっぱら仕事をしていたのです。この残された文書のほとんどがのちに神奈川大学に来ることになるのですけれども、それがかなりの量であったことはご承知のとおりです。

こうして月島分室が解体した一九五六年から十一年ぶりの一九六七年に、一応かなりの文書の返却が終わりましたので、関係者は一旦《いったん》はほっとしたのですが、一九六九年に宇野さんが亡くなってしまうのです。そのため東京女子大に残った文書が直ちに宙に浮いて、また大きな問題になりました。当時はまだ武蔵野美大に日本常民文化研究所の事務局がありましたので、その一部は武蔵野美大に移されました。私は河岡さんと一緒に、これを東京女子大に取りに行ったのですが、そのうちのある部分はのちに三田のマンションに移されました。茨城県関係の文書は塙作楽《はなわさくら》さんと相談して茨城県史編纂室に一時的に移されます。また一部は宇野さんが家に持ち帰っておりました し、東京女子大にも少しは残されました。

こういうかたちでバラバラになってしまったのですが、その過程で、真鍋島の文書については、真鍋増太郎さんという真鍋家の本家の方が上京されて、東京女子大から文書を大部分持ち帰られました。ただそのときに、龍太郎家という別家の文書も一緒に持ち帰られたので、現在も混乱が多少残っているということもありました。また、真鍋さんが持ち帰り残した文書がなぜか三田のマンションにあり、そこでまったくの虫食いだらけになってしまったのです。その補修のために神奈川大学の田島佳也さんと田上繁《たがみしげる》さんが、史料編纂所の中藤靖之さんの指導を受けて苦労して補修の技術を身につけられることになり、現在それが神奈川大学の歴史民俗資料学研究科の教育に、非常に大きな意味を持つことになっているわけです。

このように宇野さんの死去によって文書はバラバラの状態になったのです。

八　三田の日本常民文化研究所

さて日本常民文化研究所については、宮本さんと河岡さんの間に軋轢《あつれき》があったようですが、理事長に有賀喜左衛門《あるがきざえもん》さんがなられてからは、武蔵野美大から三田のマンションに完全に移りました。二の橋にあり、いま神奈川大学のものになっているところです。そこで河岡さんが主導して、潮田さん、県さんなどと一緒に研究所を運営されることになります。民具研究の方面ではこのころから動きが活発になったと思います。

しかし、河岡さんは文書についてはあまりご存じないので、その返却については二野瓶さんや私に相談をもちかけられました。たとえば紀伊《きい》国の一宮、日前国懸《ひのくまくにかかす》社の中世文書が東京女子大にあり、これを返さなければいけないというので、私もご一緒して、そのころ『和歌山市史』の編纂委員だった小山靖憲《こやまやすのり》さんと一緒に返却に行ったこともあります。

　このころは水産庁はまったく関係せず、特に一九六七年で返却はおしまいということになっていますから、催促はすべて日本常民文化研究所、つまり河岡さんのところに来るようになったわけです。河岡さんもたいへん困られて、この文書はどうしたらよいかという相談の電話を名古屋までたびたびくださるし、文書の催促に対する対処や筆写本の閲覧など、当時、名古屋大学にいた私はそのご相談をずっと受けることになりました。ただ、河岡さんは一方では、この時期、民具研究講座に非常に熱心になっておられて『民具マンスリー』の発刊も一九六八年（昭和四十三）には始まっています。角川書店から出た『絵巻物による日本常民生活絵引』の刊行が終わったころから、河岡さんが研究所の中心に立たれて、理事に就任され、民具研究講座も一九七四年に第一回が始まります。

　現在の時点に立って、今後この講座をどうするか、民具学会との関係をどうするかについては、おそらく研究所の今後の大きな問題となるだろうと思いますが、歴史的に見ると、民具研究講座が民具学会の母体になっているのです。しかしここにも宮本さんと河岡さんの考え方の違いがからんでいるのではないかと思います。一九七五年に日本民具学会が発足していますが、この辺のことは、別に歴史をしっかりと明らかにする必要があると思います。

　この方面については、私はほとんど事情を知りませんので、古文書に関する問題だけをこれからお話したいと思います。河岡さんは、当時の日本常民文化研究所の予算を維持するためもあったと思いますが、水産庁資料館に働きかけて、資料館所蔵の古文書、つまり月島分室の時代の寄贈文書の整理と、筆写本の目録の作成――現在われわれがあらためて本格的にやりはじめているわけですが――をやるための予算を引き出そうとされました。それが成功して、一九七四年(昭和四十九)から一九七五年(昭和五十)三月までの予定で委託費がつきます。それ以後、一九七五年(昭和五十)、七六年(昭和五十一)、七七年(昭和五十二)、七八年(昭和五十三)と委託費がずっとついており、これによって水産資料館に所蔵されている古文書の原本のカード(これが現在、目録カードになって、引くことができるようになっている)の作成がこのときに行われました。それから筆写本についても一点一点のカードが作られ、その仕事の結果はこの研究所に今も置かれています。ほぼ年間二百七十万円前後の予算で仕事が行われ、國學院大學、慶應大学、駒澤大学の学生や大学院生をアルバイトとして河岡さんは動員されて、三田のマンションで仕事が行われたと聞いています。

いま史料編纂所におられる佐藤孝之さんから聞きましたが、佐藤さんは一九七五年の二月と四月の二回にわたって合宿をしたそうで、前川善兵衛家文書は、文書を合宿の場所へ持っていって整理したとのことでした。水産庁資料館は文書を全部渡したようで、原本の整理をやったようです。確かに前川善兵衛家文書の整理がいちばんきちんとしていると思います。七六年までに一応、古文書の原本の整理を終えて、七六年から筆写本のカード作成に移り、両者合わせて、『水産庁水産資料館所蔵古文書目録』というガリ版刷りの成果が五冊出ています。このときに、大学院生でアルバイトをした人たちの中には有名になっている方が多いのです。東四柳史明《ひがしよつやなぎふみあき》さん、佐藤孝之さんとか、安池寿行さん、鬼頭宏《きとうひろし》さん、福原敏男さん、根岸茂夫さん、鈴木義雄さんなど、みな当時は國學院や慶應の大学院生ですが、私はその方たちのうち二、三の方から三田のマンションに通ったころの話を聞きました。本格的に聞き取りをしてみる必要があると思いますが、昔のことなので、忘れておられることも多いようです。

そういうことで、水産庁資料館と日本常民文化研究所との関係はここでまた新しくできているわけです。そのころ、二野瓶さんと萩原宣之さんは研究所の評議員になっており、私も、名古屋にいたのですが、一九七六年か七七年ごろに評議員になります。江田豊さんも評議員だったと思います。そのころも文書の返却については、河岡さんがしばしば私に相談をしてくださったので、多少、事情を知っています。水産庁の資料館の資料の中にも多少はその苦闘の跡がうかがえますし、どんな事態があったのか、今後、きちんと確かめなければいけないと思います。

河岡さんはかなり無理をして文書を返されており、あまり催促がきびしいので、別の家の文書を一、二点混ぜて、量を合わせて（一同笑い）返したこともあるといっておられました。返せ返せの催促がきびしくて、河岡さんはノイローゼになるぐらいの状態に追い込まれたこともあったようで、「仕方がなくてやりました」と私にいっておられました。「もう二度とやらないでください」と私は申し上げたのですけれど、そういう極端な事態まであったのです。

九　研究所の大学への移行をめぐって

このころから私も、この文書の問題をなんとかしなくては、と考え始めました。しかも河岡さんが交通事故にあわれて、頭を打たれたということがあり、身体に自信を失われたということもあって、一九七七年から一九七八年ごろ、河岡さんから私に「どこか、大学で引き取ってくれるところがないだろうか」というご相談がありました。私も、この文書の整理・返却のために名古屋大学はいつかは辞めなければならないと思っておりましたので、その話にのって、まず、当時、慶應大学の経済学部にいて、学部長にもなるようになった速水融さんに話を持ち込んだのです。速水さんはたいへん乗り気で、さっそく事務局に話してくれました。事務局もこの話に興味を持って研究所の歴史や状況を調べたようでした。ただ、慶應には折口信夫《おりくちしのぶ》さんの伝統があるし、のりこえなくてはならないハードルはたくさんあったと思いますが、これは理事長の有賀さんには内密に、河岡さんと私の二人で動いていました。

ところが、ここに国立歴史民俗博物館の設立にともなう人事問題が起こります。もう十五年以上たっていますし、当事者は亡くなっていますから申し上げてもよいと思いますが……。当時、館長に予定されていたのは井上光貞さんだったのですが、有賀喜左衛門さんに歴博の今後の構想について意見を聞く、特に民俗学の立場からの考えを聞くということで、三度ほど有賀さんと井上さんは話をなさっているのです。ところが、その過程で、のちにこれは有賀さんの思い違いであることが判明するのですけれども、有賀さんは井上さんから歴博の民俗学系の人事のすべてを委《ゆだ》ねられたと思い込まれたようです。そこで、有賀さんは河岡さんを当然、民俗部長として推薦しようとしておられたのです。

たまたまこのころ私は歴博の展示について相談を受けて、石井進さんや福田豊彦さんと話をしており、井上さんと会う機会があったので、河岡さんを推している方々から「井上さんと会ったときには、有賀さんはこういう方向で考えているからうまく話をしておいてくれ」と頼まれたことがあります。私はもちろんそれに賛成だったのですが、有賀さんの見通しは甘いのではないかと思っていました。ところが案の定これは、有賀さんの思い込みで、井上さんはにべもなく有賀さんのプランを断ったのですが、あろうことに、そのときに井上さんは私の名前を出して、つっぱねたようです。

つまり、網野は河岡氏と一緒に一生懸命日本常民文化研究所のことをやってるはずなのに、河岡氏はここで民俗部長になろうとしている、こういう人は信用できない、と井上さんはいったらしいのです。もちろん有賀さんはそんなことは全然知らないわけですから、それを聞いて、有賀さんは、烈火のごとく怒られたようです。もちろん私は有賀さんとは一、二回会って、お宅にも行ったことがあるのですが、私のところに、その直後、突如、きびしい叱責《しっせき》の手紙が来たのです。私にとってはほんとに青天の霹靂《へきれき》ですよね（笑い）。

「私は井上さんとはこの問題についてはいっさい関係ありません」という簡単なお詫びの手紙を出しておいたのですが……。これ以後、私は井上さんと〝絶交状態〟、少なくとも歴博関係のことについてはいっさい井上さんとは話はしないという状況になりました。展示に関わる仕事をしていたのですが、もちろん直ちに辞退しまして、それから井上さんが亡くなるまで、私は歴博には一歩も立ち入りませんでした。ただ、この事件のために河岡さんと私が進めていた、研究所を慶應大学に引き取ってもらう話は頓挫《とんざ》してしまいます。その後、この問題について、ようやく有賀さんにも事情がわかり、お怒りがだいたいおさまったので、有賀さんとゆっくり話して、慶應の話をもう一度復活しようといっていた矢先に、有賀さんがお亡くなりになります。一九七九年だったと思います。そのためこれがまた頓挫します。

その前後、法政大学の藤田省三《しょうぞう》氏が日本常民文化研究所に関心を持っているという話がチラチラ聞こえていたころに、突然、丹羽邦男さんから名古屋の私の自宅に電話がかかりまして、「神奈川大学で常民文化研究所を買い取りたいけれども、いくらで売ってくれますか」という、いかにも丹羽さんらしい申し入れがありました。そこで、とにかく会って話をしようということになり、山口徹さんと丹羽さんが二人で名古屋にお見えになったのは、一九七九年だったと思います。山口さんとはそのときが初対面でしたが、二人との話の結果、神奈川大学への招致について河岡さんに話をしてみることになりました。二野瓶さんと丹羽さんとが非常に親しかったということもあり、二野瓶さんに相談された上で、河岡さんもたいへん乗り気になられて話がとんとん拍子に進みました。

私は一九八〇年四月に移るつもりだったのですが、名古屋大学がもう少し待てというので、結局半年のびて、十月一日付けで神奈川大学の短期大学部に移ることになります。辞めるにあたって、名古屋大学に対して、私はかつての日本常民文化研究所の古文書の整理・返却をする義務を負っており、生きているうちにそれだけはやらなくてはならないということを、決定的かつ唯一の理由にして教授会の了承をえて、神奈川大学短期大学部に移ってきました。

ですから、神奈川大学に来るにあたっては、日本常民文化研究所が招致されることが前提になっていましたし、丹羽さんや山口さんには、そういう理由で名古屋大学を辞めてそちらに行くので、もちろん神奈川大学の仕事はやるけれども、「〇〇長」のような要職になると文書返却の仕事はできないので、絶対にそれにはならないと約束したはずです。研究所の移転に当たっては、丹羽・山口両氏をはじめ西和夫さんなどみなさん苦労されたようで、なかなか進まず、八二年にようやく招致が完了します。それから後のことは、みなさんよくご承知のことですから、これ以上くどくどは申しませんが、私の赴任する前、一九八〇年の五月、もちろん日本常民文化研究所が正式に移る前に、宇野さんのお宅に山口さんと田島さんと伺って、田島さんと一緒に物置に入って、文書・書類をすべて引き出して大学に送ったのが最初の仕事でした。しかしこれが大事だったのでして、宇野さんは借用証などの月島分室当時の事務書類を抱え込んでおられて、水産庁には出されなかったのです。それが、宇野さんのお宅の物置に入っていたわけで、それをまず確保したのは実に的確だったですね（笑い）。田島さんが本当にほこりで真っ黒になって書類を引き出したのですが、おかげで借用証をわれわれは持つことができたのです。水産庁で問題になったころは、借用証がどこにあるのかわからなかったのです。宇野さんが家へ持って帰っておられたわけですから。

そのうえで、一九八二年までに各所にちらばっていた古文書をすべて大学に集め、大よその状況をつかんだうえで返却の仕事にとりかかりました。茨城、対馬《つしま》、真鍋島、時国、二神島《ふたがみじま》、平戸《ひらど》、出雲《いずも》、気仙沼、和歌山など、あちこちに行きました。これについては一つ一つおもしろい話がありますので、いつか後日談を気楽にしてみたいと思いますが、*だいたい三十件ぐらい返したでしょうか。皆さんのお力を借りなくては決してできなかったことで、十五年もこの大学にいたわりには私はまことに少ししか仕事をしなかったのですが……。

返却の仕事を始めるときの気持ちを、映画『舞踏会の手帖《てちょう》』の女主人公と同じだとどこかに書いたことがあるのですが、確かにいたるところで自然の荒廃と村の過疎については、胸をつかれる思いをしました。しかし、文書の所蔵者との関係については、どこへ行ってもイヤな思いを一つもしていません。お返しするために行っているのですから、当然のことですが、研究所に対する評価は返却前をマイナス一〇〇とすると、返却にうかがえばプラス一〇〇に転じたといえると思います。これは言い過ぎではないと思うので、十五年間で自負できるのはこの点だけです。とにかく、一度は徹底的に失墜した研究所の社会的信用を完璧《かんぺき》ではないにしても、七、八〇パーセントまでは回復できたと思います。

ただもう一つ、非常に気になっていましたのは、水産庁資料館に入った寄贈文書と、研究所に残っている借用文書とを分けたとき、きわめてずさんにそれが行われたことでした。水産庁、中央水産研究所のほうもやはりなんとかしたいという気持ちがありまして、小沼勇さん、平沢豊さんなどと何回もお目にかかり、水産庁資料館にも行き、所長の山口さんも一緒に水産庁に何回か行って、長官や漁政課長に会って話を進め、関係方面の賛成を得て、渡辺好明さんなどにご尽力いただき、ご承知のように今年（一九九五年）の四月から仕事が順調に動きだしました。ですから月島分室の仕事の全体の最終的な総括は、研究所にまだ残っている若干の文書の返却が終わり、中央水産研究所にある文書の整理をきちんと終えて、寄贈と借用の関係がはっきりした段階で終わるのだと思います。

しかし、そのころには私はこの世にいないことがまず確実ですから、まだお元気だろうと思われる若い方々に、ぜひそれを最後まできちんとしていただけたら幸いだと思います。この仕事にはいろいろな思いを持って亡くなった方、宇野さん、宮本さん、藤木さん、河岡さんなどたくさんおられるはずなので、その鎮魂のためにもぜひとも、それをお願いしたいと思います。

むすび

ただ、現在の時点に立って見たとき、この月島分室の史料の蒐集・整理の仕事から現在にいたる過程は、「失敗史」だといってよいと思います。しかし失敗は成功のもとにすることができます。私は「負けるが勝ち」という言葉が大好きですけれども、それを可能にする条件はどうやらつくれたといってよいと思います。それを基礎にしていただいて、最終的な総括をぜひやってほしいと思うのです。これは、戦後の月島分室の最初の出発点のときに、この仕事を通じて日本史像を決定的に新しく書き換えるのだという宇野さんの初心を、徹底して実現させるための基礎的な仕事でもあるわけですし、また史料学上の問題についても、この整理の仕事からくみ取るべき問題はまだまだたくさんあると思います。さらに研究の側面でも（今日はそちらのほうにはまったくふれませんでしたけれども）くみ取るべき問題はたくさんあると私は思います。

しばしば、くどくど長々といってきたとおり、神奈川大学短期大学部と日本常民文化研究所でのこの十五年は、私の戦後の「戦争犯罪」を償うための「重労働」のつもりでした。その意味で私にとって戦後はまだ終わっていないのです。私は「戦後」という時代からの落ちこぼれであるわけで、生きている間にその落ちこぼれの立場から戦後を見直してみたいと思っています。私の場合は、戦争を見直すと同時に戦後を見直すという仕事をやらざるをえないところがあるので、これは生きている間はやるつもりでいます。そのプラスとマイナスを徹底的に再検討してみたいと思います。

こうした私の生き方にはご批判がたくさんあろうと思うのですが、それは公然と徹底的にやっていただきたいと思います。生きている間は、まちがいがあれば直ちに正しますし、不当なご批判であればバカものながら徹底的に反論してみたいと思いますので、どうかご遠慮なくやっていただきたいと思います。以上で終わります。

＊拙著『古文書返却の旅』（中公新書、一九九九年）で、その概略をまとめてのべた。

【資料2】借用証

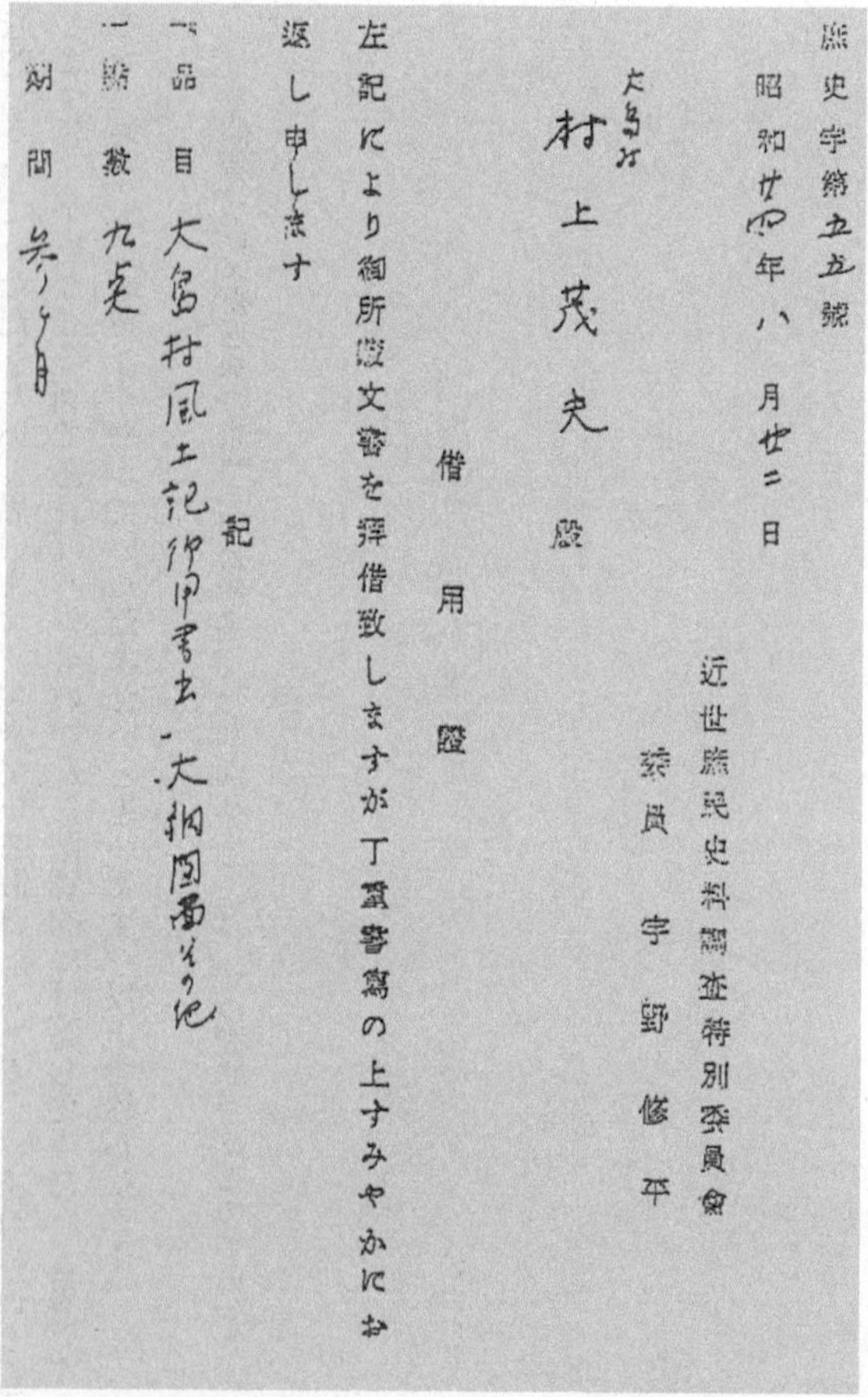

庶史字第五五號

昭和廿四年八月廿二日

近世庶民史料調査特別委員会

委員 宇野修平

大島村

村上茂夫 殿

借用證

左記により御所蔵文書を拝借致しますが丁寧書寫の上すみやかにお返し申します

記

一品目 大島村風土記御用書出 一大綱図面その他

一點數 九点

一期間 参ヶ月

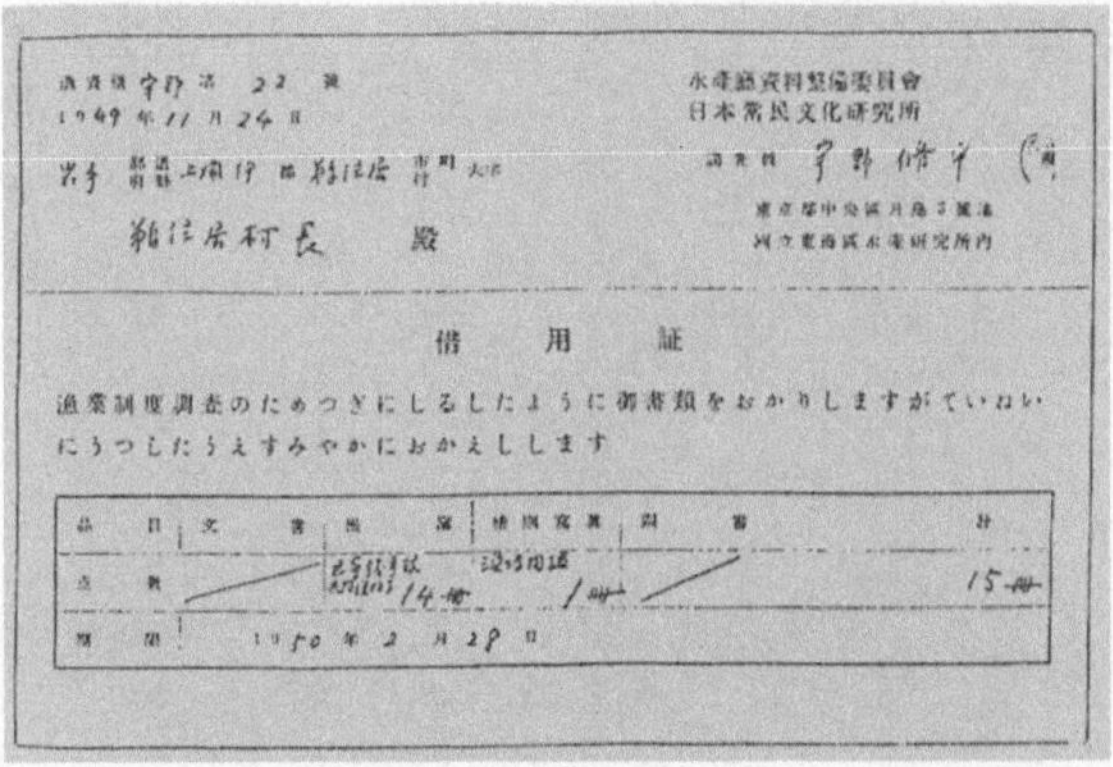

漁資第 宇野 22 号
1949年11月24日

岩手 県 上閉伊 郡 鵜住居 村 大字

鵜住居村長 殿

水産庁資料整備委員会
日本常民文化研究所
調査員 宇野脩平 印
東京都中央区月島3号地
国立東海区水産研究所内

借用証

漁業制度調査のためつぎにしるしたように御書類をおかりしますがていねいにうつしたうえすみやかにおかえしします

品目	文書	帳簿	絵図写真	図書	計
点数	―	14冊	1冊	―	15冊
期限	1950年2月28日				

【資料3】借用証

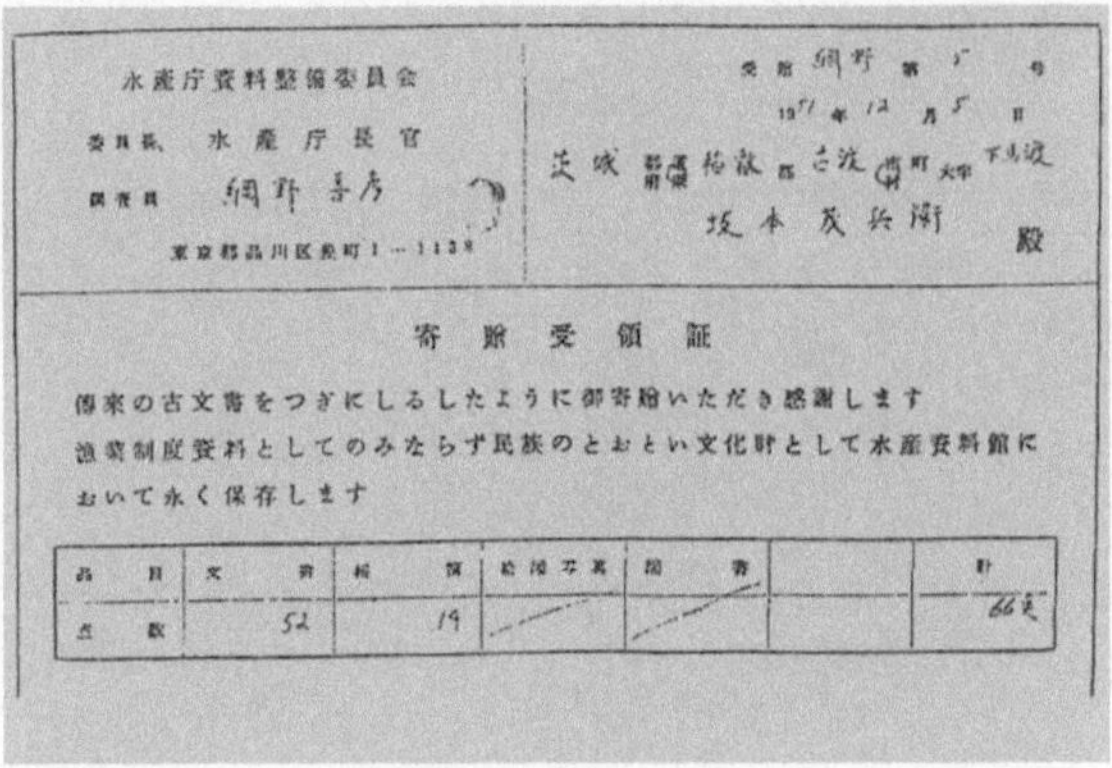

水産庁資料整備委員会
委員長 水産庁長官
調査員 網野善彦 印
東京都品川区豊町1-1138

受第 網野 第5号
1951年12月5日

茨城 県 稲敷 郡 古渡 村 大字 下古渡

坂本戊兵衛 殿

寄贈受領証

伝来の古文書をつぎにしるしたように御寄贈いただき感謝します
漁業制度資料としてのみならず民族のとおとい文化財として水産資料館において永く保存します

品目	文書	帳簿	絵図写真	図書		計
点数	52	19	―	―		66点

【資料4】寄贈受領証

【資料5】受取証

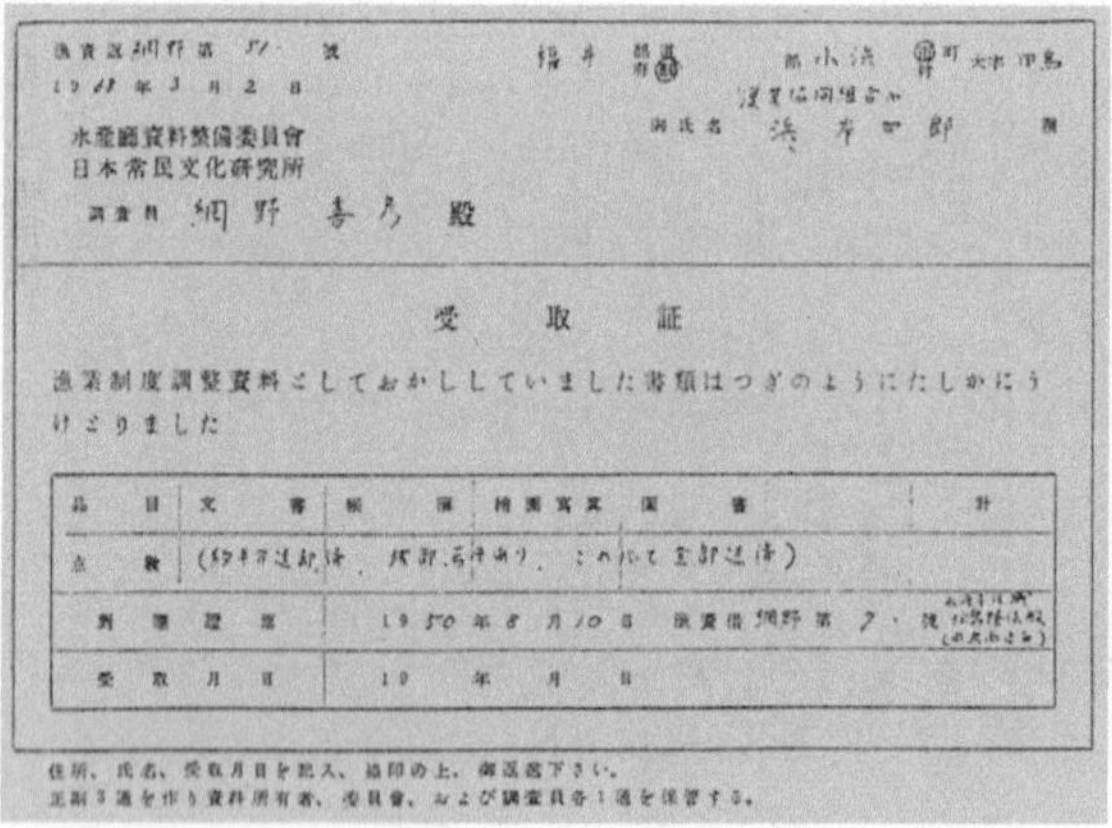

漁資調網野第 51 號
1949年3月2日

福井 都道府県 郡 小浜 市町村 大字 田烏
漁業協同組合か
御氏名 浜 四郎 殿

水産庁資料整備委員会
日本常民文化研究所
調査員 網野善彦 殿

受取証

漁業制度調整資料としておかししていました書類はつぎのようにたしかにうけとりました

品目	文書	帳簿	絵図写真	図書	計
点数	(約半分返却済、残部若干あり、これにて全部返済)				
判取証票	1950年8月10日 漁資借 網野第 7 號				
受取月日	19 年 月 日				

住所、氏名、受取月日を記入、捺印の上、御返送下さい。
正副3通を作り資料所有者、委員会、および調査員各1通を保管する。

〔資料6〕

漁業制度資料の調査保存について

日本常民文化研究所
水産庁資料整備委員会

一、この事業の目的

今次の漁業制度改革は、農地制度改革と共に、戦後日本の民主化を実現する上に、きわめて大切な役割をになっている。したがって、それは単に新しい漁業法を形式的に当てはめるだけで足るものではない。各地方の実情に沿って法律を運用しながら、改革の趣旨とするところを正しく実現してゆかねばならないのである。そこで、今までの漁業制度のもとで、実際には、どのような漁業が行われ、またそれによって漁村の人々がどのような生活を営んでいたか、ということをどうしても知る必要があるわけである。

ところで、今までの漁業制度をささえていたのは、明治末年以来の漁業法であったが、それは遠く徳川時代あるいは更にそれ以前から行われていた漁業の慣行を新しい法律の形にまとめあげたものに過ぎなかった。だから、今次改革に至るまでの漁業制度を本当に知るためには、随分古い時代にまでさかのぼってみなければならないことになる。そうした時代の漁業のやり方や漁村の生活の有様を正しく物語ってくれるのが、その時代々々に書き残されたいろいろの文書なのである。漁業制度の改革を日本漁業の発展と漁民生活の向上の線に沿って実施してゆくためには、かような文書が基本的な準備資料にならなければならない、といってもよいであろう。漁業制度資料の調査保存という事業の最も大きな目的はこの点に存するのである。

一方、今次の改革によって、従来の漁業制度は大きな変化を受けることになる。日本漁業の新しい歴史がこれから始まるのである。そこで、今までの漁業制度のもとで営まれていた漁業の様子や漁村生活の実情を正確に記録しておくことは、次の時代の国民に対する大切な義務であるといわなければならない。ところが、こんにちまでの日本歴史では政治や軍事などが中心になっていて、産業・経済・社会というような一般常民の日常生活に関する歴史が軽視されていた。かような常民生活についての歴史的研究は、こんにちなお民間にむなしく死蔵されている古い文書を資料として進められなければならない。この点からすれば、今回の事業は漁業とか漁村とかいう範囲を越えて、日本歴史の本当の姿を明らかにするための役割をも、になうことになるのである。

上に述べたような大切な役割をもつ古い文書は、戦時中からこんにちにかけて、社会経済的情勢の激しい動きの中でどんどん失われつつある。今回はじめて行われる漁業制度の全国的な調査、保存事業は、そのような傾向を阻止して、実際的かつ学術的な基本作業をなし、社会の進展にはかり知れない貢献をするものと期待されるのである。

二、資料の調査と保存はどのようにして行われるか

(1)この調査は、「中央調査」と「地方調査」とに分けて行われる。
「中央調査」は東京都を中心として四ヵ年間引続いて実施する。

「地方調査」は全国を大体八大海区に分け、各海区毎に漁業制度改革上重要な府県より調査地点を選んで行う。但し瀬戸内海区や有明海区は漁業権関係が複雑でむづかしい問題も多いので、特に独立させて全期にわたって調査することにした。

A、全国区

一九四九年度（昭和二四）岩手、宮城、千葉、東京、神奈川、三重、長崎
一九五〇年度（昭和二五）北海道、山形、新潟、福井、京都、島根、静岡、三重、和歌山、長崎、山口、秋田、富山、茨城
一九五一年度（昭和二六）秋田、福島、茨城、群馬、栃木、埼玉、長野、岐阜、滋賀、愛知、石川、高知、熊本、宮崎
一九五二年度（昭和二七）北海道、山形、佐賀、大分、福岡、鹿児島、富山、兵庫、鳥取、広島、愛媛
一九五三年度（昭和二八）補充

B、瀬戸内海区
一九四九年度(昭和二四)大阪南部、広島中部
一九五〇年度(昭和二五)大分北部、兵庫淡路、岡山西部、山口西部、香川、山口東部、兵庫西部、広島
一九五一年度(昭和二六)岡山東部、広島中部、福岡、徳島、香川、愛媛、山口中部
一九五二年度(昭和二七)大阪、愛媛、山口東部、大分、兵庫東部

C、有明海区
一九五一年度(昭和二六)佐賀、福岡
一九五二年度(昭和二七)長崎、熊本

(2)調査方法について―略
(3)資料の購入、借用、寄託について―略
(4)資料の整理、分類、保存について―略
(5)資料の目録は公刊する。重要な資料は適宜資料集として公刊する。

三、どこで、どんな資料を集めるか

(1)「中央調査」では官庁、図書館、博物館、各種の企業団体、水産に関係のある官吏、水産業

者、水産学者などの所有する資料を調査する。

「地方調査」では、漁村の旧家（特に名主や庄屋や戸長・区長をやった家）、漁業家、漁商、魚市場、廻船業者、船大工、漁業協同組合、役場、社寺、座講のような団体などをたずねて、個人所有や共有の書類を調査し、さらに、府県庁、地方事務所、裁判所、税務署、地方図書館の諸機関の調査もあわせて行うのである。

⑵集める資料は年代的にはできる限り古いものから大正末年までにわたり、漁業に直接関係するものはもちろん、およそ漁村生活に関係ある資料は細大洩らさず網羅するよう心掛けている。

ここで集める資料の項目を列記すると大体次のごときものになろう。
（イ）文書—漁業免許状、鑑札、漁場紛争関係の書類、諸規約、貢租（税金）に関する書類、賃貸あるいは売買証文など、
（ロ）記録・帳簿—漁村、漁船、漁法の発達についての記録、築港、災害、遭難の記録、水揚帳、仕切帳、問屋帳簿、検地帳、明細帳、五人組帳、宗門改帳、公私の日記など、
（ハ）著述（刊行物をふくむ）—水産業、漁村、漁港に関するもの、町村誌、郷土史など、
（ニ）報告書、統計表
（ホ）絵図・写真—漁場図、漁村図、漁港図、漁具図、漁法図、漁譜など、
（ヘ）金石文—記念碑、墓碑、社寺の絵馬、石造物、鐘銘、などの拓本、

四、資料の調査保存の仕事は誰がおこなうか

⑴上述のようにこの事業は水産庁が日本常民文化研究所に委託したもので、同研究所と水産庁資料整備委員会と協力しておこなっているものである。

日本常民文化研究所は昭和二年ごろ、渋沢敬三氏の主宰のもとに、いわゆる常民の文化を研究する目的で設立されたもので、最初は、アチック・ミューゼアムと称し、のちに現在の名称にあらためられた。常民というのはだいたい庶民の意味である。ひろく農民、市民の生活文化の研究も進めてきたが、特に漁村や漁業の歴史については創立当初から深い関心を払っていて、すでにこんにちまでに幾多の貴重な業績を世に贈っているのである。

一九五〇年十二月文部大臣より財団法人として設立を認可され、研究機関として指定されている。本部は東京都港区三田綱町一〇番地渋沢邸内においてあるが、分室を中央区月島三号地国立水産研究所内におき、水産関係の仕事はもっぱらここでおこなっている。

財団法人　日本常民文化研究所　名簿

理事長　所長　桜田勝徳、

理　事　有賀喜左衛門、宇野脩平、楫西光速、竹内利美、羽原又吉、宮本馨太郎、

監　事　遠藤　武、長谷川重三郎、山際正道、

顧　問　石黒忠篤、小泉信三、渋沢敬三、土屋喬雄、

同人評議員　一三八名の姓名記入―略

(2)A今回の漁業制度調査保存事業には、同研究所の漁業制度資料収集委員会があたる。この委員会はひろく各界の専門家を加えて、次のような人々をもって組織されている。

常任委員　宇野脩平、桜田勝徳、竹内利美、楫西光速、宮本常一、服部一馬、阿部善雄、

委　　員　浅野長光、伊豆川浅吉、井上満文、高村象平、所　三男、野村兼太郎、古島敏雄、

寳月圭吾、山口和雄、

顧　　問　渋沢敬三、羽原又吉、

B委員長には宇野脩平があたり、調査の全責任を負っている。

C漁業制度資料収集委員会の事務所は東京都中央区月島3号地、国立東海区水産研究所におき次のような人々が各種連絡、資料の整理、複写、保存の仕事にあたる。

宇野脩平、中沢真知子、加藤三代子、藤木喜久馬、江田　豊、二野瓶徳夫、五味克夫、網野善彦、速水　融、井上幸子、萩原宜之、中地昶平、服部一馬、阿部善雄、

畑山つね子、大野喜美子、一岡京子、

D調査は上記の委員会および事務局の人々が参加するほか、各地方に在住する水産庁資料整備委員会調査員、日本常民文化研究所同人約五〇名が協力する。

(3)水産庁には行政上の諸資料をととのえるために資料整備委員会が設置されており、水産資料保存部会および漁業制度保存分科会を設け、本事業を推進している。同委員会は水産庁長官がみずから委員長として主宰するものであって、保存部会事務を宇野脩平がうけもっている。漁

業制度資料収集委員会の収集した資料がすべて、この水産庁資料整備委員会の管理にうつされる。

以上でこの事業の大要が明らかになったと思う。当面の任務は、文書記録類の調査保存に限られているが、これを基礎として、漸次各種の図書標本漁具などもあつめて、近い将来には国立の水産資料館の設立をめざしており、すでに本年より三年計画をもって建築の段階に入っている。各方面からの協力を切に期待してやまない。

（一九六一年六月）

古文書の結ぶ縁

一九五〇年（昭和二十五）四月、漁業制度改革に関連して全国の漁村史料の蒐集・整理の事業を水産庁から委託されていた日本常民文化研究所の月島分室に、私を研究員の一人として採用してくれた宇野脩平氏が、最初に私に与えた仕事は、宮城県本吉《もとよし》郡大島村の大要害家《おおようがいけ》―村上茂夫家文書の整理であった。

「ごみくず」――当時の私にはそのようにみえた――のような文書の一杯入った、大きなねずみ色に古びた麻袋を引きずってきた宇野氏は、私の机の上にこれを置いて、その整理を命じたのである。

いま考えてみれば、これは観念的な左翼であった私に地味な文書整理の仕事の現実を知らせ、根性を叩《たた》き直してやろうという宇野氏の親心だったようにも思えるが、そのころの私はただ不満と反発に明け暮れていた。この文書は現在、中央水産研究所に所蔵されているので、あらためて調べてみたいと思っているが、はじめて近世文書の整理の仕事に携わったばかりの私には、「覚」「記」などの小さい切紙の断片まで一点一点、目録にとることなど全く無意味としか考えられず、その方針を頑としてゆずらない宇野氏に憤懣《ふんまん》を抱くばかりであった。せめてもの腹いせに、目録の末尾に「白紙何枚」などと書いたりしたが、まことに若気のいたりというほかない。

　実際、それからしばらくして歴史学界の運動から落ちこぼれた私は、若狭国田烏浦《たがらすのうら》の文書を整理していた五味克夫氏が、やはりまさしく断片の如き文書によって、八人衆の漁場輪番交替の原則を明らかにしたのを見て、たとえ〝くず〟のようなものでも、文書の一点一点を大切にすることの意味を痛感させられたのである。

　しかし時すでに遅く、月島分室はまもなく終幕を迎え、近世文書を整理する機会を私は失ってしまった。ただ、このときの体験は、その後、中世文書に即してあらためて勉強しはじめてからも、どこかで私の中に生きつづけていたことは間違いない。

　そして、一九八〇年、私は名古屋大学から神奈川大学の短期大学部に転職し、一九八二年から正式に神奈川大学の付置研究所として招致された日本常民文化研究所の所員を兼ねて、かつての月島分室の仕事の残務整理――未返却のまま三十年以上の年月を過ぎてしまった古文書の返却の仕事に携わることとなった。それから約十五年、私は田島佳也、田上繁、泉雅博、関口博巨、白水智の諸氏の力を借り、文書を再整理し、写真撮影した上で返却するという作業をつづけてきた。

　私自身はほとんど直接には文書整理の作業には従事しないにも拘《かかわ》らず、私はかつての月島分室での体験にこだわり、襖下張《ふすましたば》り文書の断片にいたるまで、一点一点の整理をこれらの諸氏に求めてきた。その当否については、当事者であるさきの諸氏をふくめ、今後、大方のきびしい批判を俟《ま》ち、さらに考えていくほかないと思うが、いまのところ私はやはりこうした一点一点を大切にする整理の仕方こそ文書整理の「王道」だと確信している。さてごく最近、こうした整理の結果、返却可能となった文書を持って、田島・田上両氏と橘川俊忠《きつかわとしただ》氏らとともに、私は気仙沼、大島に行く機会に恵まれた。

十一月二十八日、気仙沼市史編纂に携わっておられる川島秀一氏に案内していただき、舞根《もうね》の横峯家―畠山家の文書をお返しし、かつての大きな屋敷跡や墓地を見学したわれわれは、これまで渡ったことのなかった大島に行くことになった。この機会に、私の近世文書整理の貴重な初体験をさせていただいた村上家をひと目、見たいと思い、皆さんにお願いし、亀山に登って雄大なすばらしい眺望を楽しんだあと、車で大要害に向ったのである。

たまたまタクシーの運転手は珍しくも女性だったのであるが、大要害に近づいたと思われる道に入ると、道の真中を鍬《くわ》をかついでゆっくり歩く老人を見て、彼女は警笛をならすでもなく車のスピードをただゆるめていった。そしてあれが、「大要害の旦《だん》那《な》さん」だと教えてくれたのである。

われわれは慌てて車を降り、ご挨拶《あいさつ》するとともに四十五年前の事情を手短かにお話すると、老人——村上茂次氏はきわめて快く、お宅にわれわれを招じ入れて下さった。遠慮しながらも、私が昔の事情をお話すると、まだまだ墨で書いたものなら家にあるとおっしゃるので、色めき立ったわれわれは、厚かましくもご主人の御好意のままに、大きな長櫃《ながびつ》二棹《さお》に入った大量の古書をはじめ、新たに古文書を採訪することになってしまったのである。大変な失礼をしたとはいえ、これは私にとって全く予期しなかった嬉《うれ》しい「再会」であった。

来年、あらためて調査にうかがうことをお約束し、帰る途《みち》にみなで考えてみると、ここにいたるまでの経緯は偶然の連続であった。風が強くフェリーで車が島にわたれなかったこと、タクシーの運転手が大要害出身の女性だったこと、たまたま村上家の御主人が道を歩いておられたこと、みなだれも予期しない偶然の積重ねだったのである。田上氏が「文書が呼んだのだ」といったが、まさしく目に見えぬ糸にひかれるように、この再会は実現したのであった。

この文書返却の旅をはじめてから、このような不思議な偶然ともいうべきこと、そのように見えることにぶつかることが多い。上時国家《かみときくに》に最初に私のうかがった日が、先代の御当主恒太郎氏の一周忌の前日であったのも、その一つであるが、それはともかく、私にとって、「戦後」はまだ完全には終っていない。大きな文書の返却は終ったが、細かい問題はまだ多く残っており、この大要害の場合のように返却が新しい仕事の開始になることは今後もありうるであろう。結局、「戦後」の一時期の不誠実な生き方の後始末を、死ぬまで私はつづけなくてはならないが、最後まで、今度こそ後悔のない生き方をしたいと思っているこのごろである。

V

渋沢敬三の学問と生き方

渋沢敬三の学問と生き方　『澁澤敬三著作集　第三巻』解説

犬も歩けば棒に当る

本巻（『澁澤敬三著作集　第三巻』平凡社、一九九二年）には一九三三年（昭和八）から一九六一年（昭和三十六）までの間、渋沢敬三が折にふれ、また求められるままに執筆した短文集『祭魚洞襍考《さいぎょどうざっこう》』第二部の「犬歩当棒録」（以下『祭魚』と略称）、『東北犬歩当棒録』（以下『東北』と略称）、『犬歩当棒録』第一部（以下『犬歩』と略称）を収録した。その中には渋沢自身の加わった座談会（『祭魚』所収「徳川夢声氏との対談問答有用」）、著書『南米通信』に関する座談会や書簡、還暦祝賀記念論文執筆者招待会の席上での談話集（以上『犬歩』所収）等も含まれているが、細かく数えると一三五篇に及び、一一三篇が敗戦後に書かれている。

これらの書名等によって知られるように、「犬も歩けば棒に当る」という、「いろはがるた」に由来する「犬歩当棒録」を、渋沢は好んで用いた。そのことにふれた『東北犬歩当棒録』の「あとがき」は、本巻（『犬歩』）に収められているので、左に『犬歩当棒録』の「まえがき」を掲げておく。

読みにくいお家流で書いた百人一首の下の句の札を「おちらし」で二、三枚も取れる頃おいまでは「いろはがるた」の世界でありました。「犬も歩けば棒に当る」とは、歩いているうち予期せぬことにぶつかることをも意味するのならば、犬すなわち筆者が五十数年の間その時々、その所々、フラフラと、かつ、ウカウカと歩きまわっているうちにぶつかった棒の塵が積ったのが本書で「犬歩当棒録」と名付けた所以であります。常日頃御懇情をこうむった各位、また今般の病気について御心配と御好意をいただいた各位に何かお返しのよすがにと思ったことが本書作成の動機であります。表紙裏に「いろはがるた」の江戸、大阪、京都それぞれの文句(平凡社世界大百科事典　小高吉三郎氏集成「いろはたとえ」による)をならべ、かつ、近年の改訂文句をも添えて見ましたが、本書の本体はともかく、この表だけは各位も懐しがって下さることと存じます。表紙の装幀に「いろはがるた」の昔の木版刷りの絵を二、三あしらいたく考えまして、中山正則兄その他古本屋等にたのんでかなりさがしましたが、ついに最近のいわゆる「犬棒かるた」だけしか手に入らなかったのは残念でありました。

幸い健康も回復しましたので、この先又ブラブラと歩いて参りたく存じております。

昭和三十六年七月

澁澤敬三

渋沢は自らを「犬」にたとえ、これらの文章を「フラフラ」「ウカウカ」と歩いているうちに当った「棒の塵」にすぎないとしており、そこには「祭魚洞」の号と同じく（著作集第一巻解説参照。本書に収録）、渋沢の謙虚な姿勢がよく現われている。

しかし、自らのまとまった学問的な著書・論文を、多く世に問おうとしなかった渋沢の生き方と広い視野を持つ学問、さらに人間・社会・経済に対する鋭く深い洞察力は、このように、たまたま時を得て執筆した小論や時評、人物論、思い出、必要に応じ、また求められて書いた自他の著書の序文、跋文《ばつぶん》などの短篇の全体を通読してみることによって、かえってより明確に知ることができる。

それ故、本巻に収められた珠玉のような短篇を読者自らに熟読玩味《がんみ》していただきたいと思うので、ここでは気づいた二、三の点にふれて、責をふさいでおきたい。

文献史料・民俗民具資料の出版

「論文を書くのではない、資料を学界に提供するのである」（著作集第一巻所収『豆州内浦漁民史料』序□）、「理論づける前にまず総てのものの実体を摑むということが大変大切ではないか」（同上所収「所感――昭和十六年十一月二日社会経済史学会第十一回大会にて」。以下「所感」と略称）、「いわゆる論文は出さん、全部資料というので通してまいりました」（『犬歩』所収「還暦祝賀記念論文執筆者招待会席上座談話集」。以下「座談話集」と略称）。

アチックミューゼアムを主宰し、民具・漁業史の研究を推進しつつも、それをいかに方向づけるべきかに悩み、模索していた渋沢が（『祭魚』所収「アチックマンスリーから」）、やがて有賀喜左衛門《あるがきざえもん》によって、卓越した「オーケストラのコンダクター」（『犬歩』所収「座談話集」）と評されるような役割を果し切るまでの過程で、渋沢はしばしばこうした自らの姿勢を表明している。自分を学者ではない一実業人と位置づけた上で渋沢は、資料を学界に紹介・提供すること、そのために努力する研究者の仕事を援助・実現すること、「資料主義で通」すこと（同上）に、その使命の一つを見出《みいだ》していくようになったのであり、文献史料については、自らが編者となった『豆州内浦《ずしゅううちうら》漁民史料』をはじめ、『社会経済史料雑纂《ざっさん》』『宇和島《うわじま》藩、吉田藩漁村経済史料』『土佐室戸浮津《さむろとうきつ》組捕鯨史料』『奥能登《おくのと》時国家文書』『諏訪湖《すわこ》漁業史料』など、本巻（『犬歩』）にその序、跋などを収めた史料集のほか、『近江国野洲川簗《おうみやすやな》漁業史資料』『江州《ごうしゅう》堅田《かただ》漁業史料』等々、主として漁業に関わる数多くの貴重な史料を、日本常民文化研究所の直接、間接の活動を通して世に送り出した。

こうした渋沢の姿勢は民俗・民具資料についても貫徹しており、「いわゆる足半について」、『民具問答集』『おしらさま図録』『日本星座方言資料』（以上『犬歩』参照）をはじめ、多数の民俗・民具資料を研究所のノート、彙報《いほう》として発刊したのである。また渋沢は旅の記録をも資料として重視し、『朝鮮多島海旅行覚書』『瀬戸内海島嶼巡訪日記』（以上『犬歩』参照）を編むとともに、自らも『南米通信』（著作集第四巻に収録、序文は『犬歩』）を著している。

注目すべきは、こうした史料集、図録等の刊行に当って渋沢のとった方針である。『豆州内浦漁民史料』の序文のさきの文章（前掲）につづけて、渋沢はつぎのようにのべている。

山から鉱石を掘り出し、これを選鉱して品位を高め、焼いて鍰《からみ》を取り去って粗銅とするのが本書の目的である。これを更にコンバーターに入れ純銅を採り、また圧延して電気銅を取り、或いは棒に或いは板に、或いは線にすることは我々の仕事ではない。原文書を整理して他日学者の用に供し得る形にすることが自分の目的なのである。しかして学者の用たる、目的により、種類により、時代により、研究の視野・角度の変化により、今から何が一番価値があり何が全く無駄であり屑であるかは予想しえない。一方、文書は一村としては時代的にも量的にも纏っている。多少鉱物としての品位の点は落ちても、これは他日学者の精錬法に委すとして大部分を出版してみたい。

渋沢は恣意《しい》的な選択を一切排して、可能な限り、文書のすべてを印刷に付したのである。

これについて中村吉治《きちじ》は「民俗学雋語」(『社会科学の方法』四一号、一九七二年)で、柳田国男《やなぎたくにお》が家永三郎との「日本歴史閑談」の対談の中で「この資料にふれ、伊豆の一網主の家だけでこんなに文書がある。こんなものを一々集めたり見ていて全国の漁業史の問題などやれるものではない。むしろ、そういう中から、これこれは大切だから持ってきてもいい、あとは襖の下張りになっても林檎の袋になってもいいという基準をたてた方がいい」といったことをのべ、「これは危険だと私は思う」、「私は渋沢流にはっきり与したいと思う」と言い切っている。

たしかにここに、渋沢と柳田の史料に対する姿勢の違いがはっきりと現われている。しかし、通常の経路で伝来した文書から見える世界と、紙背文書、襖下張《ふすましたば》り文書のように、いったん、破棄された文書の語る世界とが、全く異質といってもよいほど、鮮やかな違いを見せることは明らかであり、文書史料の保存、整理、刊行に即してみたとき、渋沢のとった方針こそが正当であることは疑いない。もしも柳田のような処理が行われたとすれば、それは文書史料の中で最も民俗の世界に近接する部分を切り落し、抹殺する結果となろう。

こうした渋沢の姿勢は、敗戦後、日本常民文化研究所月島分室を主宰していた宇野脩平《しゅうへい》にもはっきりと継承されていた。宇野は、文書の断片、屑《くず》のような一片たりともおろそかにすべきでないことを、当時、この分室に勤務していた私に懇々と諭し、自らも渋沢の方針に倣い、藤木喜久麿《きくま》の筆写原稿を基礎として、多くの史料集を編纂《へんさん》したのである。

もとより文献史料だけでなく、民俗・民具資料に即しても、渋沢の姿勢は一貫している。民具を蒐集《しゅうしゅう》してきた渋沢は、当初、民具図彙《ずい》の刊行を考えていたが、「我々が民具に対して持つ知識のいかにも貧弱であることを自覚し」、『民具問答集』の形にすることにした。「何が資料であり、何が事実であるか」をはじめ「我々があまりにものを知らぬこと」を前提として、渋沢がこの問答集の刊行によって試みたのは「あまりに早急に形成された概念的資料の雑多」なるに対して、「生《うぶ》な」「第一次資料」の提供であり、「かかる資料が数多く集積されてから後、これを通覧整理し、これを考査究明し初めて、第二次資料すなわち学問的にものをいう資料が生れてくるものと思う」としているのである（『犬歩』所収『民具問答集』第一輯まえがき」）。ここにもさきの文献史料集の場合と全く同じ基本姿勢をうかがうことができる。

また、永年全くの病臥《びょうが》状態をつづける内田武志が「能う限り科学的な方法を採」り、「一つの県で語彙の種類は少ないがこれだけ徹底したものは珍しい」ほどの調査を行ったことに強く心を動かされた渋沢は、それまで「方言関係のものはむしろ避けていた」アチックミューゼアムの彙報の一冊として、内田の成果を『静岡県方言誌』として刊行、さらに敗戦後まもなく『日本星座方言資料』を出版しているが、ここにもこうした地域の篤学の士によって着実に集積された資料に対する渋沢の対処の仕方がよく示されている（『犬歩』所収「『日本星座方言資料』序」）。

それは、長野県北安曇《きたあずみ》郡の俚諺《りげん》二千近くを営々として集め、教えを乞《こ》うてきた一志《いっし》茂樹に対し、このような一地域の俚諺をそのまま持ってくるのは「人類の学問に対する反逆行為だ」とまで言ってこれを却《しりぞ》け、一歩も退かなかった一志をついに「破門」した柳田国男の態度と、まさしく対蹠《たいしょ》的といってよい（一志茂樹「地方史研究の座」『信濃』二二―三、一九七〇年、『地方史の道』信濃史学会、一九七六年、所収）。

地域の学徒、その蒐集した民俗資料に対するこの渋沢と柳田の態度の差異は、さきにのべた文書史料についての両者の姿勢の違いと符節を合せたように一致しており、これは渋沢と柳田の学問に対する姿勢そのものを端的に示す事実ということができよう。広い意味の歴史学の中で「王者」の立場に君臨していた当時の文献史学の倨傲《きょごう》に対し、自らの力で「民俗学を一つの学問として成り立たしめるために」、焦燥すらも伴う緊張の中で努力していた柳田に対し、財力にめぐまれた渋沢は、はるかに先の未来に来るべき本格的な学問の発展のために、史料・資料を用意することに全力を注いでいるのである。もとよりこの事実のみによって、両者の学問の全体を論ずることは早計といわなくてはならないが、そこに渋沢と柳田の学問の本質にふれる問題のあることは疑いない。

索引・絵引作成の意欲

このように渋沢の史料・資料に対する姿勢は、過去の人間生活の営みに対する謙虚な態度に裏づけられているが、こうして紹介、刊行された史料・資料をできうる限り多面的に生かし、学問的な利用に道をひらくために、渋沢はアチックミューゼアムの仕事の一つの柱として、索引の作成を推進した。一九三四年（昭和九）、アチックに迎えられた五十沢《いざわ》二郎によってはじめられ、一九三八年まで三年度分が刊行された『文献索隠』（五十沢の新造語）は、余り世に広く知られていないが、「世間胸算用」「日本永代蔵」などの江戸文学、「農具便利論」等の農書、雑誌・叢書《そうしょ》の目録、日本地名索引を網羅した基礎的な仕事であった（桜田勝徳「敬三とアチックミューゼアム」『渋沢敬三』上、渋沢敬三伝記編纂刊行会、一九七九年）。

とくに五万分の一地形図を十六に区画して、地名の所在を示した索引はユニークな試みであり、豆南《ずなん》・薩南《さつなん》諸島などの島嶼《とうしょ》部をまずとりあげている点を含めて、渋沢の見識が作用していると思われ、もし完成していれば学界に裨益《ひえき》するところ多大だったであろうが、惜しくも中部地方を中心とした一部を作成したのみで、戦争による地図入手の困難等の事情から中絶した。

しかし渋沢は史料集そのものについても索引の作成を積極的に勧めたといわれ、労多くして酬《むく》いられることの少ないこうした仕事に力を注ぐ人々を援助し、評価しているが（『祭魚』所収「『国歌大観』を作った人々」）、自らも日本魚名の辞典・大索引ともいうべき『日本魚名集覧』を刊行（『犬歩』に序を収録）、その過程で得られた知見を著書『日本魚名の研究』（著作集第二巻所収）としてまとめたのである（著作集第二巻解説参照。『犬歩』に序を収録）。

グラバーの子息倉場富三郎の作成した魚譜に対する深い関心（『祭魚』所収「倉場氏魚譜が再び長崎市に戻る経緯」。『犬歩』所収「倉場さんと父君グラバー氏」）も、もとよりそこに発しており、アチックのメンバーの一人藤木喜久麿は渋沢のこの仕事をうけついで、漢字魚名の集覧、索引（原稿は神奈川大学日本常民文化研究所所蔵）の作成に力を注いでいるが、これらの仕事は今後さらに継承・発展させられる必要があろう。

そして、こうした索引作成への強い意欲と、民具研究を通じて得られた経験が、「絵引」という渋沢の比類ない着想を生み出した（『祭魚』所収「絵引は作れぬものか」）。

橋浦泰雄の作成した模写が戦火のため焼失するという不幸による中絶にも屈することなく、敗戦後も渋沢はあらためてこの作業の中心となって熱心に研究会を推進し、宮本常一《つねいち》・河岡武春《かわおかたけはる》等、多くのアチックの同人たちの努力によって、渋沢の死後、『絵巻物による日本常民生活絵引』五巻が完成したことは、すでに周知の通りである。角川書店により刊行されはじめた一九六五年（昭和四十）当時、全く売れず、学界の公然たる反響もほとんどなかったこの『絵引』は、一九八四年（昭和五十九）、神奈川大学日本常民文化研究所での若干の改訂を経て新版として再刊されるや、歴史学・考古学・民俗学・美術史学・建築史学・国文学等の諸分野にわたって大きな反響をよび、絵画史料ブームともいうべき、絵巻物をはじめとする絵画史料による研究の盛行をもたらした。

もとより、これらの諸研究の中でしばしば指摘されているように、当時の研究状況の制約から、この『絵引』には誤りも、不十分な点も多々あることはいうまでもない。しかしわれわれは、この『絵引』が、さきのような渋沢の学問に対する姿勢を背景としたユニークな発想と、永年にわたる努力の積み重ねによって結実した成果であることを決して忘れてはなるまい。

常民の生活記録、民俗誌、民族学

『豆州内浦漁民史料』、『日本魚名集覧』の編纂と並行して、渋沢が自ら推進したもう一つの仕事は、漁民事績の編纂であった。日本の漁業に貢献した多様な「常民人名辞典」ともいうべきこの『日本漁民事績略』は、『国歌大観』に関わり、『戯作者伝記集成』を著した鈴木行三《こうぞう》の協力を得て、河岡武春の作成した索引を付し、敗戦後に完成したが（『犬歩』所収「『日本漁民事績略』上梓のいきさつ」）、こうした常民の事績、生活そのものを記録・資料として残すことに、渋沢は強い意欲を持っていた。『木実方秘伝書』を刊行し、早川孝太郎の『花祭』の出版を援助したこと、自ら丸木長雄、冠地藤市、富永盛治朗の事績を書いていること（以上『犬歩』）にもその一端がはっきりと現われているが、渋沢は戦前、アチックのメンバーを中心に多くの人々を伴って各地に旅行し、前述したような旅行記をはじめ、桜田勝徳・山口和雄等に調査報告を作成させ、さらに越後《えちご》三面《みおもて》に村上清文、南島喜界島《きかいじま》に岩倉市郎を長期滞在させて調査を行わせている。

宮本常一のすぐれた生活誌、民俗誌も、こうした渋沢の意欲を背景に書かれていくのであるが、なにより渋沢は生活者自身の記録を世に送り出すことに大きな力を注いだ。本巻（『犬歩』）に序文が収録されている進藤松司《しんどうまつじ》『安芸三津《あきみつ》漁民手記』をはじめ、吉田三郎『男鹿《おが》寒風山麓《さんろく》農民手記』『男鹿寒風山麓農民日録』、さらに佐藤三次郎『北海道幌別《ほろべつ》漁村生活史』は、いずれも渋沢の働きかけによってまとめられた常民の生活者自身による手記であり、田中梅治《うめじ》『粒々辛苦・流汗一滴』も渋沢の見出した同様の記録である。柳田国男はこの渋沢の試みを「残酷なことをする」と評したといわれるが、こうした記録はさきの進藤の著書への序文からもうかがわれるように、渋沢と記録者との人間的な交流と、渋沢の細かい配慮によってはじめて実現したものであった。民具に対するのと同様（『犬歩』所収『民具問答集』第一輯まえがき」参照）、渋沢は民俗をそれが生きている生活の全体の中でとらえることを目ざし、こうしたさまざまな試みをしているのであり、そこには早くも生態学的な観点、さらには民族学に通ずる方法が模索されていたといえよう。

実際、渋沢は柳田に叱責《しっせき》された岡正雄の留学を援助したのをはじめ（『犬歩』所収「座談話集」）、蒐集した民具の日本民族学会への寄附など、民族学の学問としての確立のために絶大な努力をする一方、南方熊楠《みなかたくまぐす》の仕事を高く評価して全集刊行のために力を尽し（『祭魚』所収「『南方熊楠全集』上梓のいきさつ」。『犬歩』所収「朝日新聞『きのうきょう』欄中より」、以下「きのうきょう」と略称）、鹿野《かの》忠雄『台湾紅頭嶼《こうとうしょ》ヤミ族』、川喜田二郎《かわきたじろう》編『鳥葬の民　チベット人』に、序、あとがき（『犬歩』）を書き、自らもアチックの研究の二部門について「一つは民族学的方面及び社会経済史的方面、他の一つは水産史的方面」（著作集第一巻所収「所感」）と言い、その研究を「民族学」と規定しているのである。

その関心はさらにサル学、霊長類学に及び、本巻にもいち早くサルの餌付《えづけ》をした冠地藤市にふれた短文（『犬歩』所収「丸木さんほか二、三のひとびと」）、「モンキーセンターの『プリマテス』発刊によせて」（『犬歩』）が収録されていることからもうかがわれるように、この新しい学問の発展のために援助を惜しまなかった。

現在、それぞれ見事に開花したこれらの諸学の「幼年期」における、こうした渋沢の温かく、また意欲的な援助は、決して単に新しいものを求めたという程度の底の浅いものではなく、常民の生活そのものを全体としてとらえるという確固たる立場に立脚した渋沢の学問的方法の自《おの》ずからなる発展と見なくてはならない。

戦後、渋沢の推進した九学会連合による地域調査も、また同様の観点に立って行われたものということができる。ここで渋沢の目ざしたのも、諸学の垣根をこえた協力による地域の生活の総体を把握することであった。

人間に対する理解

「学問は知識の蓄積のみでは決してない。いちばん大切なことはその真摯な態度である」（『犬歩』所収「高橋文太郎著『山と民俗』序」）、「誰によらず、学者であり実業家であり政治家である前にまず人間でなければ」ならない（『祭魚』所収「癌と俳句」）、

「大切なのは金ではなくて心であった」(『犬歩』所収「『第一銀行八十年史』発刊によせて」)。

これらの発言は渋沢自身の生き方と学問に対する姿勢を端的に示すものといってよい。アチックの同人に対し、「己惚れは禁物」といって真の自尊、協調、謙譲を求めつづけ(『祭魚』所収「アチックマンスリーから」)、「失敗史は書けぬものか」(『祭魚』所収「受けうりばなし二、三」。『犬歩』所収「七十七銀行七十七周年祝辞」)としばしば提案しているのも、もとより同じ立場からの発言であった。

血友病という不治の病により、全くの横臥《おうが》の身でありながら、さきの『日本星座方言資料』についで菅江真澄《すがえますみ》の研究に没頭し、その未刊文献集を刊行した内田武志の学問、兄を助けてその手足となった内田ハチの献身的努力、そして内田と「盲目の少女」須藤春代《すどうはるよ》との心の交流を描いた「仰臥《ぎょうが》四十年の所産」(『祭魚』)は、まことに感動的な文章であるが、ここに見られるように、渋沢は世に現われた著書以上に、それを生み出すにいたった人間の生き方そのものに、つねに関心を持ちつづけた。

さきの高橋文太郎、癌と闘い抜いた山極勝三郎《やまぎわかつさぶろう》をはじめ、「日本常民の心」を読みとって、これを写真に表現した浜谷浩《はまやひろし》の『雪国』、真の教育者であり、すぐれた民俗学者であった礒貝勇《いそがいいさみ》の『丹波の話』、「自分以外のもろもろの事象と自分とをはっきり区別し、環境によろめかず、左右されず、同時に見逃すべからざる機会は正確に把握して自らを失わな」かった人、谷村貞治《やむらていじ》の『白萩荘随談』、「人が躍動」する経済史を書くようになった福本和夫の『日本捕鯨史話』等々、渋沢の序、跋はみな（『犬歩』）、その人間に対する深い関心と理解の上に立って書かれている。

また、渋沢をして「民間の正倉院もの」とまでいわしめた遠野《とおの》地方のオシラサマ四十体を集めた太田孝太郎への高い評価、『台湾文化志』を著した伊能嘉矩《いのうかのり》の人道的情熱への共感、菅江真澄の人物についての強い興味、「自分の眼で見たものと然らざるものを判然と区別」する力を持つ博物学者松森胤保《たねやす》への関心、「当時の日本の隅々にいた常民の生活状態を正確にうかがいうる」著書『拾島状況録』を書いた学者笹森儀助《ささもりぎすけ》への賞讃《しょうさん》、さらに「ナイーヴな地方の学者」、『遠野物語』の話者佐々木喜善《きぜん》の知識全般が学界に紹介されなかったことに対する痛恨（以上『東北』）などにも、東北の人々に即した「人と学問」に対する渋沢のとらえ方が直截に現われているといってよい。

そして、この佐々木のように、「常民研究者の手になるがために世に問う能わずして他を益す機を失せる原稿」、すぐれた学者の篋底《きょうてい》に埋もれた業績を「一斉に世に咲かせることを、渋沢は「私の夢」（『犬歩』）として語っているのである。

さきにふれた倉場富三郎についても、渋沢はそのすばらしい魚譜そのものを喜ぶだけにとどまらず、その父で幕末・維新期の日本で大きな役割を果たしたT・B・グラバー、富三郎の家系を追究しており（『犬歩』所収「倉場さんと父君グラバー氏」）、蔵《ざ》王《おう》の木地屋を丹念に調査した菅野新一の『山村に生きる人びと』、クスの木の民俗解明に寄与した郷野不二男《ごうのふじお》の『くす風土記』、実用建築家としての非凡な力量を発揮した西村好時《よしとき》の建築図集等々、渋沢が求めに応じて序・跋文を書いた書物の全体を通観することによって（『犬歩』）、渋沢の視野の広さ、その人柄と関心の赴くところをうかがいうるとともに、常に学界の盲点として人の注目をうけることの少ない仕事を取り上げ、世に出そうとする強い意欲がそこに働いているのをよく知ることができる。

その内容についても、戦前以来の渋沢水産史研究室の大事業であった『明治前漁業技術史』の序はもとより、塩の輸送に関連して「山の文化」と「海岸の文化」との関わりにふれた『中馬制資料』の跋、「不動産は永遠に不動だとは人々の観念の上のみ成立するもの」と指摘、それがじつは変化、流動する一面を持つとした「日本不動産研究所機関誌発刊に際して」（以上『犬歩』）など、渋沢は示唆に富む見識を随所に示している。「生体消防」、『第三の医学』のように分野の異なる書物の序文でも（『犬歩』）、民具・民俗と同様、人体を総合的に全体としてとらえることを渋沢は強調しているのである。

当然、こうした渋沢の態度は実業界・政界、あるいは渋沢家についても一貫していた。祖父青淵《せいえん》に即しては『青淵論語文庫目録』（『祭魚』参照）、青淵筆写、楽翁《らくおう》公著

『むら千鳥』(『犬歩』参照)など、地味な史料の紹介にとどめつつ、青淵の代理人、兄の元次の身代りとして徹底した生涯を送りながら自己を生かした渋沢治太郎《じたろう》には温かい評価を送り、石黒忠篤《ただあつ》について「農だけでなく「人」への真実一路邁進である」とのべ(『祭魚』所収「石黒さん」)、山際正道を「一官吏とか有能とか明敏とか云う前に「人」として高く評価します」(『祭魚』所収「山際正道君」)と言う渋沢の見方は、学者である前に真の「人」であれといったさきの発言と全く変りないといってよかろう。

こうした視点から渋沢は、新木栄吉の孝心篤く誠実な人柄を偲《しの》び、五島慶太を「活火山」と評し、空襲で命を失った谷口恒二《つねじ》の追憶を心をこめて語り、真珠王御木本幸《みきもとこう》吉《きち》についても、エジソンを全く無料で宣伝に用いた稀代《きたい》の宣伝上手(以上『犬歩』)と評価している。

また、七十七銀行七十七周年の祝辞で、さきにもふれたように、日本にこれまで「失敗史がなかった」ことを反省すべきであると指摘、『東京製鋼七十年史』の序文でも、自ら働く力を持たぬ綱が両端の何物かの間に入ると、とたんに大活力を発揮し、両端のものを生かし切るとのべて、人の生き方にふれ、『第一銀行八十年史』発刊によせて」には「大切なのは金ではなくて心」、この心の「誠実と親切と知識」という加納友之《かのうともの》介《すけ》の言葉を引用しているが(以上『犬歩』)、これもまことに渋沢らしいといえよう。そして『渋沢倉庫六十年史』の「はしがき」(『犬歩』)においても、「ものが要る時にはいらなく、要らない時に大変役に立つのが倉庫の性格」として、一般に認められていないこの事業の意義を強調しつつ、珍らしく自らの幼年期の思い出を語っている。

このように、渋沢はアチックミューゼアムにおけるのと同様の姿勢で、実業界に生きていたのであり、それ故そこから、実業史博物館の構想も生れ、また田中啓文《けいぶん》所蔵の貴重な貨幣標本を戦火をくぐって日本銀行に収蔵し(『犬歩』所収「日銀収蔵貨幣標本のいきさつ」)、金融図書館、貨幣博物館を建設しようとする夢も描くことができたのである。

もとより社会生活においても渋沢の姿勢はなんら変っていない。とくに博物館に対する関心は強く、ストックホルムやデトロイトの野外博物館、ナポリ水族館などのすぐれた施設を見て、日本にもこれらに学んだ博物館、水族館を建ててはと考え(『犬歩』所収「きのうきょう」)、それは吉川英治の作品を読んで、パリの動物園の小動物に対する真心のこもった扱いを連想するほどであった(『祭魚』所収「水流任急境常静」)。また、さきの癌に対する山極勝三郎と同様、ハンセン病の患者を救うべく、一生、情熱を傾けた光田健輔《みつだけんすけ》を高く評価し、台湾の嘉儀《かぎ》に大ダム嘉南大圳《かなんたいしゅう》を建設し、農民の信頼と人望を一身に集めながら戦没した八田與一《はったよいち》をたたえるなど(『犬歩』所収

「きのうきょう」)、社会の中で知られざる努力をつづけた人々に対し、渋沢は目を注ぎつづけてやまなかった。

そして戦前、朝鮮を訪れて朝鮮人の心にふれ、李《すもも》の好きな朝鮮の人々には「さほど感興を惹かない桜を沢山植えて自分等と同じように愛好するものときめてかかっている」独善的で心ない「内地の人」に対する崔麟《さいりん》の批判をさりげなく引用した文を書いた渋沢は（『祭魚』所収「アチックマンスリーから」）、敗戦直後のアメリカ占領軍の査察のためにおこった「日本銀行『本日休業』」（『祭魚』）という稀有《けう》の事態にまつわる秘話を淡々と記し、さらに「リバティとフリードム」の違いを指摘、兵・食・信のうち、一応、兵をすてたとしても、食をとって信をすてるであろう日本人を嘆く穂積重遠《ほづみしげとお》の言を引きつつ、民主主義の根なお浅く「再軍備の前に考え為すべきことの多い」現実であると、世の風潮を諷《ふう》している（『祭魚』所収「受けうりばなし二、三」）。

一方、渋沢は沖縄戦災校舎復興後援会会長に推されて一九五四年（昭和二十九）、「南島見聞録」（著作集第一巻所収）の旅以来、三十年を経た戦禍なお生々しい沖縄を訪れ、九二五万人の「内地学童」による拠金を贈るとともに、これに「感動」して校舎再建にのり出した米軍の「暖かき呼応」を評価し、沖縄での歓迎の模様を報告しており（『犬歩』所収「九百二十五万六千人の心」）、同じころ、ブックマンの教導するMRAの四つの道義、「絶対の正直と愛と純潔と無私」に深く感動し、その活動を「忘れられた要素」（『祭魚』）と題して詳細に紹介、さらにブックマン八十一歳の誕生日に当って、国際的な対立の融和に対するMRAの貢献に言及している（『犬歩』所収「ブックマン博士の第八十一回誕生日を迎えて」）。

こうした戦後の渋沢の社会活動も、これまでのべてきたその生き方の延長線上にあるといってよかろう。いまなお戦後の渋沢の行動のみを取り上げてあげつらう見方が後を絶たないが、それは全く皮相というべきで、こうした活動もまた、渋沢の全生涯の中において考えられなくてはならない。

大いなる示唆

渋沢の本格的な学術論文、著書は少ない。しかし本巻に収めた短文の中には、抜群の視野の広さと勘のよさに裏づけられた、示唆に富む鋭い指摘が数多くちりばめられている。

東北の生活の中での米作の重要性に注目した渋沢は、それが「窮迫して落ちぶれてこの地方にやって来」た人々によって行われたのではなく、江戸時代の「最初から米作などで一身代を作り上げようというようなパイオニア」による多くの下男・下女を使用した「水田の企業的経営」として営まれ、「米作は健実な企業たりえた」と指摘する（『東北』所収「公私用日記」）。これは秋田の奈良家に伝わる寛政以来の「公私用日記」にも依拠した見解で、決して単なる思いつきなどではないのであり、現在の学界の「常識」とは著しく異なるとらえ方であるとはいえ、むしろこの方が事態の本質をよく衝《つ》いた見方ということができるのではなかろうか。

このような日記の史料としての重要性を強調しつつ、渋沢はさらに東北の金（『東北』所収「東北の金と米」）、モチ鉄などの鉄に目を向け、その精錬のために必要な炭を焼く人々の中には「南の方から移動してきた者も少なくなかった」ことを炭焼長者伝説の分布から推測し（同上「オシラサマ」）、南部、津軽《つがる》、秋田などで製鉄・土木等に従ったキリシタンがいた点に着目している（同上「キリシタンの痕跡《こんせき》」）。そして鉄や塩を運ぶ牛「野田《のだ》ベコ」の役割（同上「野田ベコ」）、とくに塩の舟運の一大動脈としての北上川に注目するとともに、東北を中心に、塩は神そのものに祭られていないこと、八戸《はちのへ》沿岸では「製塩労務者は海岸の人であっても、企業家は奥地に薪を伐る山林を所有し、冬分雪上運搬でわりかた楽に搬出しうる人々」であったこと、塩にまつわるさまざまな言葉、民俗などに言及しているのである（同上「東北の塩」）。

このほかにも塩に関わる含蓄の深い指摘が見られるが、渋沢はここに見られるように人と物の移動を見逃していないのであり、一九五五年（昭和三十）の段階で、早くも津軽平野の米と木材を京阪地方へ積み出した岩木川・十三潟《じゅうさんがた》（『東北』所収「津軽の砂丘」）、小島ながら多くの船が寄港した羽後《うご》の飛島《とびしま》にふれ（同上「羽後飛島」）、江戸時代の日本海交通がきわめて活発だったことを強調し、「船影三里、帆影七里」という山アテの航法、海岸の人々、航海民の山に対する信仰にも言及している（同上「帆影七里」）。

その上で渋沢は、紅花が最上《もがみ》地方の最も大きな貨幣収入源であったとし、「封建社会の封鎖孤立性はしきりに強調されるが、産業を通じての文化移動もまた案外活発であったようである」とのべている（『東北』所収「最上の紅花」）。この渋沢の見方は、「封建社会の農村は本来、自給自足」という、いまなお根強い「常識」の誤りをいち早く指摘したもので、その正しさは近年の研究によってようやく実証されつつあるが、しかしこの指摘から現在までの長い年月を考えると、戦後の歴史学の一面に救い難い保守性のあったことは否定し難い事実といわなくてはならない。

さらに木地屋とコケシ、オシラサマの関わりも、渋沢ならではの指摘であるが（『東北』所収「木地師」）、かねてからのこうした移動・遍歴する職人・商人への関心を背景にまとめられた「日本広告史小考」（『犬歩』）は、これまでの商工業史が全く目を向けてこなかった分野を切り拓《ひら》いた、まことにユニークな論稿である。実物・音声・楽器・新聞広告など、多彩な広告のあり方を、市・商工業の発展の中でとらえ、豊富な絵巻物等の絵画や写真を用いて、渋沢はきわめてわかりやすく広告の歴史を説いているのであるが、これは三十五年以上も前に書かれたとは思われぬほど、現代的な感覚の「小史」となっている。この分野はまだまだ開拓の余地が広いといってよかろうが、原始から近代まで及ぶこの「小史」を越え切ることは決してたやすい仕事ではない。渋沢の研究はいまなおそれほどの意味を持っているのである。

また渋沢は、還暦祝賀記念論文執筆者招待会の席上で「日本の漁業史が今までどうして盛んにならなかったか」について、漁民の流動性が豪農の子弟のように「勉強」の蓄積をさせなかったのではないかという点、そのことも関連して宮本常一のような漁村出身の学者が少ないことをあげ、「もう一つは、ヨーロッパには水産史というものがあまりなく、農史が主であり」、「水産史的な学業は農業に比して少ない」ことに大きな原因があるとし、「横文字にない方面」が「日本であまり発達しなかったということは、明治時代から大正にかけてあったと思う。そこで日本の漁業史というものが案外等閑視されていたの」ではないか、とのべている（『犬歩』所収「座談話集」）。

前の二点にも考えるべき大きな問題があるが、この第三の指摘は全くその通りであり、それは単に明治・大正にとどまらず、現在まで及んでいるといわなくてはならない。実際、現在の歴史学の学術用語のほとんどが「横文字」からの翻訳語で、「農奴」「隷農」等々、それらはすべて「農」と結びついているという現状がそのことをよく物語っており、いまだに漁業史、海民史には定着した学術用語がないといわざるをえないのである。水産史、海に生きる人々の歴史が日本の社会の中で軽視、無視されてきた理由はさらに根の深いものがあるとはいえ、渋沢のこの発言は、事の本質、とくに日本の学界・学問の体質を見事に衝いたものといわなくてはならない。

渋沢に驚くべき先見の明があったことは、以上によっても明らかであるが、丹波《たんば》の鴨庄《かものしょう》村を訪れた渋沢が、これを「考えている村」(『祭魚』)としたのもその一例になろう。水田三五〇町、三五〇戸のこの村が畑地・果樹園に力を入れ、養魚場を持ち、鶏・乳牛を飼い、山の材木を用いていることに目をみはり、この村は「農村即漁村即畜村即林村即工村であるのみならず一番大切な徳村でもありますね」と讃辞《さんじ》を呈しているのは、いかにも渋沢らしいが、渋沢はそこに日本の村のあり方、実態を見ているのだと私は思う。恐らくこうした村のあり方は歴史を古く遡《さかのぼ》ってまで考えられることで、水田についても米だけでなく藁《わら》とその文化に注目する点をふくめ(『東北』所収「東北の米と金」。『犬歩』所収「わが国の藁文化」)、ここに示された渋沢の見方も、今後さらに継承・発展させられなくてはならない。

このほか、渋沢の鋭い着眼は本巻の短文のいたるところにきらめいている。日本の民具に装飾の少ないという指摘(『祭魚』所収「アチックマンスリーから」)、船乗りや漁師の名前に「陸軍式」の衛門《えもん》・兵衛《ひょうえ》が少なく、新八《しんぱち》・善七《ぜんしち》式が多いのではないかという問題(同上)、古代から現代にいたる肩書のあり方と変化に注目し、姓のない天皇もまた後醍醐《ごだいご》が「天子」「皇帝」と自署したことのあった点にふれていること(『犬歩』所収「肩書小考」）、爪印・拇印《ぼいん》から指紋に目をつけた点（『犬歩』所収「きのうきょう」）など、みなこれからさらに考究される必要のある問題といえよう。

社会問題をめぐる発言も同様で、「招宴の文化性」「セールスマンの量産」（同上）、エネルギー問題に関連する「太陽からもう少し頂戴できぬか」（『犬歩』所収「ダイヤモンド『私見』欄中より二篇」）、「真の「電話時代」を早く」（『祭魚』）、さらに癌と都市に類似性を求め、都会人の異常発達を警告している点など（『祭魚』所収「癌と俳句」）、みな現代の問題を先取り、予見しているといってよかろう。しかし、これも決して単なる思いつきではない。日本・アメリカに共通して、「中小企業」がきわめて多いことなどを指摘した「意外な数字二、三を通じて」（『犬歩』）で、「人類の経済は、生物の自然天然の生活と同じように、大きなサーキュレーションの環のなかで把握すべきで、バラバラにしては、事象はつかめても、機能は理解できぬであろう」と結ぶ渋沢の目は、やはり民族学者のそれということができよう。

そして、さきの癌と都市との類似を指摘し、人類が人自らのために滅びる危険のあることにふれた文章の末尾で渋沢は、もとより癌とは異なり「都市の細胞たる人々には各々立派な精神が」あり、「必ずやこれが人類をして深淵に落とさぬことと確信しますー」と言い切っている。「常に、他人は已より共鳴能力が大きく自分には他人の世界が知悉できぬことを謙虚な気持ちで悲しみ、同時に自分の心は他人にたとい隠していても、すでに限なくわかっているものと心得て毎日の生活を正直に素直に努力精進してゆきたい」(『犬歩』所収「共鳴」)。これが若き日の渋沢の生活信条であった。これらもまた、現代に生きるわれわれにとって、大いなる示唆となりうる発言ではなかろうか。

柳田国男と渋沢敬三

渋沢はつねに民俗学の先覚者としての柳田に敬意を表し、尊敬の念を隠すことはなかった。柳田もまた、そうした渋沢の存在を意識しつづけ、両者の関係は少なくとも表面的には終生変ることがなかったといえよう。

そして二人の関わり方が、有賀喜左衛門と宮本常一が口をそろえて、「民俗学に関しては渋沢は柳田の開いた道を絶えず眺めつつ、柳田が拓き残した原野に自分の道を開こうとして来たことも疑いない」(有賀『一つの日本文化論』未来社、一九七六年)、「とにかく渋沢は人を大事にした。そして柳田の足らざるところを柳田の気付かないところで補うように努力した」(宮本常一『澁澤敬三』講談社、一九七八年)といっているようなあり方だったことも間違いなかろう。

それはすぐれた先輩と後輩の間の模範的な結びつきであり、両々相俟《あいま》って、現在の人文諸学の多面的な発展を基礎づけ、支えているということもできよう。しかし、現在の学問の状況を考えると、もはやそれだけですましておくわけにはいかないので、この二人の巨人の関係、それぞれが築こうとした学問については、さらに深く立ち入って考えてみなくてはなるまい。

もとよりここでは一言するにとどめざるをえないが、前述したように、傲《おご》れる文献史学に抗して民俗学を一個の学問として確立すべく全力を注ぎ、よきにつけ悪しきにつけ、強烈な個性と、たやすく人の追随を許さぬ力量によって、その目的を「達成」した柳田に対し、渋沢はすぐれた学問的な力を蔵しながら、自らを一実業人であり、学者ではないという立場に一貫して位置づけ、その財力によって学者の仕事を世に出し、それを援助することに使命を見出した、稀有の条件に置かれた謙虚な研究者であった。

それ故、渋沢の学問は柳田のそれに比べて、しばしば「方法的な体系性に弱い」(中井信彦「史学としての社会史」『思想』六六三号、一九七九年)と評されるが、むしろ渋沢はそれをもってよしとするに相違ない。渋沢は当初から最後まで、自らの体系的な学問を完成することなど全く意図せず、百年の先を見ていたということができる。

しかしそこからおのずと渋沢の学問の本質が浮び上ってくるのであり、それは単純な追随者をたやすく許さないきびしさを持っているといえるであろう。渋沢の示唆した道を歩むことは、労苦にみちた「狭き門」に入ることを意味している。

実際、渋沢の力を注いだ民具学は、宮本常一、河岡武春の苦闘を通じてようやく軌道にのろうとしており、水産史―海民史の研究もまた、多少とも活発化しつつあるとはいえ、いずれの道の前にも、けわしい山々が立ちはだかっているといわなくてはならない。

また、渋沢の蒔《ま》いた種は、国立民族学博物館として、また文部省史料館―国文学研究資料館として見事に実を結んでいるが、その一つである水産庁資料館はいまや組織としては消滅する運命にあり、さきにあげた渋沢のいくつかの夢のうち、最も雄大な延喜式博物館の構想は、なお夢のまた夢にとどまっている。

銀行の頭取・総裁であり、大臣にもなり、一時期「公職追放」の処分をうけた渋沢に対する学界の誤解も、なお決して消えてはいない。かつて日本常民文化研究所に属していた私は、渋沢の下にあったが故に「アメリカ帝国主義の手先」といわれたことがあったが、いまなお渋沢の学問を「金持の道楽」といい、「民俗学に資本の論理を貫徹させた」などという、まったく的の外れた批評が後を絶たないのが現状である。

しかし日本の近代が、紛れもない資本家の中からこれほどに卓越した人物を生み出したことに、われわれはむしろ誇りを持つべきであろう。そして失うべきものをなに一つもたないわれわれが、渋沢の提示した課題をなしとげたとき、地下の渋沢が莞爾《かんじ》たる笑みを浮べてこれを喜ぶであろうことを私は確信し、渋沢の事業をうけつごうと志す神奈川大学日本常民文化研究所において、残された時間を全力をあげて生きたいと思う。

〔付記〕

本巻所収の文章の中で、渋沢の思い違い、あるいは誤りについて一、二、気づいた点にふれておく。

「『奥能登時国家文書』序」（『犬歩』）において、渋沢は上時国家《かみときくにけ》・下《しも》時国家の両家の関係にふれ、「庵室分」をうけついだ下時国家を「分家」とし、「長男が早世したため次男があとをとり、父が長男の子をつれ分家隠居したもののごとくである」としているが、最近の神奈川大学日本常民文化研究所による両家の文書の調査によって、「庵室」―「あぜち」はたしかに隠居であるが、少なくとも江戸前期までは「主家」―「おもや」に対する「あぜち」の権威は大であり、たやすく「分家」とはいえないこと、特に土方《ひじかた》領と前田領の競合の中に置いてみると、これは「分立」して両家になったと表現すべきで、藤左衛門が「すへ（末）のせかれ」千松をつれ、「庵室分」を前田領とし、土方領となった「主家」はその「惣領のせかれ」次郎兵衛が継承した事実が明らかになっている。渋沢の記述は文書が十分調査されていない時期のもので、訂正されなくてはならない。

また、渋沢は戦後、日本常民文化研究所の蒐集した資料が、大部分、水産庁資料館に納まっているとしているが（『犬歩』所収「座談話集」）、当時、各二部作られた古文書の筆写本の一部、東京大学農学部から移管された祭魚洞文庫の水産関係図書、それに寄贈された文書と借用した文書のごく一部分が水産庁資料館に入り、他の一部の筆写本と寄贈された文書のごく一部分及び借用の文書で未返却のものは神奈川大学日本常民文化研究所に保管され、現在も返却作業が進行中である。なお、中央水産研究所に移管されることとなった水産庁資料館のこれらの文書・図書を、多くの研究者の利用に供しうるようにするための方途について、現在、模索中である。＊

なお、本巻にも「生蕃」等の言葉がごく僅《わず》か見られるが、これについては著作集第一巻の解説を参照されたい。

＊この仕事が一九九五年に軌道にのったことは、本書Ⅳでふれた。

被差別部落・「原始民族」への言及について

『澁澤敬三著作集　第一巻』解説

本巻（『澁澤敬三著作集　第一巻』平凡社、一九九二年）所収の論稿のうち、とくに「南島見聞録」には台湾の住民を「本島人」「土民」、高山族《こうざん》（高砂族《たかさご》）を「生蕃」「土人」と表現するとともに、高山族、アイヌ、太平洋の「太平洋民族」をあわせて「我が国の有する三大原始的民族」「原始民族」とし、朝鮮半島の米を「鮮米」と表記するなど、民族差別を潜在させた語が多用されている。また「本邦工業史に関する一考察」にも、同様の「未開人」の語、さらに「特殊部落」「特殊人民」「下り職」など、部落差別を明示する用語がしばしば見出され、それは特定の地名にまで及ぶ場合も見られる。

そして、「学界に未だ定説なきも」と断っているとはいえ、被差別部落を「大和《やまと》民族」とは別の「異種族」とする「多くの説」に沿った叙述も行われている。この「多くの説」の成り立たないことは、すでに現在までの研究の進展によって明白になっているが、なおこうした「俗説」に基づく差別が世に潜在しているのが現実である以上、すでに七十年ほど前に書かれた歴史的な論稿とはいえ、これらの叙述・用語について、研究の現状、現代社会の状況に即して、渋沢がこれらの語を用いた意味と背景とを明確にしておく必要のあることは明らかである。本巻では該当の箇所に編集部による註《ちゅう》を付し、万に一つでも読者の誤解のないようにつとめた。

しかしこれは渋沢敬三の学問、あるいは社会的な活動を考える上で、決して無視することのできない重要な問題の一つである。もとより、本著作集が広く世に迎えられ、多くの人々の検討・研究の対象となった暁には、この問題がさらに深く掘り下げられるであろうことは期して俟つべきものがあるが、当面、これらの論稿を一読した現段階で気がついた二、三の点にふれておきたいと思う。

台湾に渡り、台北《タイペイ》を見た渋沢は、まず博物館の貧弱さに着目し、福建《ふっけん》人、広東《カントン》人などの中国大陸の出身者や高山族などをその住民とする台湾の社会について、人類学的、民俗学的な研究が大いに必要であること、それは日本人自身が人類社会の中での自らの位置づけを正確に認識するためだけでなく、中国人の生活そのものを深く理解する上でも、当面、必須の課題である、と強調している。

そして、アイヌ民族について、小金井良精《こがねいよしきよ》、バチェラー、金田一京助《きんだいちきょうすけ》などのすぐれた学者がその研究を進めているように、台湾の諸民族に即しても「柳田国男さん」のような研究者が生まれることを切望しているのである。さきに「民族差別を潜在させている」といった語は、まさしくこうした文脈の中で多用されている点に注意しておかなくてはならない。

また、当時の学問の状況や日中関係を考えると、こうした渋沢の指摘が学問的にみても卓見であり、真の深い相互理解に基づく日中の友好を目指している点でも、時流を大きくこえる姿勢であった。そしてこのような台湾での経験こそ、後年の人類学・民族学・民俗学の研究者との交流、援助から、戦後の国立民族学博物館の設立にいたる、渋沢の社会的な活動の原点の一つになっているものと思われる。

しかもそれが決して単なる門外漢の立場、傍目八目《おかめはちもく》などではなく、渋沢の異文化・異民族に対する学問的な姿勢、研究者としての鋭い着眼に裏づけられていたことは、この見聞録自体が、すぐれた「民族誌」となっている点から見ても、よく知ることができる。「水呑、中百姓、地主」の階層別に農家を訪問し、その生活の実情を確かめ、「現世と鬼界の扉」となる煙のもととなる金銀紙の機能に注目し、駅で売られている粽《ちまき》の三角形に目を向け、高山族の民謡に三部のハーモニーを聞き取る渋沢の耳目は、広い視野を持つ民俗学・民族学の研究者のそれといっても決して過言ではなかろう。

そして沖縄諸島に渡ってからも、糸満《いとまん》人の漁撈《ぎょろう》を実見し、葬制や歌謡に深い興味を示した渋沢は、「琉球が我が古代日本の文化研究、更に進んでは日本人種の研究に対し、無限の暗示と解決の鍵を有するが故に、近頃になって柳田氏等の御尽力によってようやく擡頭しかけてきたこの種の研究がどうぞキビキビと生長してほしいと希う」とともに、一方では糸満人の動きにふれて「民族移動が海上必ずしも陸上に比して稀ならざるに非ずやという暗示を得」た上で、「島国なるが故に孤立しやすく、また同時に島国なるが故に他の世界に近接しやすい」点に着目、「島国としての琉球に関する各種の法則なり現象なりは、或る程度まで我が日本島帝国そのものにも当て嵌まるのではあるまいか」という興味深い見通しを示している。この辺に、後年の渋沢が推進した海民、漁業の研究の出発点の一端を見出すこともできるのではあるまいか。

そしてここに見られるような渋沢の学問的な熱意が「理屈」ぬきで、「本島人」よりも「生蕃」―高山族に親近感を覚え、その「潑溂たる生気」に、「現代の皮相な文明」に対し、むしろ「強い尊敬を感」ずるような感性、「支那服を和服に変えることは高級民族を崇拝しての結果」と優越感にひたる「浅墓な日本人」、「台湾の小学生に朝鮮征伐を事細かに教え込んだり、オドオドする児童にテニヲハをつめ込んだりすることによって、台湾人が日本人に脱化したり、或いは彼等の民族的自覚を消失し得るとでも思っているのか」という「総督府ないし日本官民」に対する痛憤、さらには西《いり》表島《おもてじま》の炭坑で働く「坑夫」「苦力」の状況を「生き地獄」とし、そこで示された老人の好意に涙する激しい社会批判の視点に支えられていたことに、注目しておかなくてはならない。

「坑夫」をこのような状態に放置する一方、アイヌ民族、朝鮮民族、そして「生蕃」——高山族に対しては「同化政策」を強制する、当時の「大日本帝国」の支配層に対するきびしい批判の一端を、渋沢はここで噴出させており、こうした姿勢を堅持していたが故に、「米穀大会」に出席しながら、渋沢は米作一色に台湾をぬりつぶそうとする「官民」の志向に対しても、控えめながら批判的視点を持ち得たのである。

それは、日本人の米作奨励に対し、粟《あわ》や稗《ひえ》に固執する高山族に対する肯定的な発言、導入された内地米の籾《もみ》が在来種のように落ちないために、家鴨《あひる》を追う「遊牧者」たちが家鴨の餌に不足して困っているという指摘などに現われているが、とくに、「看天田」を変えるために「植民地の政府」が建設しつつある大規模なダム——「嘉南大圳」を批判した渋沢は（渋沢はのちにこれを建設した八田與一を評価している）、ここでも「小学校に於て、朝鮮征伐には小早川隆景や浮田秀家等と微細に教えている総督府」が「民政的方面の調査研究」を欠き「覇道」に走ろうとしているのではないか、という危惧《きぐ》を表明しているのである。

もとより、一九二六年に書かれたこの見聞録には、現在の研究水準から見れば成り立ちえない見方も随所に見られるが、そうした点やさきのような用語の問題をこえて、これは渋沢の学問、社会に対する姿勢の確かさをよく示しており、その後の学問の方向、社会的活動を考えるためにも重要な文章といってよかろう。

それとともに注目すべきは、さきのダム建設に対する批判、台湾米の将来、さらに沖縄の地割制度への着眼等、この見聞録からもよくうかがうことのできる経済学に裏打ちされた経済政策に関わる渋沢の見識である。そしてそうした経済学・経済史の研究者としての渋沢の、いわば処女論文が「本邦工業史に関する一考察」であった。カール・ビュッヘルの発展段階論に沿って、家内仕事・賃仕事・手工業・家内工業と、「本邦」における工業の発達を、自らの調査・研究にも拠《よ》りつつ、渋沢は具体的な事例をあげて詳述しているが、さきの部落差別に関わる叙述、用語、地名等は、とくに賃仕事、家内工業の節に見出される。

このうち、賃仕事の出職の事例として、渋沢は遍歴する鋳掛屋、鋳物師《いもじ》の実態にふれ、大工、左官にも巡回する人々のあったことをあげている。このようにいまから七十年以上も前の論文で、早くも遍歴職人を「工業史」の一環として取り上げている点に、渋沢の慧眼《けいがん》をうかがうことができるが、その視野の中に、被差別民の中に見られる箕直し、「筬掻女《おさかき》」、「黒鍬《くろくわ》」などの漂泊民をとらえ、渋沢はこれらの人々とジプシーとの類似に言及した。そして、「殆ど歴史上の晴やかな舞台には出なかったけれども」「或る種の生産に関与し、この範囲内に対しては相当の権威と独占的特権を有していた」これらの「漂民」について、「研究が我が国にはまだ殆ど欠如され、ために吾人にとって資料の甚だ乏しきが上にも乏し」いことを慨歎《がいたん》しつつ、「詳細は他日の研究に俟ちたい」としているのである。

こうした叙述の中で、先述した通り、渋沢は「異種族なるが故に特殊的待遇を受けしものあり」とする「一推定」に基づき、これを「種族工業の一例」と見る仮説を提示しており、この見方の成り立たないことは、現在までの研究によってすでに明らかにされているが、被差別民の生業を職人史の一環として取りあげ、遍歴する職人を「工業史」全体の中に位置づけようとした渋沢の着眼自体は、これらの用語、誤った仮説等をこえて、今日もなお継承・発展させる必要がある。実際、このような視点からの研究は、渋沢の期待にも拘らず、近年、ようやく本格的に着手されようとしている程度、といわざるをえないのが現状なのではあるまいか。

同様のことは、渋沢が各種の家内工業の事例の中で取りあげた足駄爪革《つまかわ》製造業、「下駄表或いは草履製造業」についても指摘することができよう。その原料の仕入先、製作の過程、製品の販売先にふれつつ、渋沢は足駄爪革を「市内の下駄屋またはその小売店に生産者より直接売り込む」ことを「地廻《じまわ》り」と称し「良品のみを取扱い、しかもその売買は必ず雨天の節に限るという奇妙な商慣習」があったとする「田島昌次氏談」をあげている。渋沢の目配りのよさは、早くもここによく現われているので、このような興味深い商慣習は、この業種に限らず、従来、必ずしも十分に採集されてきたとはいい難く、民俗学の立場からの研究もまた未熟といわなくてはならないのである。

そして、予想される工場制工業の発展の中において、深刻な社会問題を抱えつつも、家内工業に根強い生命力のあることを評価しつつ、この処女論文を結んだ渋沢の立場が、後年の民具、あるいは職人に対するその深い関心と学問的追究に発展していったということができるのではないか、と私は考えている。

とはいえ、こうした青年時代の渋沢の時流を抜んでた姿勢と卓見にも拘らず、「大日本帝国」による植民地支配そのもの、あるいは被差別部落に対する当時の社会の差別自体について、渋沢が世の「常識」に従って民族差別、部落差別に関わる用語を、とくに考慮することなく用いていたことも事実である。また、ここであげた論稿以外に、東京市養育院の井《い》の頭《かしら》学校の生徒たちがブラスバンドのすぐれた指導をうけることによって、いかにそのすばらしい資質と才能を発揮するようになったかを、感動的な生徒自身の手記を通じて世に訴え、こうした生徒を「不良少年」ときめつける謬《あやま》りを強く主張した「井の頭学校生徒手記二、三」の中で、「子供達の頭にしらくものあるのもあった。虱のいる子もあった。富川町あたりでなければないような特殊の匂いを持った子もいた。腫物のある子もいた。強情な子もいた。ずるい子もいた」と、渋沢がなんの屈折も配慮もなく、こうした表現を用いて文章を書いていることも、やはり見落とされてはなるまい。

柳田国男、折口信夫《おりくちしのぶ》、喜田貞吉《きたさだきち》、津田左右吉《そうきち》らをはじめ、同時代の学者の被差別部落、あるいは被抑圧民族に対する姿勢との慎重な比較、さらにこれ以後に本格的になる渋沢自身の学問的・社会的活動の全体にわたる検討を経た上でなくては、軽々に断定することはできないが、そこには栄一の孫として、恵まれた環境に育ったという背景、渋沢の生きた当時の社会の状況の問題だけでなく、被差別部落に即しては、渋沢の生活体験が主として東日本であったこととも関わりがあるのではなかろうか。

日本列島の社会が決して均質ではなく、地域による個性的な差異が著しく存在し、特に北海道・沖縄を除く本州・四国・九州の東西―東日本と西日本において、被差別部落のあり方に大きな違いのあることは、すでに広く認められている事実であるが、前述してきた渋沢の姿勢やその発言自体も、その中に置いて考えてみる必要がある。

そして、これらの問題をつきつめて明らかにすることは、部落差別、民族差別の真の解決のためにも、非常に重要な意義を持つ、と私は考える。

こうした諸問題をふくめて、渋沢敬三の思想、学問、及びその社会的な活動を、的確・正当に評価することは、史学史、民俗学史の上でもきわめて興味ある課題であり、今後の歴史学・民俗学・民具学等の実りある発展のためにも、その著作は正確に理解され、継承される必要があろう。

われわれはそうした今後の研究の誤りなき展開を期待し、さかしらな処理を一切することなく、渋沢の文章の全文をそのまま復刻することとした。大方の御理解を心からお願いする次第である。

山崎釼二と鹿野忠雄と渋沢敬三

岩田昴『波瀾の南十字星——山崎釼二の一生』解説

人と人との間のつながりは、ときに意外なほどの広さを持っている。一見、全く関係なさそうにみえる人々の間に、結びつきがあることを知って驚かされることがしばしばあるが、こうしたつながりができるのにはそれなりの理由があり、その人たちの生き方が、おのずと生み出してきた関係であることがわかってくることも多い。

山崎釼二《けんじ》と鹿野忠雄、そして渋沢敬三の結びつきも、またそうしたつながりであったといえよう。山崎は労農運動の闘士として労農党、社会大衆党の市会議員、県会議員、衆議院議員などに選ばれ、太平洋戦争勃発《ぼっぱつ》後はボルネオに密航、ケニンゴウ県の知事となって「ヤマザキロード」といわれた道路を建設して信望を集め、敗戦後、ブラジルに渡って世を去った社会運動家、政治家であった。その波瀾《はらん》にみちた生涯を、山崎の妻で敗戦後に社会党の女性代議士として活躍した藤原道子の歩み、『南十字星は偽らず』に描かれたボルネオの現地の妻アインの数奇な半生とともに、岩田昴《さやか》氏が力をこめた見事な伝記としてまとめたのが本書である。

私はこの書によって、ボンヤリしていた山崎・藤原夫妻の鮮明な人物像を知り、題名のみの知識しかなかった『南十字星は偽らず』についてもはじめてその内容を詳しく知るという不勉強者であって、それ故、この山崎が私のかつて所属し、いまも神奈川大学でその仕事をしつづけている日本常民文化研究所と、間接的にせよ関わりがあることなど、岩田氏に教えられるまで、全く知らなかったのである。

この研究所の創始者渋沢敬三はその著作集第三巻（平凡社刊）に収められた「犬歩当棒録」の「『台湾紅頭嶼ヤミ族』再版に際して」と題する文章の中で、その著者である鹿野忠雄と、同所所員で鹿野に協力し、ともにボルネオに行って失踪《しっそう》・死去した金子総平について言及している。

一九五六年に刊行されたこの書は、一九四五年四月、激しい空襲の最中に渋沢や所員高木一夫等の尽力により、アチックミューゼアム彙報29『台湾原住民族図誌』として出版された鹿野の著書の再刊で、渋沢はこれを鹿野の「記録の心」を示すものとし、その別著『東南アジア民族学先史学研究』上下二巻は鹿野の「研究の心」を示す書と評価し、鹿野を記録者と研究者の心をあわせ持つ稀有のすぐれた民族学者として、さきの文章で称賛したのである。

台湾をフィールドに、若いころから優秀な昆虫学者、博物学者として出発し、やがてヤミ族、バイワン族、ブヌン族などの台湾の原住民の生活と民具に関心を持ち、民族学・民具学の道に足をふみ入れた鹿野は、すでに一九三四年、著名な地理学者飯塚浩二の紹介で、渋沢と知り合った。渋沢は直ちにその仕事に深い理解を示し、台湾の調査をはじめ、その活動を研究所として援助したのであるが、戦争中、フィリピンに行き、さらに金子とともにボルネオの調査に入り、戦争末期の混乱の中で姿を消すまでの鹿野の生涯については、山崎柄根《つかね》氏が「台湾に魅せられたナチュラリスト」という副題を持つ、綿密な調査の上に立ったすぐれた伝記をまとめ、平凡社から刊行している。

その中で指摘されているように、この北ボルネオの調査のさい、一九四四年から翌年にかけて、鹿野はケニンゴウ県知事であった山崎釼二と邂逅《かいこう》し、その援助をうけているのである。本書で岩田氏がふれているように、知事の時代、記録映画「キナバル山」の製作に力を注ぐような見識を持っていた山崎が、鹿野の調査におしみない協力をしたであろうことは十分に推測しうる。実際、敗戦後の一九五三年三月一日の『朝日新聞』静岡版で、山崎は鹿野の絶筆となった借用証を紹介し、その消息を追求するための大切な手懸りを提供しているのである。

そして山崎は一九五四年にブラジルに渡航するが、一九五七年、渋沢は南米の移動大使となって、ブラジルを旅している。もしここで渋沢と山崎がめぐり合っていれば、鹿野について、思い出話に花が咲き、その人柄についても、学問についても、意味深い会話が交わされたに相違ない、と私は思う。

それが実現しなかったとしても、全く異なる軌跡を描きつつ、一生をそれぞれに送ったこの三人の間は、やはり見えない糸でつながられているように、私には思われるのである。それは三人がそれぞれに自らの〝天職〟を知り、それに忠実に生きたからにほかならない。そしてそのことは、人と人の心の結びつきがいかなるときに生まれうるかを教え、未来への希望をわれわれに与えてくれる。

岩田氏のこの著書が、私にそうしたことを考えさせてくれたのを心から感謝したいと思う。

インタビュー

私の生き方

◇父と母とは縁が薄いんです

——山梨のお生まれで、小学校は東京だそうですが、何歳のとき東京に……。

網野　何しろ記憶がない頃なので正確には知らんのですが、たぶん生まれて間もなくだと思います。父が東京で事業をやることになって、家族が全部東京に出てきたんです。

——父上は何をされていたのですか。

網野　小作人から地代をとる地主で、父のときはもうやめていたかもしれませんが、造り酒屋もやってました。山林も持ち、養蚕もやっていたようです。それから高利貸し——こう言うと兄などはいやな顔をしますが、金融業で「網野銀行」という地方銀行をやっておりました。これは甲州銀行と合併して、やがて山梨中央銀行に合併されるのですが、東京に出て来たのは合併の前後ぐらいでしょうか。確かのちの大協《だいきょう》石油の前身で、「江戸川石油」という石油会社を始めたようです。

ところが父は運の悪い人で、僕が小学校に入る前後に肺結核にかかってしまった。

あの時代には治りようのない病気で、しばらくは頑張ったと思うのですが、一進一退を繰り返して結局、一九四四年（昭和十九）に亡くなりました。だから、僕は父や母とは縁が薄いんです。父は療養のために沼津や鎌倉を転々として、母もいつも看病に行っておりましたからね。祖母が私たち子供の面倒をみてくれたわけで、まことに気ままな育ち方をしてしまった（笑）。

◆昆虫学者になりたかった

――すると、ご両親の影響は……。

網野　兄たちはともかく、僕の場合はありませんねぇ。もっぱら祖母に育てられたので、家ではみんな甲州《こうしゅう》方言だったんです。習慣もすべて山梨流で、正月に餅《もち》を食べないんですよ。山梨県の東八代《ひがしやつしろ》郡ですが、この辺の地域では正月にうどんしか食べない。それは頑固に守っておりましたから、小学校に入って最初の正月に、学校でみんなが餅を何枚食べたと話しているのをポカンとして聞いていて、「お前、何枚」と言うから、「うどん食べた」と言ったら爆笑されましてね（笑）。

――小さい頃はどんな少年でしたか。

網野　ほかの人がどう見ていたか知りませんが、何かぼんやりした子供だったんじゃないでしょうか。割合遅く、二十歳頃まで口をポカンとあける癖がありましてね

（笑）。

――昆虫少年だったそうですが。

網野　要するにひとりで遊ぶことが多かったせいもあるんですが、昆虫採集に熱中しました。チョウやガやトンボ、甲虫などを採って、きれいに標本にするんですが、チョウというのは、庭でじっと観察していると、たいてい決まったコースを通ってくるんです。そういうのがおもしろくてね。一時期は昆虫学者になると言っておったそうです（笑）。

◇一生に一度だけ易者に見てもらう

――太平洋戦争が始まったのは……。

網野　中学二年のときです。軍国少年ではなかったですが、軍艦の名前はよく覚えておりましたね。日本のみならず、外国の軍艦も覚えていましたよ。

――中学はどちらですか。

網野　東京高校です。七年制の高等学校で、尋常科（中学）から旧制高校に無試験で進めるんです。当時、東京高校が国立、府立高校（現首都大学東京）が府立の七年制高校で、私立の七年制に成蹊《せいけい》、成城、学習院、武蔵がありました。

僕の同級生はみな早熟でしてね。いま日本テレビにいる氏家齊一郎《うじいえせいいちろう》は、教室で隣に座ることが多かったんだけど、いつも内職してるんです。尋常科二年の頃「何読んでるの」と聞くと、ドストエフスキーの『白痴』なんてのを読んでる。「あ、すげえやつだな」と思ってね。こういう連中に刺激されて、結構、早熟なものを読むようになりましたが、何も覚えていない（笑）。

――歴史に興味を持たれたのは……。

網野　よく聞かれるのですが、これといったことはないんです。高等学校は文科に進みたいと思ってました。東京高校は七年制ですから、尋常科から高等科に進むときに文科か理科を選ぶんです。

ところが、高校に上がるのは一九四四年四月で、もう学徒動員が始まっていました。だから、文科へ行ったらまず命はない。しかし、やはり文科に行きたいし、徴兵逃れで理科へ行くのはどうも潔しとしない。それでさんざん迷った末、同じ悩みを持つ連中と連れ立って、一生に一度だけ易者のところに行ったんですよ。その中には先ほどの氏家や城塚登《しろつかのぼる》もいたと思います。いま考えると、見識のある易者だったですなぁ。「文科に行っても大丈夫だ」と、断固勧めてくれたんですよ。戦争に敗《ま》けるということを読んでいたんでしょうね。

それで、僕は第一外国語がドイツ語の文乙に進んだんです。そのとき第二外国語は英語か歴史古典でした。英語をとるのが普通なんですが、当時は日本が右傾化していたこともあって、歴史古典というのがあったんです。確かに歴史が好きだったのと、何か面白そうなので、僕はそれを選んじゃった。そうしたら授業は『史記』とか『論語』など全部漢文ですよ（笑）。あえて言えば、それが歴史に関わりを持つようになったきっかけで、決して自覚的ではなかったですね。敗戦後ですよ、本格的に歴史をやろうと思ったのは。

◆灯火管制下で、酒、麻雀、煙草

――中学・高校時代は戦争の只中《ただなか》ですね。

網野　当時、教練というのがあったんですが、氏家はよくサボるんですよね。体の調子が悪いとか言って見学しちゃう。それにだんだん影響されましてね、中学四年ぐらいから、多少、脚気《かっけ》の気があったことは事実ですが、教練をよく怠けました（笑）。

――怠けると進学に差し障るのでは……。

網野　成績は間違いなく下がりましたけれども、睨《にら》まれるほどのサボり方はしなかった（笑）。だからずるいんですよ。しかし、体育や剣道の教師や配属将校にはひどいのがいましてね。目の前で友達が蹴飛《けと》ばされたり、ぶん殴られたり。許せないなという感じを持っていたのは確かで、きわめて陰険な復讐《ふくしゅう》をしたこともあります。

――どんな復讐を……。

網野　とにかく、ひどい教師がいたんですよ。あれはひどいというので、秋川《あきがわ》の演習林で十日間ほど泊まり込みで作業をやらされたとき、あるやつが下剤を持ってきましてね。おにぎりに下剤を振りかけた。いやもう、あまりにも見事に効き過ぎて……（笑）。そういう一味に加わった覚えがあります。

――高校は寮生活ですか。

網野　東京高校は一年だけ全寮制で、一九四四年の四月から寮に入りました。いま東大の付属高校が幡ヶ谷《はたがや》にありますが、あそこが東京高校の校舎だったんです。僕は二年の途中で退寮して、その直後に寮は空襲で燃えちゃったんですが、寮生活の後半のほとんどは勤労動員でしたね。夜は警戒警報で、電気を消して真っ暗にしなきゃいけない。それでロウソクを灯《とも》して麻雀《マージャン》をやるとか、酒や煙草を飲む（笑）。とにかく、まじめな軍国少年ではなかったですね。僕は十六歳から煙草を吸ってまして、六十六歳のとき、ちょうど五十周年でやめましたが（笑）。

◆五月の空襲で家に焼夷弾が直撃

――九死に一生を得たような体験は……。

網野　それはもう、よく生きていると思うぐらいです。何べんか艦載機の機銃掃射を受けたし、数百メートル向こうに一トン爆弾が落ちたこともあります。一瞬にして周りが真っ赤になって、どうなるかと思ったけど、一過性で助かりました。

五月に高校の寮が焼けました。その頃、僕は世田谷の自宅から動員先の東中野の工場に通っていたのですが、一番恐ろしかったのは、同じ五月の空襲で家に焼夷弾《しょういだん》が落ちたときです。焼夷弾が落ちてくるときはザーッという音がするんですが、突然、近くででかい音がして、周りが急にガソリン臭くなった。防空壕《ぼうくうごう》から這《は》いだしてみると、庭で一本、縁側で一本、焼夷弾が火を噴いている。縁側で火を噴いているやつを外へ放り出して消したんですが、もうこれはダメだというので、一ぺん逃げたんですよ。

ところが、しばらく逃げて振り返ると、どうもまだ焼けていない。それで引き返したら、道一つ隔てた家が燃えてるんです。そのとき、誰かが「家を壊せ」と言って、みんなで燃えている家を壊しましてね。それで延焼を免れたわけです。

わが家に戻って驚きました。焼夷弾というのは、バスケットと呼ばれる大きな鉄のケースに八角の焼夷弾が何本もセットされていて、それが上空で開いて落ちてくるんです。そのバスケットが玄関のポーチの屋根を貫いて大穴をあけているんですよ。そのすぐそばの防空壕にいましたから、まともに落ちていたら、もちろん命はない。まことに幸運でしたね。

——八月十五日はどうされましたか。

網野　父親が朝日新聞に勤めている人がいて、二、三日前から日本は敗ける、天皇の放送があるという話は聞いていました。しかし、「玉音放送」自体はよく聞こえなかった。並んで聞かされたけれど、きわめて無感動に聞いておりました。ただ、ひどく空虚になりましてね。もう東京にいてもしょうがない、山梨に帰って農業でもやるかという気持ちになって、山梨に帰ったんです。山梨には母が疎開していたし、結核で療養中のすぐ上の兄がいました。それで九月の終わりぐらいまで山梨にいて畠《はたけ》仕事をしていました。そしたら、学校が始まったから出てこいという連絡があって、普通の学生生活に戻ったわけです。父はもう死んでいたし、母は山梨でしたから、東京で親類の者と自炊をしながら、学校に通ったということになりますね。

◇敗戦の年に歴史研究会をつくる

――この頃にはもう歴史をやろうと……。

網野　それは、かなりはっきりしてきました。敗戦の年に生松《いきまつ》敬三などと「歴史研究会」をつくって、ヘーゲルやマイネッケを読んでいたんです。そうしたら十月頃だったと思いますが、海軍から復員してきた永原慶二さん、古谷泉さん、潮見《うしおみ》俊隆さんといった先輩方がやって来られて、そんなトロいもの読んでいたんじゃダメだというんです（笑）。いずれも六つくらい年上で、すでに多少とも左翼の洗礼を受けておられた世代ですよ。

それで日本史をやるなら石母田正《いしもだしょう》さん、藤間生大《とうませいた》さん、松本新八郎さん、大塚久雄さん、丸山真男さんなどが面白いと、まもなく華やかにデビューする先生方の本を勧めてくれたんです。特に永原さんが下宿へ遊びに来いというので、永原さんが下宿していた古谷さんの家に通っては本を借りてきました。ちょうど高校が二年制から三年制に戻ったときで、一九四六年（昭和二十一）から七年にかけてです。

僕は最初、東洋史へ行くと言ってたんですよ。そうしたら、永原さんに「東洋史もおもしろいかもしれないが、日本史はもっとおもしろいぞ」と言われて、確かにおもしろそうなので日本史を選んだわけです。

――特に中世史を選んだのは……。

網野　石母田さんの『中世的世界の形成』という本が出たのが一九四六年で、四六、七年には結構、中世史の本を読んでいます。だから中世史をやるようになったのは完全に永原さん、そして石母田さんの影響ですね。大学に入ってからは、石母田さんのお宅へも遊びに行くようになりましたから、自覚的に中世史に進み出したのは確かです。

◆大学に行かずにオルグの日々

――学生運動が華やかな時代ですね。

網野　高校でも戦犯教授を追放する運動があって、多少関わったことはありますが、まだいわゆる運動家ではありませんでした。氏家や渡辺恒雄は早くからやってましたが、僕はあの二人よりずっと遅い。もちろん運動の影響は直接、間接に受けていて、二・一ストのとき「人民広場」と言っていた皇居前広場のデモに参加したこともあります。だけどわれわれは赤旗じゃなくて、旧制高校スタイルで加わってるんですよ。

——東大に入ったのは一九四七年（昭和二十二）ですか。

網野　そうです。大学に入ってから半年以上はまじめに勉強をしてました。ところが、一年生の後半に自治会の委員をやらされて、それから運動にのめり込んでいくんですね。

一九四八年（昭和二十三）の六月二十六日に全国学生一斉統一ストライキがあって、それで全学連が誕生するんですが、そのとき僕は東大文学部の学友会の委員でした。間もなく民主主義学生同盟という組織ができて、僕はその副委員長兼組織部長に引きずり出されましてね。翌年の三、四月頃まで大学には全然行かずに毎日、オルグに駆け回っていました。民学同にはびっくりするぐらい学生が入って、たちまち一万人を超えたのですが、やがて共産党が路線問題でガタガタしてきて、民主青年団に統合する形で発展的解消をするんです。それで僕は解放されて、大学に戻ったわけです。

——渋沢敬三さんの日本常民文化研究所に入られたのは……。

網野　就職が決まらなくて、卒業の年の三月三十日に、恩師の寶月圭吾《ほうげつけいご》先生に「もう行くところがないんです。どこかないでしょうか」と相談したんですよ。そうしたら「もしかしたら宇野君のところが採ってくれるかもしれない。行ってみたらどうですか」とおっしゃる。宇野脩平《しゅうへい》さんは常民文化研究所の月島分室で、漁村の古文書を集める仕事のキャップをしておられました。宇野さんとは、寶月先生に京都南郊の荘《しょう》園《えん》の調査に連れて行っていただいたときご一緒してるんです。それで宇野さんを訪ねたら、「明日からいらっしゃい」ということになりましてね。よくもぐり込めたものだと思うのですが、それが運命の分かれ道になるんです。

◇僕は〝戦犯〟なんです

——運命の分かれ道、ですか。

網野　だって、まだその頃の僕は観念的マルクス主義にイカれてましたからね。研究所に入ってからも三年間は、「歴史学研究会」の運動ばかりやっていたわけですよ。

——これはマルクス主義の立場の……。

網野　本来はいろいろな立場の人の集まった学会ですが、当時の「歴史学研究会」や「民主主義科学者協会」はみなマルクス主義が主流でした。

あの頃の左翼運動はだんだん極左的になっていって、その極端な例は「山村工作隊」ですよ。山村を遅れた辺境だと捉《とら》えて、そこに武装闘争の根拠地をつくろうという毛沢東《もうたくとう》路線です。学生達は本気でリュックを担いで山村に入ったんです。実際、そこで命を落とした方もいます。僕は歴研の運動などを通して、その督戦隊みたいな役割をしていたことになります。だから僕は〝戦犯〟なんですよ。

しかし、そういう動きは、アメリカ帝国主義に対して、「日本民族の独立」をかちとらなければならないという気持ちに支えられていました。いま「自由主義史観」の人たちが「日本人の誇り」だなんて言ってますが、あの頃は街を歩けばアメリカの兵士――GIがパンパンと言われた娼婦たちと歩いている状態でしたからね。だから学会でも真剣に「民族の問題」が議論されたんです。「民族は近代になって初めて生まれる」という、それまでのマルクス主義の定式に対して、「民族はもっと古く歴史的なものを背景にしている」という考え方があり、共産党の路線とも絡んで猛烈な論争が起こったんです。

その過程で、マルクス主義の立場をとる歴史学者と民俗学者や文化人類学者が共同研究をするとか、美術史家とか実際に芸能にたずさわっている人たちと一緒に研究するということがあったんですね。狂言師の野村万作さん兄弟や能の観世《かんぜ》栄夫《ひでお》さんは、その頃の「伝統芸術の会」の有力な会員でした。

――いまの学際研究のようなものが……。

網野　五〇年代前半まではあった。例えば「民話の会」には、民俗学者の宮本常一《つねいち》さんが熱心に出ておられて、マルクス主義者のほうからは松本新八郎さんや林基《はやしもとい》さんなどの歴史家が出て一緒に議論していました。そういう不思議な文化戦線ができたことも確かなんです。ところが、当時の共産党の山村工作隊路線が強くなってくるにつれて、運動内部の矛盾が噴き出してくる。その中で僕は落ちこぼれるんですけどね。それが一九五三年（昭和二十八）です。

◇これまでのことは全く空虚だった

――何があったのですか。

網野　きわめて個人的な体験です。常民文化研究所内部のゴタゴタとも絡んで、ある日、自分のそれまでやってきたことが全く空虚だったと気づいたんですね。今までシロだと思っていたものがクロになり、クロだと思っていたものがシロになるような体験で、いい加減疲れて、あの世へ行きたいと思ったほどでした。しかしそのとき、とにかく全部勉強をやり直そうと思ったんですよ。それが現在の僕の原点です。だから、それ以前のことは全く余分な話とも言えます。

――お幾つのときですか。

網野　二十五歳です。そのあとの三年間、僕は常民文化研究所で、古文書《こもんじょ》を一点一点じっくり読んで中身を十分に理解するという、歴史を勉強する上で当たり前のことをやり始めたのです。研究所には六年いましたが、前半の三年間は僕はまことにけしからん研究員だった。後半、まじめに研究を始めたら研究所がつぶれちゃったんですよ（笑）。

――もう結婚されていたのですか。

網野　結婚した直後につぶれちゃったんです（笑）。だから、晩飯は豆腐だけというような何もない時期がありました。事実上、一年間は失業状態で、ドイツ語の翻訳をしたり、出版社でアルバイトをしたり、都立北園《きたぞの》高校の非常勤教師をごくわずかやっておりましたかね。これが、北園高校に就職するきっかけになるんですけれども……。

――その間、研究のほうは……。

網野　とにかく全部勉強をやり直そう、自分が納得できない概念は使わないということで、自分なりに史料を読んで考えて、小さなものがまとまると学会誌に投稿するんです。ところが、大抵ボツになりましてね。だけど、一ぺん自分の名前で唾棄《だき》すべきものを書いてしまったわけですから、それに代わるものをつくるまでは頑張らなきゃいけない。それで、前に恥ずべきものを書いたことのある若狭《わかさ》の太良荘《たらのしょう》という荘園の史料をもう一度すべて写して、読み直そうと決心したんです。

――マルクス主義史観を否定したわけですか。

網野　僕はマルクス主義から離れたとは思ってないんですよ。これまでやってきたことは全部ダメだと思ったとき、僕はまず日本の中世・近世の文書を読み、日本の近代史学の本当にしっかりした仕事をした方、例えば法制史学の中田薫《かおる》さんの本を読んで、原点に返ろうと努力しました。そしてマルクス・エンゲルス選集を最初から読み直したんです。

そうすると、以前に知っていたと思っていたマルクスとは全く違うマルクスが見えてきました。マルクスは自分の考え方をどんどん変えていくんですね。およそ公式とは無縁の人だと思います。例えばフランスの内乱の叙述で有名な『ブリュメール十八日』などを読むと、「現代」についても抜きん出た評論をしていたことがわかります。僕はまだまだマルクスから学ぶところは非常に多いと思うので、いまだに「マルクス主義者です」と言っているんです。「主義者」と言うとおかしいけれど、最も尊敬する西欧の学者を一人挙げろと言ったら、マルクスを挙げますね。

◆生徒の質問に立ち往生

――北園高校ではたびたび生徒の質問に立往生したと書かれてますね。

網野　初めて教壇に立って出席をとり終わったら、突然生徒の手が挙がって「先生の歴史観は何ですか」と（笑）。「これから一年間、俺の話を聞いて考えろ」とうまく逃げたんですが、唯物史観とか何とか言わせたかったんじゃないですか。

それから授業で、『魏志倭人伝《ぎしわじんでん》』の頃は中国大陸から使者が来たし、こちらからも洛陽《らくよう》まで行ったという話をしたんです。そのあと律令《りつりょう》国家の遣唐使の話になって、鑑真《がんじん》は日本に渡るのに大変苦労して、とうとう目が見えなくなったと言ったら、途端に生徒の手が挙がって「船の技術が退化したんですか」と聞くんです。それまで盛んに往来があったのに、遣唐使の時代に難しくなったのはなぜかというわけです。「新羅との関係が悪くなって航路が違ったためだ」と答えましたが、そのとき、遣唐使など公的な使いのことだけを考えていてはダメだなと教えられましたね。

それから、信長にとって天皇の権威は必要なかった、桃山時代以降、天皇は要らなくなったはずだけれども、なぜか置いたままにしてあるという話をすると、「要らないのなら追い払えばよかったではないか」と言うのです。確かにそうも思えますが、結構、尊重しながら置いているわけですよね。昔流の説明はしたくないから、何か違った説明の仕方をしたいんだけれど、できなかったですね。

もう一つギクリとさせられたのは鎌倉仏教の話をしたときです。「何で十三世紀に立派な宗教家が続々と誕生したのですか」と聞かれましてね。「変革期だからだ」と答えると「ほかにも変革期はあるのに、どうしてあの時期なんだ」と納得しない。僕は「わかりません」と頭を下げましたよ（笑）。こうした素朴な問いを引きずっていたことは確かです。最近出した本（『日本中世に何が起きたか』）で、ようやく答えが出たかなという感じですね。

——研究は続けておられたんですね。

網野　当時の都立高校は学問に対して非常に寛容で、研究日もあったし、本なども希望どおりに全部買ってくれたんです。それで一九六六年（昭和四十一）に、太良荘について書いた『中世荘園の様相』という本を出しました。これは全く叙述的なものなんですが、まあ自分の思うように書けたので、これで一つの課題は達成したなと思いましたね。

◇「百姓」の中には非農業民もいる

——そのあと大学に移られるわけですが、ここでご専門の中世の話を伺いたいと思います。まず中世の定義から……。

網野　僕は「中世」に、普通使われている以上の意味はとくに持たせていません。制度史的に言うと、鎌倉幕府ができてから室町幕府が滅びるまででしょうね。古代の文書の体系と違う中世的な文書の体系が続いてますからね。近世になるとそれが変わりますが、明治になると文書の体系が書体まで含めてまるで変わってしまうんです。だから制度史の区分で言うと、中世はそれなりの意味をはっきり持っていると思います。

しかし、中世にそれ以上の意味を加えて、例えば中世を封建社会と考えようとすると問題が出てきます。僕はいまや奴隷制度、封建制度、資本主義、社会主義といった概念は、全部再検討の対象になると思っています。

――先生は中世像を書き換えました。

網野　それは僕自身が次々にいろんなことに気がついただけですよ。生徒の質問にドキリとしたのと同じような経過です。

最近、あちこちで「百姓イコール農民ではない」と言っていますが、これも中世について調べているうちに、農業以外のいろんな生業にたずさわっている人々――「非農業民」がたくさんいることがわかってきたからです。それがどうして百姓＝農民だと思われるようになったのかと言いますと、それは田地に年貢が賦課《ふか》されているからなんです。じつは年貢は米だけではなくて、塩や鉄、絹や布などのほうがずっと多いのですが、それがみんな田地にかけられているんですね。田地から鉄をとるはずがないから、みな米だと思っていたけれども、じつは田地からとれる米と鉄や塩を交換して、それを年貢としてとっているのです。

塩や鉄を負担している人は百姓と言っても決して農民ではありません。製塩民、製鉄民なので、こうした農業以外のさまざまな生業にたずさわる人々がいると気づいたのは二十年ぐらい前ですかね。一九八〇年に岩波新書の『日本中世の民衆像』を書いたとき、サブタイトルを「百姓と職人」としておけばよかったのですが、百姓と言うと農民を連想されるので、あえて「平民と職人」としました。あの時点ではまだ「近世になると百姓は農民になる」と書いていたんですよ。

だけど十年ぐらい前に、それもおかしいと気づいたのです。これは江戸時代の奥能《おくの》登《と》の時国《ときくに》家の史料を、みんなで読んでいるうちにわかってきたわけです。それまで、時国家というのは中世の古い名田経営のなごりをとどめているととらえられていました。しかし、実際は大きな農業経営をやる一方で、廻船《かいせん》による交易や製塩、製炭、山林経営、金融業まで営んでいたことがわかってきたんです。こう言うと、学者は必ず「それは例外だ」と言います。しかし調べてみると、いたるところにそうした家があることがわかってきました。

◇廻船商人が「水呑」になっていた

――中国語では「百姓」は庶民というような意味ですよね。

網野「たくさんのいろいろな姓」という意味で、平民、ふつうの人のことです。中国や韓国ではいまでもそうですよ。

最近もある席で「百姓の中には養蚕をやっている者も果樹をやっている者もいる」と話したら、「養蚕も果樹も農業でしょう。養蚕農家、果樹農家と言うじゃないですか」という反論が返ってきました。しかし、調べてみると、弥生《やよい》時代から養蚕は女、農業は男とはっきり区分しています。史料で見る限り、少なくとも南北朝までは、農業は「農夫」と書き、養蚕は「蚕婦」と書いている。養蚕と農業を分けているわけです。柿や栗、漆の扱いも田地や畠地《はたち》とは違っていて、独自に帳簿があります。国家も違った扱いをしてるんです。当然ですよ、農業とは技術的な体系が全然違うんですからね。

江戸時代も「百姓」の中に農人《のうにん》、商人、職人、船持から桶結《おけゆい》、髪結まで入れているのですが、この時期になると養蚕、煙草、果樹、棉作は「農人」の中に入っているわけです。ただ、ちゃんと「女は養蚕をやり、男は山へ行って炭を焼いたりしている」と書いてあって、それは「農間稼《のうまかせぎ》」になっています。

これが近代に入ると、みな「農家」になってしまう。それを歴史家たちが信用してしまったのです。これはどうも、中世だけでなく現代まで含めて、われわれはとんでもない間違いをしてきた可能性があるという思いが強くなってきましてね。老い先が短くなったので、このごろは言いたいことを全部言っておこうと、勝手なことを言ってます(笑)。

——時国家はじつは大事業家だったんですね。

網野　それが、われわれとしては大きな発見だったですね。もう一つ驚いたのは、この時国家と姻戚《いんせき》関係を持つ柴草屋《しばくさや》という廻船商人がいて、時国家の百両の借金の返済を援助したという文書があるのですが、この家が「水呑」に位置づけられていたことです。

確かに都市は「水呑」が多いんです。従来、それは貧しい人々が都市に流れ込んだからだと考えられてきました。しかし柴草屋は、時国家の百両という大金の返済を援助するほどの財力があるわけですから、貧しい小作人であるはずはない。つまり柴草屋は廻船・商業にたずさわっていて、土地を持つ必要が全くなかったんですね。土地を持っていないと、公的には「水呑」に位置づけられちゃうんですよ。都市にはそういう人々が多いんです。だから江戸時代の日本の社会は、非常に商工業的な色彩が強いと思います。

◆中世に資本主義の源流がある

――先生の著書を拝見すると、中世にさかのぼっても商業が盛んだったことがわかります。

網野　中世にもある「切手」「手形」「切符」という言葉、「株」とか「式」なども古い用語ですね。「相場」も「取引」も江戸時代に日常、商人たちが使っていた言葉です。これは近代になってヨーロッパの経済と接触しても、翻訳語をつくる必要がなかったということですよ。経済学用語はみな翻訳語ですが、商業用語は自前で間に合ったわけです。

――資本主義の源流は中世にあると……。

網野　これまで厳密には産業資本主義のみを資本主義と言ってきたわけだし、とくに労働力の商品化によって産業資本が成立するという理屈は通っています。しかし、それだけで資本主義を考えていては、商品、貨幣、資本に対する人間の関わりの全体をとらえることはできないだろうと思うんですね。

中世に資本主義の源流があるのではないかというのは、僕が「無縁」と言ったことについて、中沢新一に「それは資本主義ではないか」と言われて、気づいたんです。中世後期、室町期以降になると、自然と人間の関係が大きく変わってきます。神仏の影が薄くなって、それまで「無縁」――境界的と捉えられていた商業、金融、交易、技術といった行為が銭によって換算された目に見えるものになってくる。これは「資本主義」ではないかと言われてみると、それはそれで話の筋が通るんです。それでは、「無縁」の先をどう考えたらいいのか。これは簡単に答えが出ません。未来の社会がどういう社会なのかを明らかにすることにつながる大問題ですから、それは僕などには到底できない。

◆聖徳太子は〝日本人〟じゃない

――最近、日本という国号についても発言されていますね。

網野　「日本」という国名が決められたのは七世紀末で、八世紀のごくはじめに初めて中国に対して使われています。それまで日本は地球上に存在しないわけです。だから僕は「聖徳太子《しょうとくたいし》は日本人じゃない」と言っているんです。

「旧石器時代の日本」とか「弥生時代の日本人」という言い方をするのは、人をして日本認識を誤らしめるものであると言うと、学者の間では抵抗がありますね。「日本人の起源」のような言い方をしてこられたわけでしょう。「現代日本人の起源」ならまだいいですが、しかし、僕はそういう問題の立て方自体が問題だと思っています。「起源」は一つではない。むしろ非常に広く拡散していくはずですね。ところが「起源」というと、一つに持っていこうとする意識がありますよね。

それから『魏志倭人伝』の倭人と日本人とは違います。東北人は倭人ではない。関東人だって、倭人には入っていないですよ。一方、朝鮮半島最南部にも倭人がいたのは事実でしょうね。その倭人は新羅人になるわけです。大部分の倭人は日本列島にいて日本人になったとしても、人間集団として孤立しているわけじゃない。人の動きは絶えずあったはずです。

最近、日本列島をひっくり返した地図を皆さんに見せているのですが、皆さんあっけにとられますね。ただ位置を変えただけなんですが、大陸側から日本列島を見ると、日本海は湖に過ぎないということがじつに歴然とする。そうなると、海を国境にした孤立した島国の「日本国」という見方が、どんなに人為的な虚像であるかがわかります。また八世紀に唐《とう》に対して「倭国」を「日本国」に変えて名乗ることが、どんなに大きな冒険だったかも考えてみる必要がある。それは相当な緊張を伴っていたはずですよ。

そういう意味で考えるべき問題はたくさんあるわけですが、しかし、やはり「日本」という国号は畿内《きない》の支配層のつけた国号ですから、われわれは嫌いなら変えることもできるはずです。しかし、敗戦後に国の名前を変えようという意見は、天皇を否定する共産党にもなかったですね。共産党はいまだに「日本」を党名につけていますからね（笑）。

◇襖の下張り文書の世界

——時国家文書の話に戻りますが、襖《ふすま》の下張りから見つかったというのは愉快ですね。

網野　紙がまだ貴重だから、捨てるべき文書を捨てないで、裏に日記をつけたり、記録を書きつけるんですね。一概にすべてが破棄されたものとは言えないのですが、基本的には捨ててしまうものを再利用して使う。襖の下張りも同様です。

古代、中世から近世まで、公的な制度の対象になっているのは田畠であり、戸主は男ですから、男が租税負担者になっています。だから文書も土地台帳や租税、土地の売買に関係しているものは残されますが、流通関係のものは基本的には捨ててしまうんです。例えば十三世紀後半から「手形」が流通していますが、手形の原本は一つも残っていない。それはそうです、手形はいったん現金化したら必要ありませんからね。しかし、そうして捨てられた荷物の受け渡しの受領証や仕切などがたまたま襖の下に張り込まれて、公的な文書からは見えなかった世界が忽然《こつぜん》と顔を出すわけです。公的な文書の世界だけで見ると、日本はあたかも昔から農業国であり、農業だけに課税して、男性がそれを担っていることになってしまう。海民などの非農業民や女性の養蚕などは切り落とされてしまいます。だから襖の下張り文書は、公的な歴史が切り落とした世界を語っているとも言えますね。

——最後にお好きな言葉を……。

網野　マルクスの『資本論』第一版の序文に引用されているダンテの『神曲』の言葉が好きです。「汝の道を行け、そして人々の語るにまかせよ！」——もう、僕は何を言われても、言われ尽くしてますから（笑）。

——ありがとうございました。

（聞き手——『公研』編集部・藤島陽一）

あとがき

本書が形をなすことのできたのは、偏《ひと》えに日本エディタースクール出版部の編集者、長井治氏の御高配によっている。『列島の文化史』の刊行をはじめ、多くの拙著の刊行に御尽力いただいた長井氏は、今回も私があちこちに書き散らしたものを複写・蒐《しゅう》集《しゅう》され、それらをいくつかの章に配列し、章名や小見出しなどをつけてこのような一書を構成して下さった。もちろん、長井氏は編集の過程で細かく私に相談して下さり、私もあれこれ注文をつける一方、校正の過程で少数の補注をつけ、ごくわずかな修正を行ったが、あっという間に整ったゲラ刷が出て、何回かの校正ののち、たちまち出版という段取りになってしまった。近年の出版のスピードの早さに、私はただただ驚くばかりだったのである。

長井氏が本書の刊行を推進されるようになった直接の契機は、一九九五年十月三十日から日本エディタースクールの「読書学校」において、私が「日本中世史の探求」というテーマで十回の講義を行うこととなり、その第一回に「戦後歴史学の五十年」

と題して、本書のⅠとして収めた話をしたことにあった。実際、敗戦後、五十年以上の年月を経て、現代の大きな転換期の中で「戦後歴史学」、さらには日本の近代史学そのものを根底から問い直そうとする気運が高まり、歴史学研究会、日本史研究会が「戦後歴史学」をテーマに大会を開くような状況が生れつつある。その間にあって、私自身もこの講義だけでなく、なにかと「戦後五十年」に関連して発言を求められることがあり、そうした小文をあわせて本書に収めることとした。

また、私は一九九八年三月で、十七年半勤めた神奈川大学を退職し、同時に同学日本常民文化研究所の所員の資格も失ったが、研究所がどのような経緯で神奈川大学に招致されることになったのか、また研究所がどうして大量な文書を借用し放しにせざるをえなかったのかなどについて、研究所の研究会で報告したことがあった。この借用文書の返却の過程については、機会を得て『古文書返却の旅』（中公新書）にまとめることができたが、戦後の日本常民文化研究所の歩みに関して私の知り得ていることを記録に残しておくことは、研究所で多くを学んだものの義務と考え、このときの報告を、関連する小文とともに、ほぼそのまま本書に収めることとした（添付資料の一部は省略した）。ただこれは私自身の狭い経験を通して見た研究所の一断面にすぎず、誤りもあろう。今後、戦前以来の研究所の歴史が本格的に明らかにされるさいに、当然、それは訂正されるであろうが、多少のお役に立つのではないかと考えて、本書にも収めた。

そしてこうした研究所との新たな関わりを通じて、私はあらためて渋沢敬三氏の足跡に関心を持つようになっていたが、幸いにも平凡社の刊行した『澁澤敬三著作集』全五巻の編集委員の一人となる幸いに恵まれ、その中の二巻に関して、渋沢氏の仕事についての拙《つたな》い解説を書くことになったのである。こうしたすぐれた先人の仕事について、あらためて丹念に読むことは、多くの新たなことを教えられ、また発見する喜びを伴う大変、楽しい仕事であるが、これより少し早く、私は若いころから最も尊敬し、また強い影響を受けた川崎庸之《つねゆき》氏の著作集の編集委員にも加わることができた。そして川崎氏の戦前から戦後にかけての凜《りん》とした歩みに、感動を新たにしつつ、その中の一巻について、やはり解説を書いた。そして世に余り知られていない、戦後の学界の動向についてもそこで若干言及してみた。

さらに戦前に刊行され、敗戦後、求めにくくなっていた小野晃嗣《こうじ》氏の著作集のうちの一巻、また、まだまだ多くの仕事をすることを期待されながら、病魔におかされ他界した畏《い》友《ゆう》佐々木銀弥《ぎんや》氏の論文集についても、小さな文章を書いたが、これは「戦後歴史学」の中で、決して重視されてきたとはいい難い中世商工業史の研究史の中で、両氏の果たしてこられた役割を明らかにし、今後のこの分野の研究の発展に資したい気持ちを背景にした仕事であった。

現在の歴史家の研究について、怠け者の私は余り書評をしたことがない。ただ、横井清・三浦圭一両氏の書評は『中世の非人と遊女』（明石書店）、河音能平《かわねよしやす》・大山喬平《きょうへい》両氏のそれは、『日本中世の百姓と職能民』（平凡社）に収めたが、本書には『論集中世の窓』の書評を収めた。これは親しい友人たちの仕事についての書評で、私としてはたいへん一生懸命に書いた、思い出深い文章である。

そのほか、「東寺百合文書《とうじひゃくごうもんじょ》」についての講演録などを収めたが、こうして一書になってみると、結局は老人の思い出集、しかもくり言であり、いまさら書物として多くの人々の目にさらすのもはずかしく、躊躇《ちゅうちょ》する気持ちもあったが、長井氏の熱心にほだされるとともに、今後の歴史学の新しい展開のための小さな捨石にはなろうと考え、こうした「あとがき」を記す仕儀となった次第である。

長井氏及びここにいたるまで多くのご迷惑をおかけした日本エディタースクール出版部に、衷心からの感謝の意を表したい。

二〇〇〇年二月六日

網野善彦

初出一覧

戦後の〝戦争犯罪〟　岩波新書編集部編『戦後を語る』（岩波新書）一九九五

I

戦後歴史学の五十年　『列島の文化史』第一〇号（日本エディタースクール出版部）一九九六

津田左右吉氏の学問における「生活」と「科学」　「津田左右吉全集補巻1　月報（第二次）」（岩波書店）一九八九

五十年間の導きの書　「日本古書通信」第七九二号（日本古書通信社）一九九五・七

私にとっての「古典」　川崎庸之氏の著作　石井進編『歴史家の読書案内』（吉川弘文館）一九九八

II

歴史家の姿勢（原題「解説」）『川崎庸之歴史著作選集3　平安の文化と歴史』（東京大学出版会）一九八二

『論集　中世の窓』について　史学会編『史学雑誌』第八七編第一一号（山川出版社）一九七八・一一

商業史・都市史の成果（原題「解説」）　佐々木銀弥著『日本中世の都市と法』（吉川弘文館）一九九四
中世商工業史の進展（原題「解説」）　小野晃嗣著『日本中世商業史の研究』（法政大学出版局）一九八九

Ⅲ

東寺百合文書と中世史研究　京都府立総合資料館編『東寺百合文書にみる日本の中世』（京都新聞社）一九九八

Ⅳ

戦後の日本常民文化研究所と文書整理　神奈川大学日本常民文化研究所編『歴史と民俗』13（平凡社）一九九六
古文書の結ぶ縁　永原慶二・中村政則編『歴史家が語る戦後史と私』（吉川弘文館）一九九六

Ⅴ

渋沢敬三の学問と生き方（原題「解説　渋沢敬三の学問と生き方」）『澁澤敬三著作集　第三巻　犬歩当棒録　東北犬歩当棒録』（平凡社）一九九二
被差別部落・「原始民族」への言及について（原題「解説　被差別部落・「原始民族」への言及について」）『澁澤敬三著作集　第一巻　祭魚洞雑録　祭魚洞襍考』（平凡社）一九九二
山崎釼二と鹿野忠雄と渋沢敬三　岩田昴『波濤の南十字星――山崎釼二の一生』（三一書房）一

九九四年

＊

私の生き方（原題「私の生き方〝百姓イコール農民ではない〟」）『公研』一九九七年一二月号（公益産業研究調査会）

解説

「私」から始まる物語――戦後史学のなかの網野善彦――

清水克行

これまでも網野善彦（一九二八〜二〇〇四）の描く歴史像の魅力は、様々に指摘されてきた。歴史の本流から切り捨てられてきた漂泊の民に着目した点であるとか、あるいは「エンガチョ」「つぶて」といった民俗学的な事象を歴史叙述に効果的に織り込んだ点であるとか。たしかに、それらが網野の歴史学の魅力の一面を表していることは間違いない。しかし、それらとともに忘れてならないのは、網野の描く歴史がいずれも網野個人の境遇や体験、彼の等身大の疑問や悩みから出発しているという点ではないだろうか。

代表作『無縁・公界・楽』の冒頭が、「なぜ、それでも天皇は滅びなかったのか」「なぜ、平安末・鎌倉という時代にのみ、すぐれた宗教家が輩出したのか」という、高校教員時代の生徒たちからの素朴な質問に窮した体験談から出発しているのは有名な話だろう。また、中世の年貢・公事《くじ》を考えるさいに、「なぜ税を納めねばならなかったのか」という、考えてみれば至極当たり前でありながら、これまで決して誰も考えなかった日常的な疑問から問題に迫っているのにも、それはよく表れている。

このように網野の歴史学は、彼の個人的な体験から出発しているところに魅力の一つがあり、網野自身、その一見素人っぽい等身大の疑問からの出発を学問のうえで大事にしていたことは間違いない。そのために網野の歴史学は、彼を批判する立場の研究者からは「私小説的」であるとか、「空想的浪漫主義」といった批判を浴びることにもなった。しかし、むしろ多くの一般読者はその点にこそ強い親近感を覚えたのである。今でこそ、そうした「私」から始まる〝自分語り〟の歴史叙述の形式は珍しいものではなくなったが、それ以前、歴史家はあくまで〝語り手〟であり、不用意な〝自分語り〟は忌避されていた。その新たな地平を切り拓いたのは、網野善彦であったと断じてもよいだろう。

とりわけ網野の〝自分語り〟のなかでも、「一九五三年の夏」の「それまでの自分の生き方の決定的な誤りに気付く」「自分自身の空疎さを思い知らされる経験」は、その後の彼の原点として、たびたび著作のなかで言及されている。生前、ついにその内実は本人の口から具体的に語られることはなかったが、それが強い政治性を帯びた国民的歴史学運動からの落伍《らくご》、訣別《けつべつ》であっただろうことは、おおよそ当時の時代背景を知る者には察しがつく。共産主義運動の若きリーダーであった二十代の網野は、この挫折を契機にこれまでの歴史学に対する自身の向き合い方に深い反省を迫られる。おりしも運悪く勤め先の日本常民文化研究所が解体され生計の術《すべ》も絶たれるなか、高校教員のかたわら、網野は先入観抜きにひたすら古文書に沈潜する十数年の歳月を過ごすことになる。しかし、やがてそのなかからまったく独自の歴史像をつくりだし、遅咲きの花を咲かせた網野に、多くの読者は信頼を寄せ、共感を覚えたのである。

この網野の歴史学の形成過程を考えるうえでも重大な問題に彼自身が最も肉薄したのが、本書『歴史としての戦後史学』である。本書は網野晩年の二〇〇〇年三月に日本エディタースクール出版部から刊行されたものだが、没後の二〇〇七年三月に「ある歴史家の証言」という副題を付し、一部の章立てを入れ替え、新たに「山崎釼二と鹿野忠雄と渋沢敬三」を追録し、洋泉社MC新書から再刊されている。同書は岩波書店から刊行されている『網野善彦著作集　第十八巻』（二〇〇九年二月）にも収録されているが、今回、角川ソフィア文庫として復刊するにあたっては、洋泉社MC新書版を底本とした。

本書は、戦後史学の当事者でもあった網野の眼からみた戦後史学史であり、その内容は「戦後の〝戦争犯罪〟」「戦後歴史学の五十年」「インタビュー　私の生き方」を総論とし、各論として津田左右吉《そうきち》（古代史。一八七三〜一九六一）・渋沢敬三（民俗学。一八九六〜一九六三）・小野晃嗣《こうじ》（中・近世商業史。一九〇四〜四二）・川崎庸之《つねゆき》（古代・中世史。一九〇八〜九六）・佐藤進一（中世政治史・古文書学。一九一六〜二〇一七）・佐々木銀弥（中世商業史。一九二五〜九二）らについての評伝的文章や、網野に所縁のある日本常民文化研究所や東寺百合文書《とうじひゃくごうもんじょ》についての文章から構成されている。とくに各論部分は研究者向けに書かれた文章も多いので、研究史に不案内な読者には、まず上記の総論的な三編から読みはじめることをお薦めする。

網野は、本書のなかで戦後史学をおおよそ次のように三期に区分している。

第一期：一九四五年以降（戦後史学の発展期）

第二期：一九五五年以降（戦後史学の混迷期）

第三期：一九七〇年代後半以降（「社会史」の勃興期）

このうち、とくに注目されるのは、第一期の位置づけである。さきに紹介した網野の個人史からすれば、「一九五三年夏」以前の唾棄《だき》すべき〝政治の季節〟は、第一期に属することになる。当然ながら、第一期に対する網野の評価は暗く厳しいものになることが予測されるが、本書を読むかぎり印象は逆である。網野は第一期の戦後史学を多様な可能性をはらんだ清明な時季として、ときに思い出深そうな筆致で回顧している。

事実、この期間の歴史学の思想潮流は「マルクス主義史学」の一言で語れるような一面的なものではなく、その内部には「国際派」と「民族派（所感派）」の路線対立があり、また外部には大塚久雄や丸山真男などの「近代主義」グループや、京都学派につらなるグループ、実証史学に拠るグループなどがあって、百家争鳴の様相を呈していた。なかでも、この時期に歴史学者と民俗学者・美術史家・演劇人などとの学際的な交流がひろく展開していたことを、網野は高く評価する。この時期は戦争中の重圧から解放されて、総じて自由な空気のなか、様々な学問分野が満面開花した時代といえる。

逆に、網野の批判は第二期以降の歴史学のほうに向けられる。戦後史学の第二期は、網野によれば、第一期で醸成された豊かな交流が削ぎ落とされて、歴史学自体が先細っていく期間として描かれている。とくに「民俗学を頭から嫌ったり、批判したりする動きが歴史家の中に出てくるのは、戦後歴史学の第二期、一九五五年以後のこと」であったという（四八頁）。生前、網野はよく自分のことを歴史学界の「落ちこぼれ」と卑下していたが、ここで網野のいう歴史学界とは第二期のそれであり、このあと第三期で一世風靡《ふうび》する網野の歴史学は、民俗学や隣接諸分野との交流という面から見れば、むしろ第一期の正統な後継者であったと評価することができよう（なお、この網野の卑下を真に受けて、網野を「異端児」、歴史学界を「旧弊な権威主義の支配する世界」とみなす誤解がいまだに流布しているが、少なくとも八〇年代以降の網野は学界の中心人物であり、そうした情緒的な評価は不当である）。

思うに、網野にとって戦後史学は、それをひとくくりにして批判できるような単純なものではなく、その後の第三期へと繋《つな》がる貴重な水脈を宿したものだったのである。

さて、以上のように二〇世紀の終わりの年に、網野は戦後の歴史学を三期に区分した。それに倣えば、それから二十年近くが経過した現在は、戦後歴史学の第四期のただ中にあるといえるかも知れない。私見によれば、「社会史」の時代であった第三期は、まさに網野の死去した二〇〇四年前後を境に終焉を迎えたようである（同年に戦後史学を長く支えた中世史家・永原慶二〈一九二二～二〇〇四〉も没しているのは、偶然とはいえ象徴的である）。それ以後の歴史学を取り巻く状況は、社会のなかでアカデミズム自体の存在感が希薄化・軽薄化し、歴史研究自体も矮小化・細分化に向かっているように感じる。そのなかで近年では、歴史学の内外で、戦後史学の達成を全否定するかのような言説も平気で流布されている。この状況を網野が生きていたら、なんと評しただろうか。

たらいの水といっしょに赤子を流すような愚を犯してはなるまい。かつて網野が自分史と史学史の接点を模索するなかで、新しい歴史学の水脈を再発見したように、私たちにも今こそ過去の学問の蓄積から謙虚に学ぶ姿勢が求められている。本書は十分にその導きの糸となるだろう。

（明治大学商学部教授）

本書は、二〇〇七年三月に洋泉社より刊行された『歴史としての戦後史学　ある歴史家の証言』（ＭＣ新書）を文庫化したものです。刊行にあたり、以下のような方針をとりました。
・明らかな誤字、誤植は訂正した。
・難読と思われる語には、底本記載のものに加え、改めて現代仮名遣いによる振り仮名を付した。
・本文中には、「屠殺」「清水坂非人」「特殊部落」「特殊人民」など、今日の人権意識に照らして不適切な語句や表現があるが、著者の研究の根幹を正しく理解するため、底本のままとした。

（編集部）

歴史《れきし》としての戦後史学《せんごしがく》

ある歴史家《れきしか》の証言《しょうげん》

網野《あみの》善彦《よしひこ》

平成30年 9月25日　初版発行
令和6年 4月20日　3版発行

発行者●山下直久

発行●株式会社KADOKAWA
〒102-8177　東京都千代田区富士見2-13-3
電話　0570-002-301(ナビダイヤル)

角川文庫 21187

印刷所●株式会社KADOKAWA
製本所●株式会社KADOKAWA

表紙画●和田三造

●お問い合わせ
https://www.kadokawa.co.jp/（「お問い合わせ」へお進みください）
※内容によっては、お答えできない場合があります。
※サポートは日本国内のみとさせていただきます。
※Japanese text only

ISBN 978-4-04-400399-9　C0121

角川文庫発刊に際して

角川源義

第二次世界大戦の敗北は、軍事力の敗北であった以上に、私たちの若い文化力の敗退であった。私たちの文化が戦争に対して如何に無力であり、単なるあだ花に過ぎなかったかを、私たちは身を以て体験し痛感した。西洋近代文化の摂取にとって、明治以後八十年の歳月は決して短かすぎたとは言えない。にもかかわらず、近代文化の伝統を確立し、自由な批判と柔軟な良識に富む文化層として自らを形成することに私たちは失敗して来た。そしてこれは、各層への文化の普及滲透を任務とする出版人の責任でもあった。

一九四五年以来、私たちは再び振出しに戻り、第一歩から踏み出すことを余儀なくされた。これは大きな不幸ではあるが、反面、これまでの混沌・未熟・歪曲の中にあった我が国の文化に秩序と確たる基礎を齎らすためには絶好の機会でもある。角川書店は、このような祖国の文化的危機にあたり、微力をも顧みず再建の礎石たるべき抱負と決意とをもって出発したが、ここに創立以来の念願を果すべく角川文庫を発刊する。これまで刊行されたあらゆる全集叢書文庫類の長所と短所とを検討し、古今東西の不朽の典籍を、良心的編集のもとに、廉価に、そして書架にふさわしい美本として、多くのひとびとに提供しようとする。しかし私たちは徒らに百科全書的な知識のジレッタントを作ることを目的とせず、あくまで祖国の文化に秩序と再建への道を示し、この文庫を角川書店の栄ある事業として、今後永久に継続発展せしめ、学芸と教養との殿堂として大成せんことを期したい。多くの読書子の愛情ある忠言と支持とによって、この希望と抱負とを完遂せしめられんことを願う。

一九四九年五月三日

角川ソフィア文庫ベストセラー

日本中世に何が起きたか
都市と宗教と「資本主義」
網野善彦

「無縁」論から「資本主義」論へ――対極に考えられてきた、宗教と経済活動との関わりを解明。中世社会の輪郭を鮮明に描くと共に、現代歴史学の課題を提言する、後期網野史学の代表作。解説・呉座勇一。

保元・平治の乱
平清盛 勝利への道
元木泰雄

貴族から武士へ。古代末期の2つの兵乱、保元・平治の乱を画期として、時代の主役は移り変わってゆく。武士を両兵乱の主人公とする通説に挑み、王家・摂関家・新興貴族・武士が複雑に絡みあう政争の真実に迫る。

闇の歴史、後南朝
後醍醐流の抵抗と終焉
森茂暁

南北朝合体の後も南朝勢力は、室町幕府の抱える諸矛盾と結びつく形で再起を図り続けた。史料実証の立場から貴重な関係史料を収集し、その「闇」を明らかにする。新知見を盛り込んだ後南朝史の決定版。

増補『徒然草』の歴史学
五味文彦

無常観の文学として読まれてきた『徒然草』を歴史学の立場から探る。兼好が見、聞き、感じたことの背景にある事実と記憶を周辺史料で跡づけ、中世人の心性や時代と社会の輪郭を描き出す。増補改訂版。

百姓の力
江戸時代から見える日本
渡辺尚志

村はどのように形成され、百姓たちはどんな生活を送っていたのか。小農・豪農・村・地域社会に焦点をあて、歴史や役割、百姓たちの実生活を解説。武士から語られることの多い江戸時代を村社会から見つめ直す。